温故知新　砥砺前行

中国传媒大学广告教育三十年纪念暨
数字时代广告教育创新与发展研讨会征文集

主编 ○ 黄京华　杨雪睿

中国传媒大学
广告专业教育三十年
1988–2018

中国广播影视出版社

图书在版编目（CIP）数据

温故知新　砥砺前行：中国传媒大学广告教育三十年纪念暨数字时代广告教育创新与发展研讨会征文集 / 黄京华，杨雪睿主编. -- 北京：中国广播影视出版社，2018.10

ISBN 978-7-5043-8201-6

Ⅰ. ①温… Ⅱ. ①黄… ②杨… Ⅲ. ①广告学—教育学—文集 Ⅳ. ①F713.80-53

中国版本图书馆 CIP 数据核字（2018）第 239311 号

温故知新　砥砺前行：中国传媒大学广告教育三十年纪念暨数字时代广告教育创新与发展研讨会征文集

黄京华　杨雪睿　主编

责任编辑　王　波
封面设计　文人雅士

出版发行　中国广播影视出版社
电　　话　010-86093580　010-86093583
社　　址　北京市西城区真武庙二条 9 号
邮　　编　100045
网　　址　www.crtp.com.cn
电子信箱　crtp8@sina.com

经　　销　全国各地新华书店
印　　刷　天津顾彩印刷有限公司

开　　本　710 毫米×1000 毫米　1/16
字　　数　227(千)字
印　　张　16.5
版　　次　2018 年 10 月第 1 版　2018 年 10 月第 1 次印刷

书　　号　ISBN 978-7-5043-8201-6
定　　价　52.00 元

目 录

课程交流

专题研究

探索创新

开篇：百年学院千年树

中国传媒大学广告学院资深教授　博士生导师
黄升民

1988年11月，中国传媒大学广告专业诞生。时至今日，三十年整，广告专业迈入而立之年。从成立之初仅能容纳五六个人的小小教研室，发展成为全国唯一一所以“广告”命名的独立二级学院，这在全世界范围的教育体系中，也实属少见。本文是对广告专业而立之年的献礼，也是对笔者近三十年来执教广告专业的办学理念的一次梳理。

从1990年底回国至今，我历任广告专业教研室、广告学系以及后来成立的广告学院的负责人，参与了这个专业建设的整个过程。广告专业今年刚满30周岁，它已经拥有全国第一的专业位置、拥有崇高的社会学术声望、拥有深深镌刻在广告学院师生心中，代代传承的文化烙印。三年前就在我卸任广告学院院长的时候，校报的学生记者问我对于学院有何期许，我回答，三十年弹指挥间不算什么，我们要做的是百年学院。目睹许多大学分分合合专业生生死死，何来的底气敢做百年的期许呢？这个时候我想起了围绕专业生长的三棵树。我借用三棵树的故事，讲述专业成长的历程和未来。

一、生命之椿

突如其来的热力管爆裂，椿树一夜间败叶枯枝满地黄，大学和园林局判断，椿树已死，马上准备后事：砍树挖坑。就在伐树的前夜，椿树萌发绿芽，死而复生……

在我的博客有上述的一段话。椿树就在学院小广场的顶头，学院与中国广告博物馆的标志旁边。我把它称之为“生命之椿”。

我常思考，树有生命，那么，学院也具有生命吗？不同的人就有不同的答案。很多人认为，学院是教学与科研的组织机构，为某种目的而进行资源配置与整合的集合体；也有人认为，一个具有某种级别的行政符号，与官场运作一脉相承，讲究级别且有“学科”为差异化区隔。这些认识符合当下环境，但是，忽略了一个至关重要问题，作为一个知识生产的学术共同体，它是具有自身生命的。无视或者忽略专业或学院与生俱来的具备内在的生命力，常常是大学失败的根本原因。

我认为，凡专业出世，就具备自身生命，在知识生产和学术研究当中逐步成长。

这个生命共同体具有三个核心特征：

其一，任何专业都是由小到大，经过生存、发展、创新的阶段，这是生命的过程；

其二，专业都是由弱到强，从最初的引进、模仿，到模仿与创新并举，最终拥有全新的专业体系；

其三，专业是可持续的，持续的结果源于坚持。

（一）生命的定义之一：由小到大

与大多数高校开办广告专业的初衷相类似——为了扩展专业边界，在新闻传播专业下设新专业，作为缓解其专业老化危机的“出口”，广告专业应运而生。行政命令之下，从无到有诞生容易，生存发展成为大问题。

事实上，在打造专业设计之前，应当明确大学与专业的本质是什么？

工业革命以前的大学，或多或少与宗教王权有着天然的亲缘关系，着力倡导精英教育，其人文系统中闻名于世的哲学、美学、逻辑学等，是为纯粹“象牙塔”的学术装置。工业革命以后，出现了现代意义的大学。现代工业制度使社会分工更加完备，知识成为重要的社会动力，由此产生知识的工业化生产，并产生了与工业化生产分工体系相适应的知识专业分工。专业分工的产生与社会紧密相连，没有知识体系的专业分工将无法持续。由此，真正意义上的专业教育，其核心功能是固化专业地位，精细专业分工，为社会提供新的发展动力和空间。

那么，现代意义的大学究竟是什么？我认为是一座知识工厂。大学作为社会的知识装置，知识的承传和知识的创新是其核心使命。所谓大学的知识装置，它所承传和创新的主要就是专业知识，这是装置的内核。知识的成长，向两个纬度延伸，一是向下，成为社会综合知识的基础，这部分常常体现在中学教育或者社会素质教育领域；二是向上，构成学术的象牙塔，以知识的传承功能为主；而中核领域，根据专业分工进行知识配置，为社会培养应用型人才，必然随产业成长不断创新。

承传与创新作为大学知识工厂的两大核心功能，有着自身的发展轨迹。当一个社会呈现稳定的状态时，承传功能占据重要比重，规范、范式在这一时期成为主流；而当社会急剧变动的时候，知识的更新速度加快，社会对知识创新的要求比起承传就显得更为重要。因此，大学的两个核心功能如同钟摆，随社会需要不断调整变化。时而以承传为主，时而以创新为主，有时两者相互平衡。

只有明确了大学与专业的本质才能有的放矢打造专业设计。事实上，专业如同企业一样，必然经历生存、发展与创新的不同阶段，要面对不同的课题。

学系设计之初，全力布局生命体成长的生态之路。我们进行了相对完备的师资搭建，初步完善出课程体系，打造基础教学资源设备，以解决生存问题。平稳度过生存期，专业发展迎来关键时刻。因为任何专业的发展绝不是规模的简单扩大和成熟课程体系的模仿复制，必须要有明确的专业定位。大学是一座知识工厂，承担知识承传和知识创新两大社会功能，对于广告专业而言，它处于专业分工明确、传播产业变化剧烈的社会分工状态，这个时候知识承传就变得相对而言次要，而知识创新就变得尤为重要。考虑到广告和社会专业的巨大关联性，如何打造匹配学生就业的专业设置？如何实现专业长远发展？我认为，应用性是广告专业的核心生命所在，广告专业要成长成为知识创新的社会装置。明确了定位，另一个至关重要的问题显现出来，富有个性和独创生命力的广告专业该用什么引领专业创新发展？答案是科研。长久以来，科研都是广告学院的专业基因，更是助力专业生命由小到大的关键。

进入发展创新阶段的广告专业，以科研为引导，稳定师资，扩大规模，搭建传帮带的科研梯队，陆续上线联动科研实践的实验室等组织机构，迈向运用科研创新引领专业发展的实践探索道路。具体而言，运用科研创新引领教学和经营。以科研立身，努力站在专业最前沿，成为专业知识的创新装置。科研课题为教学提供内容和实践机会，与此同时丰富了经营领域并成为新的收入来源；教学满足科研成果转化，提供长足反馈，与科研形成积极互动；经营为科研和教学提供支持。由此，科研、教学与经营三者构成一个完整的关系体系。当传授和训练相对稳定，重心向科研倾斜，知识创新越来越成为带动专业发展的力量源泉。所以科研不是教师的个人喜好，更不是为申报重点专业应审所需的一纸材料，而是真正指导广告专业收获长远专业地位，源源不断产出对社会生产具有重大影响和帮助的知识动力源泉。

（二）生命的定义之二：由弱到强

专业是有生命的，它由小到大，成长变化。广告专业同新闻和传播专业一样，属于在“西学东渐”的历史背景下，由国外引入中国的“舶来品”。因此，在专业初创期，理论体系和操作体系都在不同程度上对外国进行模仿与借鉴。这一阶段是全盘引进国外广告专业发展模式的模仿阶段。时间到了90年代后半期，我们逐步进入模仿和创新的过度阶段，一半模仿国外的专业体系，一半参照本地情况进行修正和局部创新。2000年以后，尤其是广告学院的成立，标志着我们创造出全新的专业发展体系，形成了适合中国本土专业发展的新型理论与操作模式。时至今日，作为广告教育大国的美国和日本同行也很难想象中国传媒大学广告学院日新月异的发展与创新：课程体系变化之快、将广告博物馆作为知识传输与交换的联动平台、承接中国广告四十年等史诗级课题项目……到了这个阶段，专业才真正由羸弱走向强大。

经过专业大发展，我们成为国内创建广告学硕士、博士培养体系最早，学科建设最完整的高等教育机构，并于 2002 年 9 月成立了中国唯一一所广告学院。如今，广告学院已经成长为国内领先的，科研设备齐全，拥有数只高度专业化的科研团队，产、学、研齐头并进同步发展的大型专业学院。广告学院下设四个系及多个研究机构，师资力量雄厚，培养出一批又一批活跃在广告、传媒领域的精英人才，并在消费者研究、广告史研究、媒介产业研究、广告主研究等诸多领域取得了丰硕成果，为理论界与业界带来深远影响。

总结专业发展经验，2008 年我撰文《关于学科建设的若干思考》，提出判断应用型学科的三个核心问题：专业设计是不是与产业实践紧密相连？专业位置是不是置身产业发展的前沿？专业研究是不是回应产业的理论需求？对于这三个问题的回答，是评判一个专业的地位与长远发展态势的关键指标。广告学院身体力行，以科研为引领，保持创新发展，助力专业长存。

（三）生命的定义之三：只有持续才有生命

如何让专业永葆生命力？生命的特点在于持续，专业的持续源于坚持。

我们组织开展了中国最早的消费者调查研究。自 1995 年起，成立 IMI 市场信息研究所，系列推出《IMI 消费行为与生活形态年鉴》。从北京、上海、广州三座城市的街头拦截调查，扩展至全国 21 座城市的消费数据库搭建，建立健全消费者研究体系，这件事我们持续了 24 年。

1996 年，成立 IAI 国际广告研究所。自 2000 年起至今，系列出版《IAI 中国广告作品年鉴》，为中国本土优秀广告作品留下永久的珍藏，这件事我们持续了 21 年。

我们开始了国内最早、最系统的广告主调查研究活动。2002 年创建广告主研究所，每年以生态调研的形式，进行广告主、媒介、广告公司三方的全国范围内调研活动，如今已经进入第 18 个年头。

2001 年 11 月，在无经费，无刊号，无经验的情况下，广告专业师生创办了《媒介》杂志。如今自办发行的《媒介》杂志已经创刊十七年，行业影响力持续加剧，并于创刊十五周年的时候在中国广告博物馆策划成果展出。

此外，我们追踪媒介产业的步伐持续了二十余年的研究；自 2005 年起，设计成立中国广告博物馆，并于 2016 年落成实体馆建设；内容银行理论与实践探索进入到第十年；系列推出中国广告 20 年、中国广告 30 年的纸质与影像作品，如今中国广告 40 年已经进入项目收尾阶段。

十年、二十年……形成了广告学院坚持不懈的行事风格，并通过项目累积沉淀出专业知识平台。

二、独立之榆

广告博物馆实体馆建造过程中，有榆树伫立馆址中。意见一：把榆树伐掉，可以节省百万装修费用，还可以多出三百平米的建筑；意见二：四面围墙中庭有树，实际就是一个“困”字，不吉利，所以，还是要伐树。但我选择保留，独创“困”字当中加了一点，赋予生命体独立自主的精神。

独立人格的培养是现代教育的应有之义，是个人生存发展的重要品质，也是专业生命体的个性内核。专业由小变大、由弱变强，必须独立自主。

最近，大学风风火火搞学部制建设，我对这一制度建设持怀疑和反对态度。为何反对？究其根本，学部制危害了一个专业的独立性，制度设计不尽合理，将耽误专业发展进程。专业是一个生命体，有其自身的成长路径和独立性，其发展不该受到上层组织系统带来的消极对冲影响。

（一）独立自主一：经济独立才有自主

马克思《资本论》中明确提出，经济基础决定上层建筑。经济独立是一切独立思想与独立行为的源泉。经济独立锻造人格独立，人格独立成就思想独立，思想独立完成学术独立。专业发展，首先考虑经济独立。

如何建立自己的科研体系？不同的大学资源条件是不一样的。有些大学出身高贵，政府不管他的专业好坏，追着给他送资源。有些大学出身低微，必须跳高找资源。传大出身的广告专业属于后一种，在专业建设的过程中，如何寻获足够的可以持续的资源是非常重要的问题。一般的大学，获取资源通常也有两个手法，一是教学二是科研。由于受到体制上的限制，目前使用教学手段获取资源的空间越来越窄，而且，付出与所得严重不对称。最好的获取资源是科研，用专业的知识与社会交易，科研的质量越高，获取的资源越大。

专业开办之初，我们也是通过项目制获取一定的社会资源，不过，那个时候的所谓科研，层次相对不高，基本是与广告业务单位同步走，利用调查，策划，创意等领域的专业优势，获得广告经营单位的资助。新世纪以来，产业规模和业务层次发生了巨大的变化，对于科研的要求也完全不同，需要有行业的领先，体系性的知识创新，单打独斗的大师做法已经失去了舞台。

用优质的科研创新换取优质的学术资源，最具代表性的事例当属广告学院新世纪以来所进行的“家庭信息平台系列研究”项目。随产业化和集团化的研究，广告学院的媒介研究团队新世纪以来重点关注广电的数字化进程。2005 年在“信息平台研究”取得突破，研究团队分两个领域继续深入。其一，学术研究继续进行“家庭信息平台”，“个人信息平台”以及“社区信息平台”的研究，学理归纳聚焦于“信息平台论”；其二，在产业实践方面，研究团队与杭州华数合作，2007 年组建了中国有线数字电视数据信息中心（CCData），以海量数据为基础，对数字电视平台相关数据进行实时监测，研发和掌握了全球最新的海量数据信息处理技术。在2010年底，国际数据研究巨头尼尔森重返中国，与中国有线数字电视数据信息中心（CCData）合作成立尼尔森网联，打造全球首屈一指的综合性的数据服务企业。

用优质的科研获取优质的资源，再用优质的资源扩大深入优质的科研，达到良性循环。

（二）独立自主二：行动独立才有自由

2014年9月20日，中国广告博物馆开馆暨新馆落成。从概念到实体馆，经历了近十年时间。

2005年11月，中国广告博物馆发起人大会召开，标志着广告博物馆筹备工作正式启动。中国广告博物馆的诞生过程，一波三折。没钱，自己筹，没人，自己学，没有空间，自己找。十年的坎坷十年的摸索，从梆子村的“中南海农民”到高碑店718厂区的“海鲜市场改造”再到南磨房乡广告产业园区地库“3000平米共建”的“社会合作”磨合，终于理解国际歌所唱，“要创造人类幸福全靠我们自己”。经过重重困难，最终在2013年申报广告博物馆的计划获得成功，中国广告博物馆自此拥有了实体馆址。虽然场地是一栋700平方米的阶梯教室，小而破旧，但我们创造性地运用钢架结构设计将场馆扩充至2400平米，并用高高的玻璃幕墙作为媒介工具，一座“水晶宫”就这样拔地而起。一楼有回廊、学术报告厅，二楼展厅，三楼阳光厅、天光展室，还有象征独立自主的老榆树伫立中庭，寓意基业长青……终于，在发起人会议召开至第十届的2014年，实体馆落成。

不同于传统意义上的博物馆，中国广告博物馆是一座互联网思维的博物馆。它集教、学、产、研、用为一体，成为一个良性广告生态体系，更是广告学院的循环型知识平台。目前，已经通过形式多样的大型活动展出，收获了极高的社会关注度，广告博物馆中重要科研项目陆续启动，丰富博物馆的循环知识平台打造。

中国广告博物馆从概念到落成，是白纸描图、平地起高楼的创造性过程，成为广告学院行动独立的丰碑。只有独立行动，才能获取自由。

（三）独立自主三：思想独立才能敢想敢干敢说

“内容银行”理论与实践，是广告学院独立思想的最重要代表。

什么是内容银行？2008 年，我借鉴银行、证券交易所等金融行业的经验，首次提出内容银行的概念。所谓“内容银行”是在媒体融合背景下，基于海量内容所建立起来的开放式的内容交易的系统平台。通过建立统一的交易标准，搭建内容存储、支取、增值的机制与平台，加速内容交易、流通、自主增值，实现内容安全与高效管理，推动内容产业升级。这一概念是为回应内容产业发展过程中出现的困惑：如何进行内容管理、评估内容价值、打造内容交易体系的探索。内容银行从概念提出到完成理论搭建，再到实验平台建设，历经了 10 年的时间。

内容银行的提出充满挑战。既要有深厚的人文背景又要有坚实的金融知识，且与计算机技术大数据处理技术密切相关。内容银行的概念一经提出，马上得到业界的热烈欢迎，研究团队马上投身于产业实践：边开发边研究边实践。2013 年《内容银行——数字内容产业的核心》著作出版，对内容银行理论进行了系统探讨。此后，《媒介》杂志通过两期内容银行专题，与业界交流理论研究进展。研究持续深耕，发表了多篇学术论文，承担多项国家科技支撑计划课题，并通过相关博士论文，夯实理论基础延展研究厚度，于 2015 年设立中国传媒大学内容银行重点实验室。在实践领域，2012 年广州广电集团率先在新台址的“国际媒体港”导入内容银行概念，随后，上海，陕西，天津等地成立诸如“版权银行”“文化银行”等机构。2017 年腾讯在广州宣布，导入自媒体的内容银行。2018 年，中国首家内容交易服务平台——圆融内容交易服务中心上线运营，宣告内容银行从内容评估进入内容交易领域。

思想独立，才能保持敏锐的思考力，时时站在产业最前沿，接受产业的挑战。

三、共创之槐

四个不同派别的风水师达成共识，学院门前的槐树是一棵“神树”，产生和谐共振。我把它改为“和谐共创”。作为“和谐共创”的生命体，需要平台功能与合作文化。

知识如同山峰一样，是不断向上攀岩的独立知识体系，形成无数巨大的信息孤岛。广告学院的平台机制力求打造无限、循环、永续的知识平台。以人为本，流通互联，和谐共创。这是百年学院的一个目标。

（一）共创和谐一：必须建立平台机制

前两年，学界吵吵嚷嚷喊出打造“一流大学”的口号，实际上，社会真正关心的是，什么是一流知识？一流知识是无限、循环、永续的，是一个知识的平台。大学者，不是“大楼”之大学，也不是“大师”之大学，应该是承传与创新融合的现代知识装置，是通过教育与科研形成的一个无限生产、无限传输、无限展示的知识体系。大学的核心功能就是营造知识平台，实现平台专业知识的无限、循环、永续发展。

在专业由小到大、由弱到强的成长过程中，科研平台与科研梯队的搭建至关重要。广告学院发展至今，已经形成了 IMI 市场信息研究所、IAI 国际广告研究所、媒介研究所、广告主研究所、首都传媒研究基地、中国广告博物馆等十余研究机构；“内容银行”“新媒体数据分析与应用”“公关关系效果”等十余个实验室；“市场与消费者”“作品与品牌”“媒介研究”“企业与广告生态”“历史与博物馆”等七大研究群，引领科研与专业发展。

丰富多样的课题内容作为动态的知识累积，最终沉淀在广告学院的知识平台之上。循环型知识工厂的生产机制就在于，沉淀动态项目实践内容，无数项目不断下沉，变成支撑新科研项目持续发展的基础，平台资源被盘活，形成良性互动、共生共融的平台文化，这是知识平台的重要使命。

（二）共创和谐二：必须营造合作文化

对于以科研为依托的广告专业而言，课题的立项至关重要。项目必须有其自身的课题独立性，有组织计划和项目实施，最终实现成果转化。独立的课题立项，要从学术性、经营性、持续性等方面选择适合的科研课题；必须有项目小组作为组织体系去完成，这个组织体系是一个平台，不是个人；项目实施的过程需团队作业，共同完成项目实现成果转化，成果形式可以是数据库、专项报告、书籍或者是教材。因此，科研的动力源泉就是项目小组，与此同时，在科研作业的过程中完成人的训练和培养。

项目小组间各自独立，有不同的研究课题，采用不同的研究方法，甚至小组带头人的带人思路也不尽相同。但遇到重大项目课题，彼此间通力合作，互相配合，学习借鉴。

2016 年底，全院启动《中国广告四十年》专题项目研究。专题涵盖“中国品牌四十年”“中国媒介四十年”“中国广告公司四十年”以及“中国消费者四十年”四大板块。由四个专题项目组承担不同板块内容。项目小组每周一次分享项目进展，交流研究经验，相互批评指正。目前，《中国广告四十年》的四个专题项目组已经完成资料文献的搜集整理工作，进入到视频拍摄和成书收尾的阶段，并着手开展围绕中国广告四十年的策展活动。营造合作文化才能和谐共生，凝聚合力，打造出卓越的平台机制。

成员之间有合作，项目之间有传承。广告学院一直致力于中国广告历史的梳理与积累。在几件重大广告历史课题中，锻炼出项目小组间团结一致的合作关系。在中国广告发展历程的每一个标志性历史节点上，我们都通过项目成果的形式在社会上推出一系列重磅广告力作：拍摄了《中国广告二十年》《中国广告三十年》大型文献记录片，同期纪念中国广告二十年与中国广告三十年，出版《中国广告猛进史 1979－2003》《中国广告图史》等具有扎实研究基础的图书作品。广告专业的科研实力在一次次重大项目实践中锻造而成。

无论是消费者的研究、广告作品的梳理、媒介产业的研究、广告主的研究，还是中国广告四十年历史研究，我们希望通过多样的研究活动，形成专业知识的崇山峻岭，用平台将其内化，实现知识在平台上的交流、循环、共生，最终打造出广告专业的喜马拉雅山。

四、结语：学院百年广告千秋

十年树木，百年树人。

对于一个学术生命体而言，专业的发展具有特别的难度。它要经历从小到大，由弱至强的发展阶段，一步走不好，都将沦为平庸；要尝试独立思考与行动，自给自足提供经济养料；要创造崭新的生存体系，探索最艰苦的学术研究道路，其间还要承受种种质疑……但心向伟大，不惧艰辛。

在日新月异的复杂传播环境中，面对专业化的市场和人才培养需求，广告学院将明确自身知识创新装置的社会功能，肩负承传与创新的社会使命，不懈努力为社会培养更多拥有独立思想的专业人才。过去的成绩早已成为历史，广告学院永葆生命力的秘诀，就是生生不息、埋头苦干的实干精神，敢想敢说敢干的文化烙印使我们更加懂得坚持的意义。每努力一步，距离百年学院的美好愿景就更近一步。

30

中国传媒大学
广告专业教育三十年
1988–2018

发展回顾

改革开放进程中社会发展与广告产业价值思考（1979—2018）

王 昕

【摘 要】 1979 年至今，广告与中国社会发展经历了近四十年的磨合，形成了稳定的互动关系和价值认知，广告在社会发展中的推动作用和镜像功能得到了充分的印证和认同。然而，随着中国国际化进程的不断加速，国内社会主义新时代社会主要矛盾的悄然变迁，广告根植的社会系统处于迅速的变化之中，国家定位、经济环境和消费特征的调整和更新，正在赋予广告新的社会作用。因此，本文将从历史和当代两个视角切入，旨在回顾广告发展与改革开放历程的基础上，对改革开放四十年以来中国社会与广告互动的特征和社会主义新时代广告的功能和价值进行分析和思考。

【关键词】广告 社会价值观 社会文化 市场化 经济结构 产业定位

广告对社会发展的推动作用和镜像功能早已在全球范围内得到了印证和认同，约瑟夫·塔洛曾这样描述广告与美国社会之间的关系：“广告曾经帮助美国从移民的集合体中创造出一个国家，含蓄地演示了现代美国社会物质主义的、流动的和终级民主的实质①（2002）。”反观中国，从1979年至今，广告与社会发展经历了三十多年的磨合，已经形成了稳定的互动关系；然而，随着中国大国崛起进程的不断加速，广告根植的社会系统正处于迅速的变化之中，大国经济的成型，正在赋予广告新的社会作用。因此，本文将从历史和当代两个视角切入，探讨这一命题。旨在回顾广告发展与改革开放历程的基础上，对大国化背景下中国社会与广告互动的新特征和如何重新认识广告产业定位进行深入分析。

一、广告在社会发展中的功能和价值

广告产业与社会发展相互关联，彼此联动。不同的社会阶段，不同的社会意识决定了广告意识、广告态度和广告表现，同时，广告意识、广告态度和广告表现又深刻体现着不同阶段的社会意识、社会发展阶段和社会文化生态环境。

（一）广告意识层面：广告意识体现社会主流价值观念

广告意识与社会价值观念的关系可以从两个方面阐释。

首先，广告产业的兴衰与社会主流意识形态的变化息息相关。众所周知，广告是通过信息加工来影响人们心理或行为的一种传播方式。广告的信息加工，源于广告主的产品诉求，而不同时期的产品诉求，取决于当时的社会生产和分配方式，根源于社会的主流意识形态。例如，在计划经济时代，由于生产者占主导地位，消费者的意识和需求是次要的，生产什么就消费什么，所以整个社会对广告的需求非常微弱。因此，1978年前广告产业的萧条状况，是由当时社会主流意识形态特征决定的。随着改革开放进程加速，我国经济环境从商品经济到市场经济不断转变，计划经济下的“供不应求”开始被市场经济下的“供过于求”替代，这一时期，社会对广告的需求激增，而

① 约瑟夫·塔洛，洪兵译．分割美国——广告与新媒介世界［M］．华夏出版社，2003，见译后记。

且，由于人们的注意力日渐涣散，单纯的告知性广告已效果欠佳，情感、品牌等越来越深层次的东西改变和影响人们的行为观念。因此，从 20 世纪 80 年代开始，广告开始被当作竞争的重要手段和工具，广告的专业技术日新月异、产业规模发展迅猛。这实质上是源于社会主流意识形态变迁带来的信息沟通需求增加，而随着传播环境的日益复杂，有效的传播越来越稀缺，需要不断采用新兴的、更高级的传播方式来保证传播效果。

其次，广告能够体现社会大众内心深处真实的欲望追求。除了对主流意识形态的变化非常敏感外，广告的诉求和表现形式清晰表现着社会中不确定的大多数人群的价值观，反观改革开放初期，从长时间的思想禁锢到骤然的意识开放，直接影响着当时的广告表现："可口可乐""雷达表""皮尔卡丹""江诗丹顿"等首批进入中国的洋品牌催生出人们对海外生活方式的追捧；一系列以"享誉全球""贵族标准""皇帝享受"为核心诉求的广告作品大量出现，体现了人们内心深处对生活品质的期望和追求。从这一层面来看，广告对社会价值观念的直接体现和忠实记录甚至超越了主流媒体，因为"广告的背景安排就是当时社会情形的客观反映，而它核心的诉求，就是社会价值观的表白"①，是社会大众内心深处真实的欲望追求的表露。

（二）广告态度层面：广告态度体现社会发展阶段特征

广告态度是消费者通过对日常生活信息的不断接受而相对固定下来的对广告总体表现的赞同或不赞同的倾向，它是由广告唤起的各种积极和消极的认知和情感的反映②。笔者曾在《中国广告观念三十年变化》一文中详细论证了从 1979 年至今不同时期广告与中国政治意识、经济发展和消费文化变迁之间的关系③。从中我们可以看出，改革开放以来，广告态度的变化体现出鲜明的社会发展阶段特征。

---

① 黄升民、陈素白．社会意识的表皮与深层［J］．现代传播，2006（02）：24.

② 张红霞．青少年对广告的态度及影响因素［J］．心理学报，2004（36）：601.

③ 丁俊杰、赵子忠、王昕．中国广告观念三十年变化［J］．现代广告（学术刊），2008：31.

以政治意识变化为例，当代广告复苏初期，围绕广告的阶级属性、经济体制归属等意识形态层面问题曾有过激烈论战，从将广告视为“资本主义市场兜售商品、欺骗顾客的行径”（1978 年前）① 到承认广告是“一种传播经济信息的手段②”，是“社会主义宣传工作的一种形式”（1985 年）③。这一时期，主流媒体广告态度的变化，清晰地体现出了中国政治意识从封闭到开放的初步变化，具有鲜明的历史阶段特征。

广告态度与社会发展阶段特征的变化还表现在社会对广告的容忍程度上。上世纪八十年代后期开始，随着中国经济的多元化，市场化程度越来越高，广告的多元化，市场化特点也越来越明显，首先，广告的表现手段迅速翻新，几乎达到了无所不用、无处不及的程度，1987 年全国第六次运动会上，健力宝几乎开发了包括墙壁、痰盂在内所有能使用的广告媒介，闭幕式更是通过赠送 8 万瓶饮料的壮举，打造了一片橙红色的海洋。其次，广告表现的产品千姿百态，从风油精、发乳、自行车等生活用品广告、到“四大件”和“三双一彩”④，再到后来的药品、房地产、汽车广告，广告的表现内容不断丰富，现在我们甚至很难找到身边哪种日用品没有相应的广告。

社会空间中，广告的无处不在和无所不包，体现的是言论自由、表达自由基础上的广告自由。反映出不同的价值观，不同的消费欲望，不同的消费方式之间的碰撞和并存。需要注意的是，中国社会广告态度的变化呈现出阶段性震荡的特征，在市场经济高速发展的时候，社会容忍度比较高，广告的表现千姿百态；而当社会某一个力量开始收紧的时候，广告的表现就很容易

① 萧玉纶. 为广告正名［N］. 人民日报，1984－07－24，第 8 版。

② 《关于加强广告宣传管理的通知》1985 年印发国务院办公厅。

③ 《广告要为建设社会主义两个文明服务——国务院办公厅发出〈关于加强广告宣传管理的通知〉》新华社《人民日报》，1985－11－24，第 2 版。

④ “四大件”又名三转一响，是中国在 20 世纪 50 年代后期的一个名词，指的是当时国家有能力出产，而为各个家庭所希望拥有的四件家庭物品。这四件家庭物品分别为：收音机、自行车、缝纫机及手表。“三双一彩”指 1983 年后随着中国社会消费能力提升，引起人们抢购的单价 1000 元以上的彩电、电冰箱、洗衣机和成套家具。

受到非议，甚至被压制和打击。这种压制和打击有时候表现为不同利益集团的碰撞，有时候表现的又是政府和市场的较力，比如80年代开放初期，社会处于一个刚刚开始分裂的过程，广告的表现五花八门，处于高速成长的状态，北大的学生曾发起过对广告的抗议，其实是通过宣传自己对广告的批评态度，表达对广告背后经济势力的不满，而广告则成为了社会问题的替罪羊。

（三）广告表现层面：广告创意体现社会文化生态环境变迁

广告是消费文化的塑造者，是社会文化体系的重要组成部分。广告所代表的消费图像已经大量占据了中国社会公共空间。1979年以来，不同时期的广告创意，与社会文化相互影响、持续互动，折射出社会文化生态环境的发展和变迁。

改革开放初期，由于对政治前景的不确定和长期的意识形态禁锢影响，广告的表现手法比较单一，广告创意被形象地总结为“产品照片加经理照片再加上干喊几声①”。这种严肃而朴素的广告创意具有很强的政治色彩，体现出鲜明的历史特征。

上世纪八十年代开始，随着开放程度不断增加，广告公司的国际化进程加速，广告成为了海外品牌开拓中国市场的利器，广告的创意和表现手法开始与国际接轨，学习国外的优秀创意，进行本土化加工后出炉的大量内容新鲜，表现方式各异的广告，开启了国人开眼看世界、了解西方文化的窗户。广告创意思想的翻新，体现出中国社会文化生态环境从封闭到开放的变化。

新世纪以来，随着中国在国际舞台上的地位不断提升，中国社会对海外文化的追捧和好奇逐渐淡化，民族文化自豪感则不断加强，带来了广告创意领域的两个问题：

首先是基于民族立场，对广告创意的文化批评开始增多。例如，2004年，日本“立邦漆”广告表现的是一条龙在涂有立邦漆的柱子上滑落了下

① 马立诚．广告业期盼新姿态［N］．人民日报，1998-04-12，第4版。

来，广告一经发布，马上受到中国社会媒体的口诛笔伐，最后是商家、广告公司和杂志社都出面道歉才平息。无独有偶，丰田的“霸道”和耐克的“恐惧斗室”等广告创意也都曾因为类似的原因而备受非议，而全社会民族文化自豪感的加强，正是此类广告批评出现的深层原因之一。

其次是广告大量中国元素开始作为背景元素出现在广告创意中，尤其是一些国际品牌，如可口可乐的“青花瓷可乐罐”广告、百威啤酒的“万里长城”广告，更是希望通过本土化的广告创意在中国社会文化体系中找到自身品牌文化扎根、生长的土壤。

二、改革开放进程中广告与社会发展的互动及关系变迁

广告根植于社会系统，广告与社会的互动，实质上就是广告与社会经济、政治和文化的互动。前文我们着眼于历史视角，从社会主流价值观、阶段特征和社会文化的角度分析了广告在社会系统中的作用。现阶段，随着中国市场化探索不断深入，国际地位不断提升，广告根植的社会系统也处于迅速的变化之中，国家定位、经济结构和广告产业主体正在经历着调整和更新，我们应当在社会主义新时代背景下重新思考广告与社会发展的互动，分析新时代背景广告社会作用和价值的变化。

（一）国家层面：新时代我国社会主要矛盾的变化与更迭

2010 年第二季度，中国凭借 1.33 亿美元的 GDP 总额，超越了日本的 1.28 亿美元，成为了仅次于美国的世界第二大经济体①，在全球范围内，日益增长的经济规模和日益增强的国际影响成为了中国发展的时代主题。在本国范围内，2017 年“十九大”报告中将我国社会主要矛盾定义为“人民日益增长的美好生活需要和不平衡不充分的发展之间的矛盾”。这一论断体现了

① 数据来源：中华人民共和国商务部网站 . http：//www. mofcom. gov. cn/aarticle/o/dh/201008/20100807084369. html. 2010 年 8 月 17 日发布。

社会需求与市场供给之间存在的深刻问题。从市场供需关系层面来看，“人民的美好生活需要”是需求侧的主观要求，而“不平衡不充分的发展”则是供给侧的客观问题。因此，解决“新矛盾”的关键，在于激活市场各相关要素，真正实现供需关系的良性调节，逐步消除由供需失衡而导致的社会矛盾。而广告作为沟通产销、连接供需的有效工具，承载的是社会最为活跃的品牌文化和创新元素，在未来以调节供需失衡为主要目标的社会矛盾应对中，广告理应发挥出自身的作用和价值。

（二）经济层面：高度市场经济，强调宏观调控

广告是经济发展的传感器，改革开放以来，中国的整体经济脉络经历了多次变化和调整，从完全的计划经济结构到计划与市场混合的市场经济结构，再到市场经济为主导的经济结构，最后发展到现阶段市场经济与宏观调控相结合的结构。经济脉络的变化，带来的最直接影响就是前文分析的社会广告态度的震荡，例如，从计划经济向商品经济转变的过程，就是在对于广告的阶级属性、经济体制归属等意识形态层面的争论中拉开序幕的。翻阅史料我们发现，关于广告的争论始于1978年，甚至早于主流媒体关于市场经济应该“姓资姓社”的探讨，社会广告态度的变化直接反映了中国经济结构的变化趋势。

现阶段，以社会主义市场经济为主导，强调宏观调控是社会经济结构的主要特征。一方面，中国的经济发展有高度市场化的一面，以行销全球的“中国制造”为代表的外向型经济结构确立了世界工厂的地位，广告与国际市场之间的关系日益密切，我们看到，2008年全球金融危机中的楼市和车市疲软，曾直接影响了两个品类的广告投放。另一方面，中国经济结构中又存在由于发展过热，需要调控的部分。因此，从“十八大”以来，经济结构调整始终是我国经济发展的主题词，即恢复行政手段和计划经济的部分权力，进行供给侧改革，逐步实现产业结构的优化调整，对于广告而言，近年来国家对于房地产、药品以及高端餐饮等行业的行政干预，往往直接影响上述行

业当年的广告投放规模。

广告活动发端于企业，本身是一种高度市场化的行为，广告诉求是由市场中不确定的大多数决定的。因此，可以预见，未来一个时期内，广告发展与国家宏观调控之间的错位很难完全避免，随着中国经济转型的加速推进，在小范围内，社会的广告态度也将出现更为激烈的震荡和变化。

（三）消费层面：新时期国内消费的阶段性特征

从社会需求侧而言，改革开放近四十年的历程，中国消费者发生了以下三点重要变化，这些变化必然在较长时间内持续推动供给侧进行相关的适应性调整。

其一是从模仿式、排浪式消费向个性化、定制式消费转型。改革开放初期，我国整个社会的消费能力和生活起点整体较低，差异度较小，社会消费需求呈现高度共性化特征，全国城乡居民在历次消费升级中追求的目标是占有某些共性消费品，如早期的“四大件”“三转一响”到后期的“电脑、汽车”。模仿式消费浪潮从一线城市向二三线城乡辐射和延伸，形成了整个社会不同时期的消费关键词。最终塑造了整个社会的现代生活方式和消费惯性。

而当以共性刚需为内在驱动力的消费需求被普遍满足之后，消费者的个性化需求开始逐渐觉醒，不同类型人群在消费能力、审美趣味和自我身份建构方面的差异成为了消费决策中的关键考虑因素，而普遍的模仿式消费现象日渐减少。以服饰为例，改革开放初期，“的确良”“中山装”“将校呢”可能是很多人共同的审美标准。而今天不同年龄、职业、爱好的消费者，选择服装的标准和需求具有明显差别，甚至彼此之间难以互相理解。

从供给侧来看，个性化消费潮流的到来，为我国制造业和商业提供了更加多元化的探索方向和服务内容。今天的中国市场中，不同规模的企业集群为不同需求的消费群体提供程度各异的“定制化商品”。随着对于个性化消费需求的感知速度、响应效率的不断提升，未来商品定制在深度和广度方面的特点必将进一步凸显，市场资源将围绕着满足社会不同需求群体的消费需要而进行重组，传统过分强调规模的共性生产机制将呈现出向某些基础消费品市场高度集中的渐进式发展趋势。

其二是从功能型、物质类消费向品牌型、文化类消费转型。从需求侧而言，改革开放初期，我国社会的消费品主要以功能为导向，“彩电”对应的是受众视听同步的信息传播需求；“自行车”“汽车”解决的用户提高出行速度的效率提升需求，这些基于用户刚性需求的消费行为，往往都以占有物质类工业化产品为满足需求的主要方式。换言之，工业化时代社会经济发展的主要拉动结构，就是要通过刚需商品的规模化量产，实现资源物化后的变现。

然而，随着现代生活方式在我国的全面建立，人们在消费行为中已不再以满足基本刚需为追求目标，消费决策中，对商品基础功能的关注，正在逐渐让渡给对于商品附加价值的关注，换言之，决定同一品类商品经济效益的往往不再是基础功能，而是其无形的多元品牌价值，品牌力在消费过程中的权重比例不断提升。

从供给侧来看，新时期的商品需要适应这种多样态、多层次的演进方向，物质拥有感不再是人们消费追求的唯一目标。商品和服务满足人们文化娱乐、知识学习等多方面心理、情感需求的能力变得日益重要。《人民日报》曾发表文章称“从物质消费中获取幸福感的时代已经过去了”。本文认为，也许说这一时代完全过去言之尚早，但未来人们仅仅通过占有物质来获得幸福感的难度可能会越来越高，在功能性需求得到满足之后，精神和情感层面的高级需求正在经历全面激活的过程，其结果必然将倒逼中国商品进行外在品牌化和内涵多元化的双重升级。

其三是从便利性、趋近性消费向品质化、全球化消费转型。

从需求侧而言，传统消费行为中，消费者在价格敏感度较低的日常消费品购买决策中，曾经倾向于注重便利性的就近购买原则，因此，地缘趋近性曾经是人们生活基本消费品消费中的主要影响因素。围绕区域市场形成的区域产业结构，区域品牌阵列，曾经构成了我国除一线城市之外的大部分地区的消费格局特征。

然而，随着数字传播技术带来的信息流和现代化运输工具带来的物流等关联业态效率不断提升，物理空间中的地缘趋近性在人们消费决策中不再占据主要位置。现代化的信息流传播，可以随时将来自地球村每一个角落的商品信息传送给个人信息节点，实现多层分发和共享。而现代化的物流网络，正在大大压缩数字空间与现实生活之间的时空间距，构建出近乎“所看即所得”的新时期消费体验。在二者合力打造的新环境之中，消费者更加注重的是商品的品质，而不再关心物理空间获取的便利程度。这种现象不但存在于高端消费品领域，在日用消耗性消费品市场，近年来这一特点也日趋显著，例如，我国日用化妆品市场、婴儿用品市场，由于目前还缺乏本土强势品牌，导致城市主流消费市场长期被日本、欧美的品牌占领，随着我国对外开放程度的提升，海淘、代购以及境外消费等现象方兴未艾。

从供给侧来看，品质消费的升级过程中，中国品牌面临着来自全球范围的激烈竞争——商品信息高度透明，消费行为高度理性，购买渠道高度多元，虽然传统的贸易保护手段和消费距离阻隔带来的本土品牌“风暴眼”效应逐渐消失，商品品质的真正提升将成为现阶段中国品牌参与全球化市场角逐的制胜关键，缺乏自主创新能力和品牌价值认知的行业领域很容易被跨国品牌步步蚕食。

综上，从整体社会消费特征来看，改革开放四十年历程经历的消费潮流更迭和消费能力解放，从深层次上带来了市场需求侧的全面激活和持续升级。新时期我国居民的消费需求呈现出个性化、品牌化和全球化的发展特征。全面考验着新时期广告的专业技术和传播理念、社会责任和国家使命层面的功能和价值，呼唤着广告在中国社会发展中作用的进一步升级。

三、社会主义新时代广告的功能和价值

如前文所论，新的时代背景，赋予了广告新的产业空间和社会作用，也

带来了关于如何认识广告产业定位的深刻命题。一方面，当前社会中广泛存在着对于广告的误读和曲解。例如，认为广告是简单的叫卖，是夸大其辞，强迫消费。另一方面，数字技术带来的革命，改变着我们的生活，也更新着广告的实践活动。从广告产业发展历程层面分析，不断进步的数字技术至少带来了两个层面的深刻影响：其一是广告的战略层面，基于大数据的消费者用户画像，更新了传统市场环境下企业思考广告策划和广告创意的基础起点。其二是广告的表现层面，虚拟现实和3D打印等技术，提升了广告创意和表现力的发挥空间，也增加了广告创意竞争之中的技术壁垒。

本文认为，在上述综合因素的共同作用下，新时期广告的功能、价值和文化内涵将经历新一轮变化和调整，具体而言，可能表现为以下三个特征：

其一，从拼“想象共鸣”到拼“生动表现”。

纵观不同时期的广告表现手段，我们可以看出，构成广告美学的元素，与媒体元素之间的关系非常紧密。从传统媒体到移动互联网，虽然传播方式始终在不断升级，但媒体表现元素却始终未曾离开“音、视、图、文”四个方面，从媒体演进的路径来看，越高阶的媒体，汇聚的媒体元素就越多，例如，平面媒体其实就是单纯的“图文媒体”，广播就是简单的“声音媒体”，而电视虽然是第一个汇聚四种要素于一身的媒体，但主要承载方式却以“音、视”为主，互联网则是第一个全面发挥了“音、视、图、文”四大要素特点和功能的媒体，因此相较于前三个媒体形态，互联网明显在传播能力方面更加高级，在媒体表现力方面的切换也更为自如。

从广告创意或艺术表现力层面来说，具有一个特点，即媒体元素越丰富，人们驾驭媒体的难度越低。例如，单纯的文字是一种非常难以打动人的传播方式，通过文字传递出来的信息，要取得受众认同，不但需要清晰新颖的观点和思想，还需要生动精炼的文字描述，这对于作者的文字能力和思想水平都有着非常高的要求，也使得作家成为了为社会尊重的职业。在广告中，优秀的文案，本质上来说体现的就是广告人驾驭文字的能力。例如，大卫·奥格威的经典文案："在时速60英里的时候，这辆新劳斯莱斯车里最大噪音来自车上的电子钟。"时隔近百年，这句广告语与劳斯莱斯品牌一起传颂至今，并且俨然成为了该品牌汽车质量优异的最佳说明。由此可见，文字的力量具有很强的时代穿透力，虽然驾驭难度最大，但能够形成最为持久的影响和效果。而"图、音、视"作为传播元素，对于作者的要求较文字而言要低很多，一名好的电视制作人或电影导演，不一定要具备深厚的文字功底，但依然有可能驾驭视频和音频的表现能力，为观众奉献生动的银幕形象。同时，相比"图、文"而言，"音、视"信息的用户卷入程度较低，伴随性较强，人们可以看着电视做饭，听着广播开车，但绝对不能边看书边开车，这也就导致受众在观看"图、文"信息和"音、视"信息时，大脑神经的活跃程度其实是不一样的，注意力资源的分布和投入比例也各有差异。较低的卷入度和线性传播局限，造成了"音、视"类信息的"一过性"传播特点，能够跨越时间，成为经典的电视广告和广播广告，明显较图文广告为少，虽然"音、视"元素的表现力更为生动，但过于具象，反而缺乏了优秀文案直击心灵的冲击力量。

由此可见，传播元素越复杂的媒体，对广告创意的进入门槛其实反而较低，但诞生优秀创意的难度也越大，因为文字能够带来的想象力，其实远比其他元素要多，人们在阅读文字的同时，其实是一种信息深度加工的过程，将自己的世界观、价值观和生活经验诉诸于对文字的理解之中，于是形成了"一千个读者心中有一千个哈姆雷特"的现象。这是一种每个个体思维都被文字全面激活后带来的传播效果。而随着传播元素的丰富，现在的媒体不再注重想象，而是越来越强调视觉冲击力，从静态的图片、动态的视频到今天3D效果的虚拟现实和增强现实，表现手段的升级，目标无不集中于让受众体验到越来越鲜活的世界，而越来越具象的眼前感受，也同时带来了越来越肤浅的想象空间。因此，我们可以看出，随着媒体表现能力的升级，广告美学的门槛也在逐渐降低，只要掌握了技术，都能进行表现层面的创意活动，但从长远来看，具有时间穿透力的优秀创意作品出现的难度也将越来越大，未来广告创意将进入“入门易，优产难”的发展时期。

其二，从注重“产品表现”到强调“用户体验”。

随着VR/AR技术、3D打印技术的不断发展和应用，广告创意表现正在进入一个注重体验的全新时代，“音、视、图、文”时代，广告创意的任务是如何更好地表现产品，传递品牌精神，激发消费者购买或试用的兴趣。而对于产品和服务的体验，则很难通过广告来直接实现，换言之，传统的广告创意，目标是给消费者植入品牌正面印象，激起消费者到店购买或体验产品的兴趣。而在新技术的激发下，未来广告创意的体验功能逐渐得到了开发应用，借助移动智能终端的普及，原本需要依靠硬件才能解决的体验需求，现在通过软件就能得以实现，无论是未来家用3D打印机上的一个程序、还是今天增强现实眼镜中展现的360度立体世界，都在向我们宣布，广告将日益回归产品本身的真实情况，传统上对于广告意味着夸大，肯定与现实不符的观念可能会被颠覆。

随着广告创意对用户体验的强调，未来品牌的塑造路径也将在一定程度上经历调整和重构。品牌印象与企业产品力层面的联系将愈加紧密，传统品牌塑造路径，是先通过广告塑造品牌精神，再结合产品的市场表现和用户反馈，调整广告创意中对品牌精神的表现方式，最终实现品牌的成功塑造。而随着广告体验功能的日益强化，消费者品牌印象将更多来自于广告直接带来的产品体验，传统的品牌塑造路径将会被大大压缩，企业品牌塑造的难度增加，品牌营销中闪转腾挪的空间也将越来越有限。

其三，广告活动的核心应当回归“产品力塑造”。

传统广告活动的最终目标，往往是抽象出一个能够代表品牌的核心文化理念。而这种核心文化理念一旦形成，企业的产品力反而成为了蕴含在其中的背景性元素，例如，在洗发水市场，广告赋予了功能同质化产品的差异化定位，清扬的男士护发概念、霸王的防脱发概念、海飞丝的年轻化定位等等。

产品功能同质化程度越高的市场领域，广告生硬制造差异的痕迹往往也越明显。而在广告新美学环境下重体验的创意理念指导下，未来广告创意的核心将不再是塑造品牌的差异化竞争优势，而是需要重新强调对于产品力的挖掘和塑造，尤其是在充分竞争的红海市场之中，消费者的消费选择将越来越注重产品体验，能够在第一时间解决用户体验需求的品牌，将更加有可能进入消费者优先选择的列表，从这一概念上来说，未来广告对于品牌的塑造，重点不再是是否成功塑造了的品牌定位差异，而在于多大程度上激发了消费者日常生活中的体验响应。

四、结　语

从改革开放初期，中国人民开始探索建设有中国特色社会主义道路，到今天国际化进程不断加速，我国全方位开启了社会主义新时代的建设篇章。在四十年的辉煌历程中，广告在与社会的互动中实现了规模的成长，功能的发挥和价值的认同。今天，承载消费信息的广告充斥着我们的生活空间，表现消费图像的广告丰富了社会公共图像系统，记录消费趋势的广告折射出社会发展的不同阶段。未来，新时代的中国经济，国际化的社会影响以及由此带来的广告社会属性和社会价值的重构，将进一步推动广告与中国社会发展持续互动，不断调整，日臻完善。

作者介绍：

王昕，广告学博士，中国传媒大学广告学院广告学系副教授、硕士生导师、首都传媒经济研究基地秘书长。

1988－2018中国消费者研究：行为呈现与心理洞察

黄京华　张心淼　李　珂

【摘　要】　2018年是中国改革开放40周年。40年间中国消费市场的发展和消费者的变化令人瞩目。中国的消费者研究力量则伴随着这些发展变化发轫成长，以中国传媒大学广告学院为依托的IMI市场信息研究所是其中的生力军。本文按照历史分析的基本路径，主要梳理了IMI市场信息研究所公开发表的研究成果：从1988年广告专业设立为起点的消费者研究项目；起始于1996年的九本《IMI消费行为与生活形态年鉴》；发端于2007年的消费者专题研究报告；从2012年延续至今的以消费者心理洞察为侧重点的“消费者‘动’察”丛书。以研究成果为脉络，叙述消费者研究的思路、内容和方法的变迁，阐述其研究方法的调试与转向。即从以消费行为为侧重点的定量研究，到以消费行为与心理洞察综合考量的定量定性相结合的研究。并指出在纷繁复杂的媒介环境和消费市场下，坚持这种融合性研究的独特价值。

【关键词】消费者研究　消费行为　消费心理　IMI市场信息研究所

中国改革开放40年取得巨大成果，其突出成就在于经济的飞跃式发展，

40年间GDP增长182倍，人民的生活水平大幅提高，消费能力得到迅速提升，消费行为和消费观念也随之发生变化。消费者是中国消费市场改革和发展的重要参与者和见证者，对他们的消费行为和消费心理的研究，在描摹消费市场变化的同时，还可映射社会经济的走向及社会心理的变迁，意义重大。中国国内关于消费者的研究在研究视角、方法、领域和应用等方面不断探索，经历了从无到有、从有到多、从零散到系统化不同的研究阶段。自1988年成立之初，中国传媒大学广告学专业即专注于这一研究领域，历时三十年，成为中国消费市场及消费者研究的重镇。中国传媒大学广告学院IMI市场信息研究所（后文简称IMI）是广告学院30年来消费市场和消费者研究的承载机构。在此以这一机构为个案研究对象，在整体消费市场变迁和消费市场研究发展的背景下，对1988年到2018年以来中国消费者研究进行纵向和横向脉络的梳理，着重阐述消费者研究从对消费行为研究转向兼具消费者行为和消费者心理洞察的研究思路与方法。IMI对消费者的研究有其独特地位，选择IMI作为研究个案，可以从一定程度上管中窥豹了解中国消费者研究的发展历程。通过对消费者研究脉络的梳理分析，回应当下复杂的媒体环境、营销环境中，消费者研究如何做、如何做好的问题，并对研究当下中国消费社会有所启发。

论文按照历史分析的基本路径，主要以IMI历年公开发布的研究成果为线索梳理其在各个不同时期的研究思路和研究内容，以及研究方法的选择与应用，在对上述相关内容阐述的同时诠释消费者研究不同研究思路和方法发生的背景及原因，及其对广告学界与广告实践的影响和意义。正如巴比认为的，历史/比较分析法是一种研究方法，是研究社会（或者其他社会单位）的历时变化，并对不同的社会进行比较。① 历史分析法主要对所收集的一手资料和二手资料进行有选择的分析与探讨。本论文中一手资料包括IMI历年

① 巴比著，邱泽奇译．社会研究方法（第11版）［M］．北京：华夏出版社，2009：336.

承担的项目、撰写出版的书籍和报告、所获荣誉等信息；二手资料则包括相关行业的信息，行业内其他公司、机构的重要材料，以及学术研究论文等。IMI 的发展以其主要研究成果的形态为区分，可以分为四个主要时期：从 1988 年中国传媒大学广告专业创办，随之广告信息中心成立，到 1995 年 IMI 成立；始于 1996 年的《IMI 消费行为与生活形态年鉴》出版发行；从 2007 年开始的生活形态专项研究和系列研究报告的出版；起始于 2012 年的生活者洞察研究。

一、1988 年广告专业创办到 1995 年 IMI 成立

1988 年前后正是改革开放初见成效和进一步深化的时期，消费市场日渐活跃，越来越多的国外品牌开始进入中国大陆市场。国外企业产品的新鲜感加之其成熟的品牌营销体系，使得这些产品很快就渗透到中国居民的消费与日常生活中。与消费市场密切相关的行业随之在中国大陆发端生长。从 1979 年初报纸媒体率先恢复广告业务，广告行业经历近十年迅速发展。尽管滞后于行业的发展，早在 1984 年中国大陆的高等广告专业教育即已在厦门大学启程，1988 年当时名称还是北京广播学院的中国传媒大学也开办了广告专业。

回应不同领域的需求，在不同的学科背景下，市场调查行业也有着相近的发展脉络。“传播学界普遍认为 1982 年由北京市新闻学会联合调查组开展的北京调查是受众调查的发端，这是国内第一次大规模采用‘统一问卷、直接面访’的现代科学方法对受众进行抽样调查。”① “1986 年 10 月成立的中国人民大学舆论研究所是国内首家舆论调查研究机构。”② 在首批涌入中国大陆市场的跨国公司迫切了解大陆市场和消费者需求的推动下，20 世纪 80 年代后期，中国第一批本土品牌的调查公司顺应市场需求陆续成立。1988 年 4 月成立的广州市场研究公司（GMR）是大陆第一家有偿服务的专业市场研究

① 陈崇山．受众调查研究 10 年［J］．新闻研究资料，1992（06）．

② 刘夏阳．中国人民大学舆论研究所与中国舆论调查业［J］．中国人民大学学报，1993（04）．

公司,① 这一时期的调查机构主要以本土品牌的调查公司为主。1993 年，盖洛普公司与中方合资成立盖洛普中国资讯有限公司，诞生了国内第一家大规模合资调查公司。

与此同时，一些早期的学院派高校信息调查机构也纷纷成立，其中就包括 1992 年 5 月成立的中国传媒大学广告信息中心，其人员构成全部是广告系的专业教师。广告信息中心主要专攻于消费市场和媒介受众方面的研究，从成立之初的艰辛起步直至后期的蓬勃发展，应用多种方法完成了诸多不同需求的消费者市场调研活动。那时的黄升民教授，刚从日本留学回国担任广告学系系主任和广告信息中心主任，积极推动广告教学中的调研实践活动。广告信息中心一成立就执行了颇具影响的潘婷试用装派发活动。正如他后来在博客中描述的：三十五个二年级学生再加我和老勾（注：丁俊杰教授）两名教师，三个星期下来，将六十万份样品派发完毕。

广告信息中心主要接受专项委托的消费者调查项目，委托企业涉及食品、饮料、汽车等行业，调查方法包括定量的问卷调查和定性的小组访谈。以汽车调查为例：实施了进口轿车车主的问卷调查，北京、广州、上海、沈阳四个城市各抽取 200 名进口轿车车主面对面问卷访问；在北京、广州举行 4 组关于 Family - Car 概念测试的小组访谈；在 1996 年北京进口车车展现场，针对某品牌的 Family - Car 概念车进行 200 份样本的现场问卷调查。车展调查后发生的一件趣事令人至今难忘。当时的现场执行在三天之内完成，王冰和刘旭两位老师带领十几名学生负责现场执行，黄京华实时录入统计执行完的问卷。最后一天调研结束老师和学生们都很疲惫，就近在国际会议中心里边找了家餐厅吃饭，落座才发现菜单标价远超预期，又不好拔腿撤退，点完单看着学生们吃的开开心心，三位老师都心照不宣的没动筷子。中心接受的专项委托调查，大部分客户是国外跨国公司或合资公司，也有一些本土企业，这

① 柯惠新，田卉．中国市场信息调查业发展回顾：机遇与挑战（一）［J］．市场研究，2008（02）．

些本土企业主要是一些初具品牌意识亟待了解消费者需求的企业。比如，1995 年绿丹兰化妆品消费市场的调研需求包括：了解女性化妆品的消费行为及习惯，如使用化妆品的种类、品牌、购买途径等；有关绿丹兰产品的消费行为及习惯，如是否知晓该品牌、是否使用该品牌、使用后对产品和包装等方面的评价等；消费者构成和品牌形象，以及竞争品牌分析。调研在北京、西安、南京、青岛和福州五城市执行。这一时期对消费者的调查方式主要以入户面访、拦截路人发放问卷这类定量调查方法为主，也根据客户的需要执行了一些定性的小组访谈。这与当时其他调查公司的数据收集方式和服务范畴基本相同，服务对象大部分为外资企业，主要借鉴国外调查公司的调查经验和模式，比较单一的向委托方提供数据调查报告结果。

较为例外的一个项目是 1995 年 8 月与日本博报堂合作进行的中国大学生生活形态调查，调查城市包括北京、上海、广州、沈阳、西安、武汉、福州、重庆、香港、台北，调查对象是当地大学三、四年级学生。调查采用配额抽样的方式，在每个城市选取男女学生各 20 名，了解他们现在的生活状况、理想的生活状况以及未来生活和消费的走向。调查方法以拍照、绘画为主，结合问卷调查，相应的分析方法也是以定性分析（视觉的理解）为主，定量分析（统计的理解）为辅。经由照片和绘画中大学生们对现实中自己的样子、理想中自己的样子、常去的游乐场所、日常生活场景和理想生活场景等方面的直观呈现，研究者直观感知到大学生鲜活的生活状态，以及大学生生活形态个体的差异、地域的差异，加之量化数据分析结果的关照，互相佐证说明形成研究结论。

随着广告信息中心研究领域的拓宽和经营规模的扩大，中心具有了从相对松散的学术研究组织向正规的研究与经营合二为一的专业机构转型的动力和实力，于 1995 年 12 月转型成立 IMI（创研）市场信息研究所（Institute for Marketing Information）。其简称“创研”意指“创造性的市场研究”。

从广告专业创办到广告信息中心，再到 IMI 的成立，不到十年的发展过程中，尽管机构快速转型升级，业务发展迅速，但对于中国大陆消费市场和消费者研究在内涵和方法上都属于借鉴和探索的时期，借鉴发达国家系统化专业化的研究方法的同时，探索其在中国大陆本土的适用性和具体的实施方法。这与当时广告业的发展探索，调查业的发展探索，乃至传媒等其他相关行业的发展探索基本同步。

二、1996 年至 2006 年的《IMI 消费行为与生活形态年鉴》

上一世纪 90 年代中后期，随着改革开放进程的深入，中国经济迅速发展，GDP 不断增长，特别是 2001 年中国成功加入 WTO 为整个中国市场带来新的机遇与挑战。中国市场风云万变的形势使越来越多企业意识到消费者调查对企业把握时机合理发展布局的重要性，企业需求促进中国调查业不断壮大，行业规则的规范化、标准化亦势在必行。1998 年首次行业会议召开并成立全国市场研究协会筹备委员会。2001 年 2 月中华人民共和国民政部正式批准成立“中国信息协会市场研究业分会（CMRA）”，调查行业发展正式被纳入国家指导行列。在此阶段，调查公司不断整合适应市场要求，大公司规模扩大发展势头最为强劲，1998 年千万元以上公司的营业额占整个市场份额的 7.5%，到 2007 年已增至 36.6%。①

广告行业在 90 年代初也进入快速发展时期，身处广告高等教育机构中的 IMI，洞悉行业对消费市场数据的需求，开始采用入户问卷调查的方法进行中国城市消费者调查，并编撰出版《IMI 消费行为与生活形态年鉴》，这项工作开创中国大陆消费者研究消费信息采集和发布之先河，在广告行业和调查行业引起强烈反响。与之类似的消费者数据调研是起始于 1998 年新生代市场监测机构与国家统计局合作的中国消费者信心指数月度监测项目。自 1996 年创刊至 2006 年停刊，IMI 共编辑出版九部年鉴，依次为《1995IMI 消费行为与

① 柯惠新，田卉．中国市场信息调查业发展回顾：机遇与挑战（一）[J]．市场研究，2008（02）.

生活形态年鉴》《1997－1998IMI消费行为与生活形态年鉴》《1998－1999IMI消费行为与生活形态年鉴》《2000IMI消费行为与生活形态年鉴》《2001IMI消费行为与生活形态年鉴》《2002－2003IMI消费行为与生活形态年鉴》《2003－2004IMI消费行为与生活形态年鉴》《2004－2005IMI消费行为与生活形态年鉴》《2005－2006IMI消费行为与生活形态年鉴》。为简练，后文提及这些年鉴时均以年份代指。第一部1995年鉴是国内首部城市消费研究年鉴，调查范围覆盖北京、上海、广州三大城市，3000人的样本量，涉及44类商品的购买、使用情况、潜在消费欲求等消费行为，以及日常生活状况、媒介接触情况、消费观念和价值观等方面，当年即获得国家中央级年鉴评比二等奖。在随后的十年间，年鉴的调查内容和范围不断扩大，影响辐射力逐年增加。城市调查数量从最初的北京、上海、广州3个城市增至全国21个重点城市。调查样本容量由3千人增至2万余人。2005－2006年鉴作为年鉴系列的最后一部，在调查中增加了定性研究，通过对64位被访者的深度访谈了解其背后的消费故事与动机，定量与定性研究相互结合互为补充。

年鉴中有关消费品的调查内容随着市场中消费热点和新兴商品的出现与增长不断丰富，1995年鉴主要关注“衣食住行类”基本生活保障用商品的消费情况；1997－1998年鉴增加新兴的3C电子电器产品、汽车、旅游等消费；1998－1999年鉴增加金融、保险类、化妆品类消费；2003－2004年鉴增加风靡一时的小灵通消费；2005－2006年鉴新增教育、美容、健身消费及住房贷款情况。新兴商品不断加入调查内容的同时，另一些商品或由于基本普及或已被市场淘汰，不再列入调查范围，比如1997－1998年鉴不再调查电熨斗；2003－2004年鉴中删除对BP机、私人电话的调查。消费者日常生活形态调查层级由最初日常生活用品消费、耐用品拥有情况逐步向服务性消费、文化消费、信息消费等较高层级的消费形态和消费需求转移，1997－1998年鉴增加休闲娱乐消费；1998－1999年鉴首次将服务型消费和信息接触纳入日常生活形态。消费场所的调查因为新型消费场所的出现而有所变化，如1997－

1998 年鉴的超市和 2000 年鉴的西式快餐店。年鉴对于媒介分析由传统四大媒体逐步增加对于多种媒介的调查，1997 – 1998 年鉴增加电影；1998 – 1999 年鉴体育赛事成为新的媒介分析点；2001 – 2002 年鉴则首次出现互联网的内容。

历年年鉴中，在呈现消费者对各类不同产品的种种消费行为的同时，均结合消费者的产品消费行为、消费观念和人群特征进行消费者分析。从最初对消费者整体概貌的描述逐步向消费者分群描摹转变，1998 – 1999 年鉴根据时尚流行、广告态度、饮食健康、价格态度、信息接收五个指标对消费者进行分层；2002 – 2003 年鉴以人口特征和生活态度进行消费者分类。除了对消费者人群特征进行画像，年鉴中关于消费者个人消费观念和态度调查比重也不断增加，1997 – 1998 年鉴增加较大篇幅涉及消费观念和社会生活等方面的态度问题；1998 – 1999 年鉴增加消费者对广告的态度；2005 – 2006 年鉴增加消费者的维权意识及对绿色消费、适度消费的态度。特别是 2005 – 2006 年鉴的深度访谈涉及的主要内容除有关消费品的购买经历、购买体验及购买变化外，重点涉及了消费者对品牌、价格、时尚等方面的消费态度和广告观念，同时对教育、储蓄、投资、旅游等热点问题进行了深入了解，进一步探究了消费分层的表现和成因。

年鉴的版式也随着年鉴内容和篇幅的变化有所调整，第一部年鉴按照所调查的三个城市分为三卷；1997 – 1998 年第二部年鉴至 2000 年第四部年鉴分为上、下两卷；2001 年第五部年鉴到最后一部年鉴，则按照总册和不同产品类别分卷编辑。

IMI 年鉴丰富的消费者调查数据勾勒出中国城市消费者对各类消费产品的消费形态，其中各类产品的品牌排名、购买场所和购买意愿等均成为市场营销的重要信息来源。丰富翔实的消费者数据也成为学术研究的数据富矿，这一富矿既为 IMI 研究人员所用，也面向学术界开放。基于 IMI 年鉴的数据形成了众多的学术研究成果，例如，从 IMI 初创至今主持参与年鉴工作的黄京华教授于2004年出版的《多种形态的中国城市消费者》一书，即是利用年鉴的消费和生活形态数据对城市消费者进行分群的深度研究成果，该研究从不同视角，采用多元统计分析的方法对IMI年鉴数据进行了较为全面的深入分析，呈现了不同消费者群体间的差异。美国南卡罗来纳州立大学的魏然教授，于1997年采用IMI年鉴数据在JAR（Journal of Advertising Research）发表论文*The Impacts of Chinese People' s Life Styles on Their Attitudes toward Advertising*，其后一直与IMI研究人员保持学术合作关系，采用IMI年鉴数据和之后的调查数据发表多篇学术研究论文。参与IMI项目多年的杨雪睿副教授，其博士毕业论文《分化与重聚——对城市居民消费行为的重新解构》，以十年IMI年鉴数据中的消费行为为重点，采用历时性分析的视角，探讨中国大陆城市消费市场的特征及其流变。

在调查执行、编辑出版IMI年鉴的同时，IMI也接受客户委托的专项调查，调查范围涉及：以汽车用户调查为代表的消费者调查；对电视观众、广播听众、报纸读者进行的受众调查；对机票广告、广播广告、电视广告所做的广告效果调查；国内外企业知名度和形象调查；电台、报纸等媒介监测调查等。这些调查中的定量部分，有的采用传统的问卷面访调查方式，有的则采用电话调查的方式。1999年，IMI在国内率先引进了电脑辅助电话调查系统（CATI）并于2000年1月正式使用，主要进行广告效果调查和媒介监测。张津老师负责了系统的安装维护和之后一系列调研问卷的编程工作。调查中的定性部分则开始强调小组访谈和深度访谈的综合应用。特别是在2005－2006年鉴中增加了大量的消费者深度访谈内容。反映了IMI的调查从以对消费者的消费行为为重心，向有意识挖掘并探究数据背后隐藏的消费者动机与故事，描述呈现消费者行为与洞察消费者心理相结合的研究理念的转向。

应该说，这种研究理念和方法应用的转向兼具主动性和被动性。比较IMI和行业中其他机构的发展情况可以看到，IMI在成立初期在业内处于领先地位，这源于其人员构成的专业特质和所具备的国际化视野，但随着行业中一批专业化公司的形成，IMI 在市场化方面逐渐滞后，进而影响到其规模化发展。尽管 IMI 在后期年鉴的调查执行和运营中尝试引入行业内的合作公司，但终究难以解决根本性的学术与市场两者难以兼顾的问题。

三、2007 年以后的系列研究报告

进入新世纪，随着信息技术的发展，媒体之间的界限也变得不再清晰。新媒体、融合媒体形式如手机电视、车载媒体、数字广播、IPTV 等在国内的发展也渐有雏形①。互联网以及相关媒体的发展逐渐纳入调查研究人员的视野，从 1997 年起 CNNIC 每年发布“中国互联网发展状况统计报告”，发布中国网民数量统计。2000 年，率先进入中国的法国市场调研公司 NetValue 首次公布了中国互联网用户特征、互联网使用习惯及吸引网民的内容和网站等。这些调研活动开展较早，使用的研究方法主要为测算网络流量的定量研究方法②。2007 年 2 月，CTR 首次发布了《2006 中国城市互联网网民形态报告》。通过数据展现 2001－2006 年中国互联网网民构成、媒体接触习惯、网络接触状态、生活形态、产品消费、品牌偏好等的变化。

从 2007 年开始，IMI 的消费行为与生活形态调查进行了大的调整，不再执行大范围的消费行为调查，转而聚焦于以互联网和数字媒体发展为背景的消费市场的前沿性问题进行专题研究，陆续编辑出版了《2007IMI 城市受众移动生活形态与新媒体接触研究报告》《2008IMI 城市居民消费行为与广告接触研究报告》《2009－2010IMI 城市居民消费行为与媒体接触研究报告》《2012IMI90 后大学生网络化生活研究报告》《媒介·消费——2014 中国大学生调研报告》。这些研究报告基本采用同样的研究方法：结合文献分析，采用定量的问卷调查和定性的深度访谈方法。定量调查以电脑辅助电话调查

① 黄升民，丁俊杰，黄京华. 2007IMI 城市受众移动生活形态与新媒体接触研究报告［M］. 北京：中国广播电视出版社，2007.

② 柯惠新. 互联网调查研究方法综述－上［J］. 现代传播，2001（04）：80－84.

(CATI) 或面访的方式，在北京等多个城市进行问卷调查。定性调查采用深度访谈的形式对定量调查人群进行访谈。

《2007IMI 城市受众移动生活形态和新媒体接触报告》，研究城市受众的移动生活形态和新媒体接触的情况，以及两者之间的关联。调研以城市受众生活时间分配作为切入点，探讨不同工作形态（如有固定上下班时间人群、无固定上下班时间人群、上学人群、退休赋闲在家人群）的城市居民在消费状况、居住情况、社会及人际交往、家庭生活等方面生活形态的状况和变化。同时，针对车载电视、手机电视、数字广播等新的媒体形态了解受众的接触情况，勾勒出受众新媒体接触的概貌及受众新媒体需求的图景。在对具有不同移动特点的人群进行有关移动新媒体的描述，以及分析城市受众对各种移动新媒体接触情况的基础上，综合调查数据和深度访谈资料的分析，验证“移动程度越高的受众对移动新媒体的需要程度越高”的假设，并做出具体描述。

《2008IMI 城市居民消费行为与广告接触研究报告》，从消费和广告接触两个视角展开，并将“受众广告接触测定”作为重点研究议题。采用网络填答日记卡或邮寄日记卡的方式，请被访者填答为期一周的每天接触各类广告的情况，进行广告接触调查。分析内容包括不同类别广告的接触率、接触时段分布、接触时间份额等有关广告接触的相关指标与数据。进而综合广告接触率和广告接触时间两个测量指标，定义广告接触程度的综合测量指标——ACI 广告接触指数（Advertising Contact Index）。ACI 的使用是广告效果测定方法的有益探索。从受众的广告接触行为出发来测定广告接触程度，将不同属性、不同类型的广告，纳入到一个统一的测量平台上，使不同媒体的广告效果具有可比性。[①] 根据 ACI 测算，首次准确分析出了互联网广告和户外液晶电视广告作为媒体广告的重要价值。在随后的几年中，这一结论不断地被

① 陈大鹏，朱雪梅. ACI：重新定义媒体广告价值［J］. 今传媒，2009（01）：39－40.

各大研究机构的数据所验证。同一时期，行业中也有类似的调查。例如，2008年，DCCI－Netguide发布《2008中国互联网用户媒介与广告接触测量报告》，对互联网55个细分领域展开用户调研。调查采用固定样本组监测与网上调查相结合方式，通过问卷调研用户/受众的消费与需求、媒介与广告接触、消费态度和喜好等，通过固定样本组监测用户使用网站的行为与偏好。与行业中市场功能为导向的研究报告相比，IMI报告呈现出明确的研究性指向。

另外，对于消费行为的调查包括产品与服务消费，以及媒介接触。涉及食品饮料、洗化产品、药品及保健品、家电产品、高档产品、金融类产品、餐饮购物的相关消费情况，分别罗列并分析了产品或服务的种类、花费、未来购买或使用意向等内容。对于媒介接触，重点分析了电视、广播、报纸、杂志和网络五种不同媒介的接触情况，进而分析解读城市居民产品或服务消费与媒介接触之间的关系。

《2009－2010IMI城市居民消费行为与媒体接触研究报告》研究落点于城市居民的消费行为和媒介接触，重点对比新、旧媒体的接触情况。调查中了解了包括传统媒体、网络媒体、户外媒体、手机媒体在内的新旧媒体的接触情况。特别是对网络媒体和手机媒体进行了较为细致的询问，网络媒体的问题不仅包含上网频率、上网花费等基础性问题，还涉及到博客、网络视频、网络论坛、即时通讯工具、SNS社区、网络游戏等多种网络活动的应用情况。手机媒体则涉及了手机广告、手机电视、手机上网等内容。对于电视购物和网络购物也做了细致的调研。应该说，该次调研对新媒体的研究相当全面深入，也是最早的专项研究之一。

在这一系列的报告中最具社会现实意义的当属《2012IMI90后大学生网络化生活研究报告》。2008年起，90后开始大批进入大学校园或踏入社会。进而，社会公众和大众媒体乐此不疲地为90后贴上张扬、叛逆甚至颓废的种种标签，而他们的真正特质和生活形态却很少有全面客观的呈现。作为在网络环境下成长起来的第一批人，90 后的特征、生活形态和价值观都受到了网络的极大影响，他们的确具备不同于前辈代际人群的个性特征，引发了市场的关注。2011 年，零点咨询研究集团发布了《90 后研究》，通过定量定性结合的方式探究 90 后的生活状态、消费方式和对广告的看法。同年 12 月，CIC 联合群邑智库发布了《中国 80 后 90 后网论观察白皮书—中国互联网上跃动的青春》。从 80 后和 90 后两个世代对于自我认知、个人兴趣、上网行为等异同点展开了定性研究。

《2012IMI90 后大学生网络化生活研究报告》，也将研究焦点聚集于 90 后大学生群体，并重点研究他们的"网络化生活"。调研依旧采用定量定性相结合的方法，在问卷调查的基础上，选择具典型性的受访学生进行深度访谈。调研城市包括北京、上海、广州、成都、武汉、沈阳、郑州，每座城市选择 4 –5 所大学进行问卷调查，共调查了涉及 33 所高校在内的 1600 名大学生，并对其中 50 名学生进行了面对面深度访谈，进一步了解其互联网接触行为、生活形态及个人信息。在访谈的同时要求受访学生提供其日常生活相关的生活照片，作为其各种生活场景的写照。

该次研究对 90 后大学生从生活形态、价值观到网络接触和消费观等方面作全景式描述。研究内容分为三大部分：首先以对 90 后大学生行为特征的研究为先导，通过对 90 后大学生自我认同的分析，在解读 90 后大学生在行为及心理上的个体差异和群体间的差异的基础上，判定其群体特征；随后进一步描绘他们以大学校园生活为主的生活形态，并通过对他们所喜欢的公众人物、明星和电影电视剧等人和物，对他们有关社会和自我的看法做出阐述，以反映他们的群体价值观。其次以 90 后大学生网络应用为研究核心，从他们的网络接触行为、主要网络服务的应用情况和对网络应用及网络世界的看法几个方面，全方位描述大学生网络化生存的状态。最后，以 90 后大学生的媒体接触和消费行为与消费观念为着眼点，铺陈开来，在描述相关行为的基础上，分析其中网络的影响和作用。研究结果表明，无论是 90 后还是 90 后大学生，不能一概而论。90后大学生主流居多，他们能够用理性客观的态度看待外界，也能够用同样的态度审视自己。网络在他们的生活中占据重要位置，影响了他们生活的方方面面，甚至有些依赖，但他们对网络有着清醒的认识，也意识到应该有效合理的利用网络。同时，研究中也发现网络对90后大学生的一些负面影响，如对网络的依赖和对网络的使用缺乏自控力的情况，包括网络对90后大学生媒体使用和消费行为的影响。

《媒介·消费——2014中国大学生调研报告》则延续前度研究，将研究视点聚焦于——中国大学生的媒介接触特别是对新兴的社交媒体的接触，及其在现实世界和网络虚拟世界中的消费行为。调研采用问卷面访结合小组访谈的方式，在北京、上海、广州、武汉和成都五个城市的15所大学进行。研究揭示了大学生媒介接触行为的变化带来信息获取途径的多元，进而影响到多样化的消费形态，网络购物在大学生中持续升温等现象，并探讨了种种现象与大学生日常生活状态的关系。

四、起始于2012年的“生活者‘动’察”研究

随着调研侧重点的转移，从2012年开始，IMI与博报堂综研（上海）展开年度生活者调研合作项目。该项目沿袭日本博报堂对“消费者”的认识，将人们定义为“创造生活的主体、并在其中进行消费的人”，而不是单纯的“利用商品和服务的接收方”，即提出“生活者”的概念。当全方位的看待人，而不是局限于单一的消费层面时，就会看到此前看似毫不相关的人们行为背后“最根本的欲求和价值观”①。并以此为开端进行挖掘，解读并描绘未来的生活场景。这一过程，被称为“生活者发想”。基本的研究思路是利用博报堂独创的“INSIGHTOUT”生活者研究方法，从看得见的生活现象出发，通过探求、解读、构造等思维活动，寻找推动现象发生的潜在欲求。合作研

① 博报堂生活综研（上海）．创漩－都市年轻人的行为特征及其心理洞察［M］．上海：文汇出版社，2013：7.

究以“生活者‘动’察”为研究主题，每年选择新的研究课题并发布成果，截至2017年，合作研究共发布五次研究成果，分别为：《生活者“动”察2013：创漩——都市年轻人的行为特征及心理洞察》《生活者“动”察2014：信蜂——中国信息传播的新兴群体》《生活者“动”察2015：出格消费——中国消费行为新景象》《生活者“动”察2016：衔能——成为新产品和服务提供方的生活者及其影响力》《生活者“动”察2017：余乐——营造“文化消费”新风尚的生活者及其心理洞察》。可以看到所有的选题内容都紧密贴合市场发展脉动，都是对市场需求及时、恰当的回应。

《生活者“动”察2013：创漩——都市年轻人的行为特征及心理洞察》，顾名思义，这项研究延续之前对90后及年轻人生活形态的关照，主要围绕“寻找行为”“自我表现行为”“信息传递行为”这3个年轻人代表性行为进行考察。一个小的插曲是，这项起始于2012年的研究，原计划的发布时间是2012年年底，由于一些客观原因，推迟到2013年发布。

这次研究的调研方法包含定量和定性调研，包括面访问卷调查、家庭访问调查、会场集合调查、深度访谈、小组访谈、社交媒体和微博内容分析等。例如，利用博报堂原创的定点调查数据库“博报堂Global HABIT”，该项调查从2000年开始每年持续进行，调查范围涵盖世界30个以上主要城市，样本数为每城市500－800个（中国选取的三大城市为北京、上海、广州）。同时开展针对北京、上海、广州3地的70后80后90后群体的一系列有关他们生活意识与行为特征的调查，包括：有样本总数为5940人的“年轻人意识行为变化的调查”；70后·80后·90后家庭访问调查；关于成功意识的小组访谈；微博达人访谈等；期间还针对微博用户进行了微博使用习惯的详细分析。并且在调研过程中，采集了大量和受访者生活方式、生活习惯相关的图片。这些调研方法的综合运用，形成了后续研究方法的基调。

采用“INSIGHTOUT”的研究思路，对多方面的调研结果进行深入细致的挖掘与剖析，从中洞察到隐藏在年轻人行为与意识背后的内在欲求。研究结果表明，时下中国年轻人的生活行为新趋势可以总结为“淘”，“秀”，“晒”三个特点。究其动机，就是“想证明自己的与众不同”，并且“通过与他人的互动来伸张自己的欲求”。因此，研究将这种新一代年轻人所特有的欲求用一个关键词概括为“创漩”。也就是一个由年轻人创造的“漩涡空间”，他起源于年轻人的自我表现行为，发展于周围人群的互相影响和互相渗透。这些研究成果，可以给予营销者以很大启迪，如建立共创平台；分享企业的“真实自我”；运用“有影响人效应”等。

网络、智能手机的普及，微博、微信、Twitter、Line、Facebook 等诸多社交媒体的诞生，自媒体时代的来临，等等。作为一种全球趋势，日新月异的信息传播环境似乎席卷了世界上所有的国家和地区。但是实际上，就信息的扩散方式而言，每个国家应当拥有各自不同的特点。那么，中国信息传播的特征是什么，为什么会有这样的特征，这一特征的影响又体现在哪些方面？为了解答这一系列问题，2014 年“生活者‘动’察”聚焦于“信息传播”，探寻中国特有的信息传播构造和其中特有的信息传播群体。调研方法延续使用惯用的数据源和调查方法，增加了博报堂生活综研（上海）独自开发的“聊天型 MROC（Marketing Research Online Community）调查”。

《生活者“动”察 2014：信蜂——中国信息传播的新兴群体》即是基于上述背景，对中国新兴的信息传播者所做的研究。研究表明，这一群体人数众多，并将其形象地命名为“信蜂”——“新信息”的传播者。而“信蜂”传播行为深层的心理欲求则包括获取信任感、存在感、安全感、认同感，及对自我身份的标榜和自我形象的塑造。“信蜂”效应对营销方式大有启迪，可以制定“圈子整体参与就能带来利益”和“易于带动其他朋友参与协作”的活动规则。

“买买买”“有钱就是任性”等流行语的出现证明了中国消费者消费欲望的强劲，同时也说明了消费环境正在悄然地发生着变化。《生活者“动”察 2015：出格消费——中国消费行为新景象》，锁定消费行为的方方面面，在调查执行时针对购物行为与意识、网络购物人群、极端消费形态、国外产品购入情况收集数据和案例，并对有关新消费和生活欲求进行家庭访问调查。通过描绘和洞察中国消费者在日常生活中所展现的一系列新型消费行为，揭示出了其特有的深层心理需求和今后的消费意识走向，并将这种新型消费行为形象地命名为“出格消费”。研究结果表明，中国消费市场正在向“G”“E”双方向发展。“G”是指全球化消费（Global Consuming），人们跨境“海淘”各类海外商品，世界各地各式商品、服务（体验机会）正在不断涌入中国消费市场，消费对象正在快速的多元化。同时，消费手法也在快速的多样化，电子商务、移动互联网的发展衍生出了诸多新型服务体验消费市场，使中国消费市场产生了数字化消费（Electronic Consuming，简称 E 化）的特点。

在变化的消费环境中，人们的消费行为也有了改变。研究通过对中国消费者在日常生活中所展现的一系列新型消费行为的分析，得出新型消费行为的三大特点，即寻求“未知”（自己见识以外的新事物）、寻求“新趣”（新的生活品味）、寻求“宽裕”（增加心灵余力）。消费行为之所以会发生这样的变化，究其原因，是人们对于环境变化所持价值观发生了变化，希望突破“大众理想”和“陈规旧矩”的束缚，放飞心灵，享受自由。

观察到作为消费者的人们同时还是新产品或服务的提供者，《生活者“动”察 2016：衔能——成为新产品和服务提供方的生活者及其影响力》落点于这一现象。调研发现，随着网络、智能手机的普及，包括移动支付在内的各类服务平台的不断增加，通过社交平台人们可以轻松地进行商品和服务的销售。在传统意义上为了盈利而开展的创业活动之外，有大量中国生活者带着轻松玩乐心情展开创业/副业活动。如通过“微商”“知识技能的有偿分享”以及“直播”等方式展开的新型创业/副业活动，都拥有“有效运用网络及智能手机轻松创业”“充分发挥兴趣或特长半带玩乐地开展副业”这两大特征。研究者将其命名为“轻创业”。这种“轻创业”活动的深层欲求不单单是为了盈利，还有为了提升自身专业能力、拓展人际交流圈、获得认同感等心理。进而有一部分“轻创业者”在“轻创业”过程中察觉到了人们的新需求，并不知不觉开始肩负起了帮助人们满足这些新需求的“职责”。换句话说他们同时也开始拥有了各种不同的新“头衔”。每一个“轻创业者”的个体力量在各个不同的领域中发挥着作用，并逐渐在社会上形成为一股强大的能量。“生活者‘动’察”研究将这股能量命名为“衔能”。“衔”可取意“头衔”“领衔”“衔接”。“轻创业者”的行为正是在获取社会“头衔”的同时，“领衔”其他人，并去“衔接”各自自我与社会的一个活动过程。而“能”一方面意味着“能量”，一方面也蕴含了生活者希望拓展自我“可能性”的含义。

“生活者‘动’察”在提出“衔能”这一概念的同时，还分析“衔能”对消费行为的三种影响，即“兼具双重视线的生活者始登场”“生活者与企业的关系变化”“生活者促成消费社会的网络化”，提出了相对应的市场营销方案。企业应该重视“轻创业者”的能量，由于他们已经在其他生活者心目中获得了一定“头衔”，将企业信息和知识通过他们传递给其他的生活者，则更容易得到信服。

《生活者“动”察2017：余乐——营造“文化消费”新风尚的生活者及其心理洞察》指向“文化消费”的研究。研究指出，“文化消费”的目标范围已逐渐从音乐、戏剧、绘画等文艺领域，扩展到了更贴近人们日常生活和发展的领域，如一些人开始学习品酒、插花、调咖啡等与现有工作或专业领域没有太大关系的“文化”。因此，选取了一些从两三年前开始就崭露头角，带有明显特征的“文化消费”行为作为重点研究对象，通过对其深入挖掘分析，洞察到了中国生活者，尤其是新中产群体的“文化消费”背后欲求所在。而在研究方法上，在延续定量定性方法结合的基础上，还有了更加具象化的创新。定量研究依旧选择博报堂 Global HABIT 中国篇数据集，同时进行了中美日关于“文化消费”意识行为调查；定性研究上对多位各界“文化达人”及“文化消费”积极实践者进行深度访谈；同时，开展“我心目中的理想假日”主题绘画调查，要求被调查者用绘画的方式表现出自己认为的“理想假日”。

在进行广泛调查研究的基础上，对生活者“文化消费”的心理需求加以总结，并发现驱动“文化消费”的根本动因在于生活者想藉此发挥自己的兴趣或特长，进一步追求自我，并通过接触“文化”来拓展“感性与知性的质”，继而得“余”（精神上的宽裕），这一心理需求则可以用一个造词“余乐”表现出来。而以此为基础上的“余乐营销”，则应该在日常生活中找到“余”，并以此为新视点去开展新的市场营销活动。

这一时期IMI基本专注于生活者行为与心理洞察的研究，发展路径与主流的消费市场研究或力求大而全，或发掘数据价值搭建平台优势的走向渐行渐远，但也因此恰恰成就相对稀缺的研究成果。出于研究内容的需求，相应的研究方法也更为强调定量和定性调研的综合应用和灵活设定。

五、结　语

回顾IMI从创立到发展至今的历程，梳理不同时期的研究思路、研究方法和研究成果，可以看到，对于中国的广告行业和市场调查行业，IMI曾经的引领和当下的坚守都具有价值和意义。

首先，IMI的研究在不同时期都有其独特的行业地位和学术价值。在成立初期，由于有发达国家理论方法可以借鉴，对消费者行为和消费者的心理洞察都有所涉及，不过的确是以对消费行为的描述为主，方法的应用上也较为单一，但在当时的市场环境中，IMI的调查涵盖的范围和研究理念均属领先。IMI年鉴的编辑出版，是国内成体系消费者调查、公开发行消费者研究数据信息之首创。尽管未在市场化道路上走得更远，在后期发展中也逐渐偏离了主流调查领域，但在消费者研究领域，IMI却愈加深入，编辑出版的IMI系列研究报告，以及与博报堂综研（上海）合作的“生活者‘动’察”系列研究报告，由于其创新性和对市场的贴近性，在具备高度市场价值的同时亦兼具较高的学术价值。

其次，研究方法应用上的不断创新探索，最终形成自成体系的研究思路和研究方法。IMI 在多年的研究中针对各类研究项目尝试使用过包括面访问卷调查、电脑辅助电话调查、网络调查、邮寄调查等多种量化调查方法；使用过包括小组访谈、深度访谈、绘画和照片调查等定性调查；也使用过一定数量的观察法和实验法进行专题研究。观察法主要应用于对城市液晶电视、楼宇广告和户外大屏广告效果的测定，与台湾政治大学郭贞教授合作的电视购物广告效果研究是典型的实验法案例。在对消费者的研究中形成了表象描述与动机探求相结合，消费行为与心理洞察综合考量的研究思路，定量和定性调查高度融合的调研方法。同时对新媒体环境下行业内数据滥用、方法误用的倾向保持警惕，敬而远之。

第三，IMI 的研究人员由广告学专业教师组成，因此所有的研究项目都是产学研相结合，项目执行过程和研究分析过程都有学生参与，成为学生专业实践的重要基地。以年鉴为例，参加年鉴执行和编辑的学生为数众多，以年鉴调查数据为基础形成的论文不胜枚举。IMI 对广告教育和科研做出了重大贡献。

最后，当今的移动互联网时代，大数据无可避免的改变了消费者研究模式，研究对象、数据收集方式及分析调查工具等都不同于以往。大数据背景下的消费者调查逐渐转变为在浩瀚的数据海洋中，挖掘消费者行为属性相关的数据，即每一个消费者在互联网形态下各自的生活轨迹数据。在这样的环境之下，传统的调研依然有其地位和作用，特别是对消费者的心理洞察是消费者行为关联数据无法完全替代的。因此，像 IMI 这样坚守专业精神，在消费者研究领域做精做专，广度呈现消费者的消费行为，深度探究其行为背后的潜在欲求和心理动机，反而更能凸显研究价值。

1988 年到 2018 年，30 年的消费者研究有迹可循脉络清晰，存在价值亦独特彰显。当下多元复杂众声喧哗的中国消费社会需要静水深流的研究者。

作者介绍：

黄京华，新闻学博士，中国传媒大学广告学院广告学系教授、博士生导师。

张心淼，中国传媒大学广告学院博士生。

李　珂，中国传媒大学广告学院博士生。

公共关系学专业人才培育实践的思考

——暨广告学院专业教育融合创新背景下公关专业发展趋势研究

杜国清

【摘　要】　本文对广告学院公共关系学专业的发展进程和趋势进行了研究，并在此基础上对该专业的人才培育实践进行了思考。全文从广告学院公共关系学的专业特色、创新与升级的内涵和基本思路、培养目标与课程调整等三个部分进行了分析，旨在探讨广告学院专业教育融合创新大背景下，公共关系学专业如何迎接新的挑战，如何升级创新并积极探索新的发展方向。

【关键词】公共关系学　专业特色　培养目标　大数据与传播运营

2018 年，在我院广告学专业迎来三十周年之际，我院公共关系学专业也走过了十八个年头。公共关系学专业目前所取得的专业地位及其特色之路和其身处广告学院所获得的给养，以及其他三个学系与专业的支持密不可分。经过几代人的共同努力和积累，我院公共关系学专业在全国同行中处于前列。我院公共关系学是目前北京唯一一家本科公共关系学专业，被视为衡量全国公共关系学发展的重要指标，其发展走向具有战略意义，其发展实践和未来趋势对中国高校公共关系学专业发展有着重要的龙头示范以及推动作用。

一、广告学院公共关系系现状、专业定位及历史进程中形成的专业特色

中国传媒大学公共关系学专业于2000年批准设置，并于2001年9月开始招收第一届4年制本科生。2003年公共关系系开始招收公共关系学方向研究生，2004年硕士点申请获批，2005年正式开始招收公共关系学专业研究生。截止2017年年底，公共关系系有9名教师，其中教授3名，副教授3名，讲师3名，8人拥有博士学位。目前我系在师资队伍和课程体系方面都达到了2018年《普通高等学校本科专业类教学质量国家标准》。

我校新闻传播学科的优势让公共关系学专业的学生得以高效掌握新闻传播学科以及文学、社会学、政治学等相关基础学科的知识和能力，熟练掌握媒体融合时代多元化传播手段，且该系又成立在我院广告系运营了十二年之久的基础之上，故能兼顾商业传播和公共传播；并且自建系起就得益于我院设计系的支持而获得艺术学的给养；专业起步阶段注重借鉴国外的学系和课程体系，故而在倚重传播学的同时，也汲取了管理学等相关学科的成分和要素；而随着新媒体新技术的兴起，诸多应用学科和相关专业面临巨大挑战之际，我院成立的新媒体专业也为公共关系学专业内涵的进一步升级形成了助力。

总之，从全国范围看，我校公共关系学系成立时间早，基础扎实，在科研、师资、实践教学等方面有明显优势，有着独有的鲜明的特色。公共关系学一度是新闻传播学学科专业目录大类下增设的专业，这也是我系建立之初的最大优势。新闻传播类专业主要以文学、政治学和社会学为学科基础，同时又与哲学、经济学、管理学、艺术学、心理学和历史学等学科密切相关。2012年，公共关系学专业进入到教育部专业目录时却没能归属到新闻传播学科，而是进入到公共管理学科序列，引发了当时已开设公共关系学专业的20

余所高校的学系震荡。根据教育部高等学校教学指导委员会编撰的《2018 普通高等学校本科专业类教学质量国家标准》，公共关系学目前列位于公共事业管理、行政管理、劳动与社会保障、土地资源管理、城市管理、海关管理、交通管理、海事管理这八个专业之后，同属公共管理学科。公共管理的主干学科主要有管理学、政治学、法学和经济学等。

同样根据该标准，公共关系学专业教师人数不得少于 8 人，且不包括业界兼职教师；课程设置须有教育部高教司印发的《普通高等学校本科专业目录和专业介绍（2012）》所规定的核心课程，需开设至少三门的公共管理类的专业必修课程等等。以上调整对全国公共关系学专业的发展带来了较大的影响。一方面，该专业发展前景好，专业对口的相关行业增长快，人才需求旺盛，就业率高；另一方面，面临巨大的挑战和压力，特别是最近几年，在“双一流”建设、“本硕博一体化建设”、学校升级等助推下，不少高校进一步调整该专业，甚至撤销关停。目前关停调整的数量超过了增加的数量。

2018 年最新关停该专业的高校是广西财经学院，该校的公共关系学专业成立已 10 年，因为立足中国 – 东盟自由贸易区建设需要，就业和发展前景都不错。该校出于升级考虑，停掉了 6 个规模小，涉及人员不多的专业，包括只有 5 名教师的公共关系学专业。海南大学和浙江传媒学院的公共关系学专业也因学校的升级而进行了调整，2018 年都已暂停招生，仅在广告学专业下面开设了公关方向。

放眼全国，公共关系学专业的发展没有达到预期的发展速度和规模。虽然近年来，中国公共关系行业发展迅速，年营业额亦保持高速增长，全国高校重视公关教育和科研的热潮不退。2016 年停招的大理大学也经过多方努力，2018 年恢复了公共关系学专业的招生。截止到 2017 年 12 月，教育部官方确认的公关本科专业权威数量是 21 所高校。2018 年也仅有两所高校申报公共关系学专业获批。

根据 2018 年教育部公示的新专业申报和撤销专业申请中，我校也是全国撤销专业最多的高校，拟撤销15个专业。这和我校目前推行的“四个一批”的专业调整思路密切相关，即，关停并转一批、升级改造一批、重点建设一批、规划设计一批。也正是在“四个一批”的思路推动下，我校各个专业、学系都经历了多次研讨和重新定位，公共关系学专业也是如此，虽然目前在专业归属、第一志愿率等方面和其他高校一样面临挑战，但是我院公关系自成立之初就在广告学院，有着其他三个专业系的相互支持，面对变化迅猛的新形势和新挑战，我们也重新整理，重新出发，在传承中创新，在创新中传承。

早在2011年，在我院公共关系系主办的中国高校公共关系学专业战略发展研讨会上，各高校公共关系学专业的系主任、院长、教师代表等充分研讨了该专业的发展前景，我系也分享了已经沉淀了10年且较为扎实的教学课程体系，明确了新时期的发展定位。以学生为本是公共关系学专业一直秉承的教学理念。学生是教学培养的对象，是未来的专业人才。因此，优秀的学生人才是公共关系专业取得优秀成绩的坚实保障，同时也是专业继续发展规划的重要核心。我们可以清晰的看到，在优秀的教师团队和未来专业发展的这样两股重要力量发展进程当中，学生的发展将贯穿其中，自始至终。由此，使得我们的专业得以更充分的发展和实践的检验。而在这期间，课程、科研、社会服务是我们保障学生发展和专业发展的三大动力与三大牵引力。

公共关系系是广告学院的四个系之一。公共关系系和我们专业特色的形成离不开广告学院其他三个系和专业的融合、互动、相互支撑。放眼整个学院多年来的发展，以广告系为基石和龙头，发展出来了一条特色的运营理念，日渐形成了独有的使命、架构以及教学科研结构。而公共关系系也是一脉相承，形成了自己特有的教学科研结构。目前我们有八大研究领域和五大科研基地，分别在商业传播和政治传播两大领域形成了一定的学术影响力。五大科研基地分别为：公关舆情研究所、广告主研究所、危机管理研究所、战略传播研究所、高龄沟通与传播研究所。八大研究领域则包括：1. 国家形象研究；2. 公关舆情研究；3. 企业公关实务研究；4. 危机公关研究；5. 营销公关与品牌传播趋势研究；6. 发言人策略与实务研究；7. 企业文化与传播战略研究；8. 企业社会责任研究。

公共关系系传承了广告学院科研、教学双驱动的优良传统。丰富的科研成果有力支撑和推动了本专业的教学。随着我们科研平台的不断拓展，我们学术研究的目标也日益清晰，也日渐形成了一个从动态研究到固化沉淀的循环型知识平台，并与我们学院的科研大平台一起相互支撑相互呼应。这对于我们专业的发展起到了非常重要的奠基意义，进而形成了专业的发展方向、责任以及发展纲要。

二、迎接新形势，创新升级公共关系学专业

如前所述，在我校“四个一批”专业调整的推动下，我系顺应广告学院各学系专业相互间融合创新的趋势，积极变革，进一步升级创新。专业发展也必然经历生存发展与创新的不同阶段。我们目前已经经历了师资建立、完善课程基础的基本生存阶段，进入到了师资稳定的发展期。然而，由于环境迅猛变化，我们的创新需求几乎同步于发展阶段。如何界定核心资源并创新课程体系也成了公共关系系发展的重要任务和巨大的挑战。与此相应，我们的专业体系也以近乎迭代的方式几乎同步在构建。在这个基础和背景之下，公共关系学专业从培养计划到课程设置，融创新与发展为一体，课程力求与时俱进，专业的内涵和外延，甚至对外传播等等都在进行一系列的调整。

2018 年上半年，经过多次研讨，公共关系系结合自身情况和学校布局，在专业建设方面积极推动升级创新，提出了“大数据与传播运营”的专业内涵和方向名称，标志着公共关系学专业的发展进入了新时期。根据教育部公示的 2018 年新专业申报名单，“数据科学与大数据技术”依然是全国高校申报最多的新专业，申报高校超过 220 所，远远超过其他专业，2017 年全国就已有 250 所高校获批增设这个专业。而根据《普通高等学校本科专业类教学

质量国家标准》，大数据等新课程和新研究方向也已经成为诸多专业的趋势之一。我系是目前国内第一家从大数据与传播运营的视角来升级和丰富公共关系学专业的内涵，带有一定的探索性和引领性。

（一）构建公共关系学专业的时代内涵和未来趋势

为满足数字科技时代各种组织传播运营与管理的专业人才需求，我们将大数据和传播运营作为公共关系学专业创新升级的重要内涵。一方面，传播运营是我院公共关系学专业创建18年以来沉淀的核心特质，也是专业升级发展的根基。另一方面，将大数据作为本专业升级的重要基因，将大数据作为方法论和思维工具，有机融入到专业体系和价值理念中。

数据采集、舆情监测、传播管理是大数据与传播运营的三大核心，换而言之，大数据与传播运营是基于大数据的获取、处理、分析与呈现来对组织和公众之间的传播与沟通进行运营与管理，全面对接科技与行业的发展趋势。

（二）升级公共关系学专业的逻辑架构和课程的基本结构

而如今，公共关系学专业已经建成了比较完整的课程体系，并且在升级专业内涵的基础上，我们尝试调整了培养方案和课程设置。升级后的公共关系学专业包括了通识基础、大数据思维、数据处理、舆情分析、传播管理五大核心板块。课程的基本架构虽然还是三个阶梯，分别是基础知识、专业知识、工具运用，但是内涵都有所升级。基础知识部分，强调在已有基础上调整增加了概率论与数理统计、大数据分析与可视化导论等；在专业知识部分，从传播、营销、公关、管理四个领域夯实基础、对接趋势，从而进行体系化升级；工具运用层面则突出大数据和智能科技的方法价值和工具效能，增加大数据技术与软件应用等课程。我们的课程体系建设在参照了国内外一流大学同类专业的课程体系的基础上，进行了创新和特色发展，具备了国内领先水平。专业建立十八年以来，正是在不断的实践革新中形成了一些独有的专业特色和优势地位。

（三）新时期的培养目标

2018 年，在升级创新版的培养方案中，我们再次明确了培养目标——公共关系学专业旨在培育复合型、前瞻性、应用型公共关系专业人才，力求满足我国当前经济活动、社会治理与国际传播过程中多元主体对话、多元价值整合、多元关系维护的高度需求。公共关系系以“公共传播”与“传播运营”为鲜明特色，培养适应社会发展要求，在党政机关、事业单位、社会团体等公共部门以及各种媒体、公司（咨询/数据/传播/营销/公关等）、行业企业和非盈利组织中从事新闻发言人、公共外交、传播战略管理、危机传播管理、组织文化与形象传播等运营和服务工作的高级应用型人才以及在相关领域从事研究的学术型人才。

三、公共关系学专业的培养要求以及课程创新

（一）专业素养和培养要求

今年上半年，我系在结合国家需求、行业趋势、学校规划以及专业发展等新变化、新动向的基础上，进行了 2018 版本科专业人才培养方案的修订工作。我院公共关系系在发展中形成了专业人才观并对专业素养进行了如下的界定和要求。

通过四年的专业学习，牢固树立正确的世界观、人生观、价值观，爱国、诚信、友善、守法；具有高度的法制意识、公共精神、社会责任感和积极的人生态度；具备良好的专业素质和职业素养，能够掌握本专业的思维方法和研究方法；具备良好的人文素养和科学素养，具备健康的体魄和良好的心理。

通过对数据分析与可视化导论、公共关系与社会、媒体关系、营销传播活动策略与评估、公共管理学、公共伦理学、公共政策、公共关系理论、公关关系理论与实践、传播战略管理、新闻发言人理论与实务、危机公关实务、

公共关系口语表达、公共关系写作、企业文化与企业形象传播、国际公关、专业英语、传播学、传媒法、管理学、经济学、市场营销学、广告学、心理学、政治学、社会学等专业课程的学习，毕业生应全面、扎实地掌握本专业必需的专业知识，了解国内外公共关系理论与实践的最新发展，具备系统扎实的理论基础，宽阔的知识面，较高的人文社科素养，以具备独立解决本专业领域实际问题的能力，以及较强的实践操作能力、社会活动能力、沟通能力、创新能力和组织管理能力。

具体而言，该专业培养的人才将具备如下的知识和能力。

首先，在知识方面，包括通识类知识和专业类知识。在通识类知识方面，掌握思想政治理论知识；掌握人文学科知识、社会科学知识、自然科学知识以及创业基础、就业指导等知识。在专业类知识方面，掌握新闻传播学、管理学、广告学、市场营销学、心理学、社会学等相关专业知识；掌握系统的公共关系专业知识，把握前沿的公共关系理论动态；掌握基本的舆情调查与统计知识；掌握基本的公共管理方面的知识；掌握基本的大数据及相关方面的知识；

其次，在能力方面，要具有自我教育与可持续成长的能力，较强的实践操作能力与创新能力。具体而言，要具备认识问题、分析问题和解决问题等基本能力；具备政策理解和分析能力、公共事务的认知和分析能力；具备实践操作和动手能力、调查研究的能力、数据信息处理能力；具备计划能力、组织协调与沟通能力、管理服务能力、应急管理能力；具备创新思维和团队工作的能力，能够适应复杂的、跨文化的工作环境；具备较强的表达能力（语言与文字），计算机应用能力以及外语阅读能力；具备一定的理论研究能力、科研能力、知识创新能力。

总之，我们旨在培养传播运营与管理领域的复合应用人才——拥有宽厚、系统的知识基础，掌握数字科技时代的多种方法和工具，具有强大的适应和实战能力，洞察并理解各类社会组织的发展，熟悉公众、舆论、消费者与品牌，能够创造性满足政府、企业等组织的传播运营与管理的需求。

（二）课程调整的一些基础以及特点

首先我们的课程调整有这么三大基点。一要符合国际化趋势的要求。二要符合行业发展的需求。三要整合教学科研优势资源。在调整当中，我们呈现的四大特点。第一，继续坚持基础和专业的有机融合。第二，巩固课程板块完善课程体系。第三，挖掘优势突出特色。第四，课程安排的进一步科学化。

课程体系注重循序渐进，培养学生的综合素质和专业能力。专业必修课，致力于完成本专业的概论课、基础理论课、实践操作课、技能训练课等多层面课程。而专业选修课致力于学习相关专业学科的强势理论和实务。横跨公共关系、新媒体、广告学、品牌传播、艺术设计、多媒体等领域。

十八年来，我们在重视国际化教学和重视实践教学方面，一直坚持传承，也特别重视实践教学成果化。公共关系系多年来坚持国际化办学，鼓励教师出国研修或参加国际学术研讨，多名教师曾赴美国马里兰大学、日本早稻田大学等著名高校留学、研修、访问，有 2 名教师获得教育部留学基金资助赴日本电通公司研修。

其次，特别重视中外学术交流与教育交流，积极聘请海外著名学者和业界专家担任兼职教授等职。目前，我们聘请了早稻田大学山本武利教授和土屋礼子教授、香港浸会大学孔庆勤教授、万博宣伟中国区董事总经理刘希平先生、电通公司品牌专家冈崎茂生先生为兼职教授，并定期邀请他们前来授课。强化国际交流，促进课堂教学国际化是我们的特色也是未来趋势。

此外，本专业积极吸纳业界精英，积累行业资源，拥有多位优质客座教授。与中国国际公共关系协会、中国公共关系协会、中国广告协会、中国广告主协会建立了良好的合作关系。每年都有大量学生在各类比赛中获奖，2017 年仅在全国大学生公关策划大赛中，我校就有 6 支团队荣获一等奖，在全国各高校中排名第一。

公共关系是一门实践性很强的学科，我们重视实践教学，积极邀请著名公关公司、广告公司前来分享业界最新动态，蓝色光标、万博宣伟、爱德曼等著名公关公司高层经常出现在公共关系学系的讲台上。2017 年，我院新媒体系和公共关系系共同开展的“新媒体创业与创新”课程，邀请罗振宇、王凯、余建军、门继鹏、张泉灵等重量级嘉宾前来讲课，受到校内外广泛好评。此外，我系已经与蓝色光标、万博宣伟、伟达等著名公关公司签署实习基地协议，保障本专业学生的实习需求，让学生能够与业界保持紧密联系。目前，已与近 20 家著名公关公司签署合作协议。

我们还积极推动实践教学的成果惠及更大范围。日本电通公司专家在“电通讲座”“电通创新人才培训营”中的创新、创业、创意的相关课程内容受到学生高度评价，我们翻译、筛选、编辑其中的精华出版了《体验设计》一书（中国传媒大学出版社，2015 年）；品牌专家冈崎茂生数十年关注品牌战略问题，在其多次到公共关系学系授课的基础上，我们精选了课程内容，出版了《中国品牌全球化》（中国传媒大学出版社，2016 年）、《中国品牌战略进化论》（中国传媒大学出版社，2018 年）。其中部分书籍已经成为很多高校相关课程的重要参考书目。今后我们将继续加强与业界的交流与合作，强化实践教学对课堂教学的支持。

四、结　语

综上，根据学校相关精神，结合广告学院和公共关系学专业的实际，我们制定了“关于升级创新公共关系学专业建设的思路”。任何的升级和创新都需要新型人才和更多资源的吸纳，一方面，我们根据新的专业内涵和方向对现有资源进行整体盘点和合理配置，同时积极为现有师资争取更多学习和升级的空间；另一方面，充分认识不足和短板，积极探索，合纵连横，充分运用学院优势资源，弥补局限。

在“双一流”建设背景下，在学院和学校的战略布局中，我们将结合自身情况和学院规划，积极推动公共关系专业建设的相关工作，主动契合未来教育发展趋势，推动公共关系专业的课程改革，在“升级改造”的行列中得到更大、更快的发展。

作者介绍：

杜国清，广告学博士，中国传媒大学广告学院公共关系系教授、博士生导师。

教学探讨

中国传媒大学
广告专业教育三十年
1988-2018

基于听觉思维与声音创意的广告设计教学实践

芦　影

【摘　要】　本文选题是针对广告设计教育、实践和研究普遍存在“弱听化”状况进行反思，深入探究声音与广告、听觉思维与创意沟通之间关系的结果。什么是听觉思维和声音意识？如何提升广告设计的声音素养及创意能力？本文结合笔者十六年的声音专题研究和教学实践经验，发掘声音的信息给予性及其内隐沟通的价值，分析听觉审美对广告创意和设计体验的影响，引导学生从听觉维度上拓展创意思维，强化声音意识，探寻优化体验的听觉策略，同时为广告设计专业的教学创新提供“以听感心”的思路和方案。

【关键词】听觉思维　声音意识　广告创意　教学创新

声音研究始于2002年的一次契机，彼时笔者赴日本东京在电通（DENT-SU）开始广告研修，个人申报的选题计划是“电视广告中的声音创意研究”①，此题源于专业上的困惑，正值千禧之交，国内设计院校已有用新术语

① 研修期间，日本电视广告导演平井邦彦、制作人藤森提供了他们执导的广告作品合集并分享了影视广告创作的宝贵经验，这一阶段的广告研修奠定了笔者对声音认知的基础。

“视觉传达设计”来取代旧称“平面设计”之势，“视觉传达设计”在国外并非新词，20世纪六七十年代，当影像成为一种日趋强势的设计语言被广泛使用，使原本以印刷图形为特征的“平面设计”一词难以涵盖新的变化，“视觉传达设计”因此产生。而笔者的困惑就在于“影像”与“图形”同为视觉所统摄，除了动态和静态有别之外，还有什么差异？声音！影像包含了声音，“视觉传达”容纳了“听觉传达”。即使二十年过去也未能改变：声音依附于“视觉”并被视觉所遮蔽。

一、研究源起：被遮蔽的声音问题

声音为何易被遮蔽？法国声音理论研究学者米歇尔·希翁（Michel Chion）指出：“声音似乎被放置在一个边角料的位置上”，“声音通常被当成废料、作为注意力‘卑贱的出身’，带有一种未对之进行细致倾听的负罪感的烙印。”① 电影美学评论家雅·奥蒙（Jacques Aumont）认为：声音研究因其“明显的难以捉摸的特性”而进展缓慢，“声音往往充当辅助元素强化由视觉元素显现的场景”②。在广告设计专业领域，声音对于创意传播的价值和美学意义尚未充分挖掘；具体到声音在广告的信息传达、交互与沟通方面所起的作用不易外显，声音所具有的信息“给予性”及其实现的“内隐沟通”未能得到充分地关注与研究；广告设计教育和创意实践的“弱听化”非常普遍，声音素养或听觉思维的训练未能得到重视。究其原因，有以下两点：

第一，声音自身的“弱点”造成了其在广告设计中不被关注的“盲点”。声音虽然时刻能被感知，却常常被人充耳不闻，人容易忽略掉声音的具体存在，仅作为模糊的“背景音”不去做辨识，这导致了声音自身的“弱点”，声音往往在被视觉判定所属声源之后，声音本身就不再被关注。广告中的声

① ［法］米歇尔·希翁，张艾弓译．声音［M］．北京：北京大学出版社，2013：195.

② 转引周传基．电影·电视·广播中的声音［M］．北京：中国电影出版社，1991：286. 文中提到雅克·奥蒙在其1987年所著的《电影美学》一书中表明此观点。

音也常是主体认知的“盲点”，通常只有声音被当作设计的对象时，才能得到应有的关注和研究。但必须承认，声音引起的感觉不只是听觉的，它能唤醒人的所有感官，所以，听觉比其他感官更能融合一切，声音激起的“跨感觉”特性以及连通其他感官的能力应当为广告设计所用。

第二，视听关系中存在“主次”与“显隐”之别，声音问题被当作是次要问题。所谓“主次”既是指人在多大程度地倚赖某种感官去获取信息进行认知活动，也指人基于认知习性在主观上判定视觉和听觉哪个更为占优的心理排序。“视觉在面对听觉时经常占上风”，导致听觉易被遮蔽，一是视觉起主导作用，声音被感知为视觉的附属信息的承载者；二是在广告的视听传达中，声音体验和听觉沟通不易觉察。相较于图像的直观“显性”，声音特征则为“隐性”，声音的稍纵即逝使人不可能像转移视线那样“转移听觉”。人们对声音的认知通常依附于视觉，这容易使人产生一种“以视觉为主”的误解，似乎声音仅随视觉而生，且为视觉服务。

因此，广告设计教育、创意实践和学术研究普遍存在“弱听化”也就不足为怪了。美国设计心理学家唐纳德·诺曼（Donald A. Norman）指出：“声音必须和设计的其他方面一样被认真的设计。目前，对于声音设计的这一方面几乎没有给予什么关注。”① 的确，学术研究很少对声音问题投以关注，创意实践也几乎不以听觉为先，设计师很少会考虑声音媒介和听觉体验，广告创意未能充分认识到声音极具造型力和诉求力。声音设计不被重视、声音意识的普遍缺乏，都与专业教育中未能提供必要的声音素养有关。目前国内专业院校开设有声音方面内容的课程微乎其微，能讲授声音知识或听觉思维的教师也少之又少，大部分的专业教师都还没意识到声音素养对于学习创意的必要。

正是因为上述原因，引发了笔者对声音问题的思考和研究，也带动了声

① ［美］唐纳德·A·诺曼，付秋芳、程进三译．情感化设计［M］．北京：电子工业出版社，2005：103.

音专题的教学创新。声音意识的贫弱源于对声音的不敏感，声音素养的缺失显现了对听觉文化的轻视，“读图时代”的图像洪流并没有让人变得更富想象力，反而使人的感官钝化，学校教育为此能做什么？注重对声音的认知，并不是为了与视觉抢夺注意力，在广告设计专业教学中，强化声音意识和听觉思维的训练，是为了补充创意实践教学偏重视觉而忽略了的声音素养，引导学生将广告设计和听觉体验相结合，更好地展现广告创意的感染力。

二、教学反思：声音素养之失

1978 年美国《电影评论》杂志第 5 期策划了声音专题，“声音思维”这个词首次被提出来，1983 年《电影评论》第 6 期另一篇题为《声音思维》的文章提到了“声音设计师（sound designer）”[①]，然而，“声音思维”被提出来已经四十年，对它的关注也仍属于“声音设计师”从业的小范围，声音思维和声音设计的“艺匠内涵”并没有被纳入更广的专业教育中去。

在中国高校涉及到“声音设计”的专业多是以影视学科为依托，相关课程大抵分为三类：一是作为视觉传达设计的补充和延伸发展，从听觉传达的角度提供声音知识；二是作为影视或动画、游戏等专业，提供视听语言、影视剪辑和声效制作方面的内容；三是新媒体艺术或数字媒体设计专业，提供多媒体制作、媒体设计和编辑等课程。也就是说，诸多专业对声音设计的认知是依靠影视艺术创作实践来深化的，人才培养在知识结构和感官结构上存有不足，给声音创意带来了一定的局限性。在笔者看来，创意人才的培养需要声音素养的通识课，而培养有声音意识的创意人才则需要有声音思维、听觉审美（并非音乐审美）、声音体验这些更为基础的声音素养课程，来充实以影视欣赏、制作技术和创作方法为主的影视学科的知识结构。

---

① 转引自周传基．电影・电视・广播中的声音，第 289 页。原文：“声音设计师的角色所担当的是从头至尾负责一部影片的声音，他阐释导演的意图，‘听’剧本和故事草图，和作曲家及声音剪辑进行协调，参与混录工序，甚至要考虑影院中的最佳效果。他们的工作有艺匠的内涵，他们是声音艺术家（aural artist）。”

广告设计专业的创意内容多由影视、新媒体、互动广告类课程组成，教学中缺乏声音素养的专业引导。2002年笔者在日本做“电视广告中的声音创意”研究，所遇的日本同仁均感到不解，为什么要研究声音？声音不就是“附着”在视觉上的产物么？这也是大多数人的误区。在一个“视觉”横行的时代，听觉鲜有被重视的可能。在与诸多广告导演、策划人、制作人、音效师探讨和交流之后，笔者逐渐摸索到声音研究的“线索”，并将关注点延伸到各类设计的声音运用与创意之中。在开始讲授声音专题之后，学生们开启了听觉思维的角度来进行创作，广告学专业的学生完成了电视广告的音乐替换实验，比较广告音乐的记忆度和传播效果；有的学生探索类型化音乐与色彩之间的相关性，在视觉与听觉之间彼此打通；还有学生用声音讲故事，完成叙事性设计。

广告专业需要什么样的创意思维教育？需要什么样的声音素养？笔者提出声音素养缺失并主动思考探究其原因，也希望通过身体力行的声音创意教学实践，探索更多可行的方案。声音创意教学不仅从声音角度来剖析不同类型的广告、不同创意形式对听觉审美的需求，让学生形成用听觉思维来优化体验的目标意识；而且强调声音素养不是在技术层面对声音控制的提升，而在于对声音的感知层面能有更全面、深入的认识，是对听觉体验的灵敏发现，是对声音与人、与自然、与城市、与社会生活的关联有着更丰富的觉察。如2005年，英国声音艺术家彼得·科萨克（Peter Cusack）在北京完成“都市发声”项目之《你最喜欢的北京的声音》，他擅长捕捉城市变迁的声音符号，反思现代生活方式的变化，他提出全球化背景下城市声音景观趋同的问题，他用声音记录来证明着声音多样性和地域性对于人们生活的意义。受到“都市发声”项目的启发，笔者在教学中引导学生完成了区域性声景调研和“正在消失的声音”项目，从征集、筛选声音方案，到现场实地录音，再利用采集的声音素材进行创作，学生从中获得了声音生态考察的实践方法，也懂得记录声音作为非物质形态历史存证的现实意义。

近十年，在媒体技术和传播方式发生巨变的信息时代背景下，数字媒体艺术和交互形态的体验式设计展现了新的创意思考模式，对声音设计提出不同以往的创新需求，声音研究和声音教育也不断更新着它的知识结构和内容组成（图 1 声音专题研究和教学的基本架构）。然而，现实越是日新月异眼花缭乱，就越是发觉最根本的核心仍是教学的着力点，即：什么是声音意识？如何优化声音体验？学生们必须学会有意识地运用自己的声音素养、听觉思维和美学意识来开拓创意的可能性。

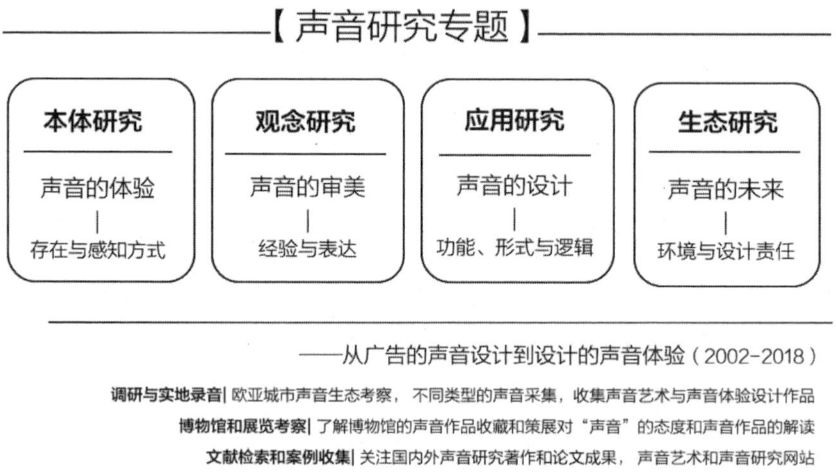

图 1　声音专题研究和教学的基本架构

三、声音意识启蒙与听觉思维创新

就本质而言，声音作为一个物理变量，是广告中听觉审美的构成因素，它所牵连的知觉反应和情感反馈，客观地体现了聆听模式对认知心理的影响；声音作为一种传播媒介，具有信息给予性，它为广告创意提供了一个听觉沟通的途径，声音在信息传达与交流中实现与听者的互动，并创造审美体验。

声音的信息“给予性”对应的是人与听觉对象之间的“内隐沟通”，所谓“内隐”源于声音自身的特点和传播的特征，首先，声音所携带的信息虽可感知，却难以具体描述，作用于知觉的过程相对隐蔽；其次，声音在传播中所承载的信息具有含混、抽象、模糊的特征，受众只有进入主动聆听，声音所“给予”的信息才能被感知、被识别，进而实现沟通；第三，相较于视觉沟通的直观性而言，听觉沟通不易察觉，属于内在的、隐蔽的沟通形式。如汽车的开关门声给人的印象，“哐”或“砰”，后者就让人感到汽车性能和品质更优，这说明声音作用于人产生的内隐沟通。所以，如何创造一种声音体验其实是设计思维在听觉维度上的延伸思考，它既是产品设计不敢疏忽的，也是广告创意要用心传达的，而针对听觉思维的教学也始于声音意识的启蒙。

那么，什么是声音意识？笔者尝试结合设计实践来定义它。所谓声音意识，是以声音感知为基础，对声音在设计中的存在形式和传播方式有预先的考虑，有目的地运用声音素材或制造声音效果，使声音在设计表现和传播中发挥其潜在的沟通能力，即：敏感于声音并自觉使用声音为设计服务，以实现理想效果的主动思考（觉悟）的状态。

主体的声音意识在设计思维中体现为以听觉沟通为目标并兼顾听觉审美的追求，创造独特的声音体验。不同类型的设计在声音的使用和设计思维上应各有侧重，听觉思维的介入有助于提升对目标创意的认知并找到优化设计的方向，从而带来体验的升级。

视觉传达设计→诉求、识别→体验型信息互动

产品设计→易用、好用→物性的质感体验与享用

互动设计→引导、交互→界面友好的顺感体验

空间设计→场所、氛围→场景式情境体验

视觉传达设计（包括广告设计）从传统平面的“视觉传达”拓宽到了“联觉体验”的范畴，设计中融入了视觉、听觉、触觉、材料、结构等多重形式因素，从而将“信息传达”建筑于多感官维度的叙事性思维之上。例如在海报设计中用不同材质的纸张与观众产生互动，使其声响与信息传达巧妙结合。在信息可视化设计中，原本基于数据理性的视觉呈现，却借助声音的叙事功能，在听觉维度上去扩展视觉体验，使信息传达更为生动。2015 年米

兰世博会的法国馆，整体上被打造成体验型信息设计的最佳展示，其中，蘑菇伞型的声音装置，分别诠释了法国物产之特色，依云矿泉水的潺潺流水；在牧场的奶牛嚒嚒声；在布满了酒瓶塞的伞罩下，可听到一段引人联想的叙事性声景，“嘭”的开瓶声，倒酒声，碰杯声，言谈声，顿时把法国作为红酒的重要产区这一“标识”生动表现出来。可见，视觉传达在听觉思维的驱动下，创造了体验型的信息互动。

随着数字技术和互联网技术的发展，“互动广告”“界面设计”“用户体验”应运而生，且越来越注重“动”则有声，在新颖的媒介物和界面友好的设计作用下，用户不仅可以获得易识读、易操作的轻松体验，还能感受到声音创意的乐趣，如巴西电信运营商 Oi 的 logo 设计可随用户声音的特点而改变其形状和色彩。环境媒体互动广告利用听觉思维建构空间动态体验，如法国交通安全的警示广告灯箱设置，运用急刹车的刺耳声响，使闯红灯的路人看不见车辆却真实感受到疾驰而过的声效，数字交互技术即时捕捉了人的惊恐表情，并展示在灯箱上，引人反思，巧妙地传递广告的诉求，这就是通过艺术思维、听觉想象和数字技术创造出的独特的信息体验环境，声音成为“造景”的重要手段。

随着传感技术的升级，增强现实（AR）和虚拟现实（VR）被更为广泛的投入各种应用，将用户带入到一种富有生气的体验性空间，声音就是调动情绪、参与娱乐、制造“现场感”和“沉浸感”的关键所在。这种感性的情境体验效果越来越多地服务于空间应用和场景设计，尤其在博物馆展陈和体验型商业展示中都有精彩呈现，新的设计追求和充满愉悦的体验创造更有赖于设计主体的声音意识和听觉素养的提升。

四、以听感心：声音教学创新的实践方法

通过培养对声音的感受力来进行的人的感觉教育，也是培养一种“以听感心”的美的直觉力。笔者针对广告设计专业的声音教学实践围绕自定义的

四个环节“听 - 赏 - 创 - 设”展开，内容涉及对声音的认知体验、声音的审美与表达、声音运用与艺术转化、声音设计和策划实践。

（一）听与赏——聆听方法和听觉审美的引导

听，是一个感知声音、研习方法的必经过程，通常说，聆听具有三种模式：因果聆听、语义聆听和还原聆听。如视觉呈现聆听的三种模式（图 2 表现聆听“楼上传来的吉他声”的三种状态），如果说因果聆听是为确认声源，语义聆听是为读取声音信息，那么，还原聆听则是为了认知和感受声音本体的属性和特质，调动主体意识去体验声音的多样性。归纳起来，聆听引导有三个步骤：一是对声音的辨别，形成对声音本体的认知，这是声音意识的养成基础。二是有意识的训练对所听内容进行分析，提高听觉的敏感度，尝试“美学聆听”。三是声音描述，通过对所听之声进行声音形态与具体特征的描述，尝试视觉形式的表达训练。

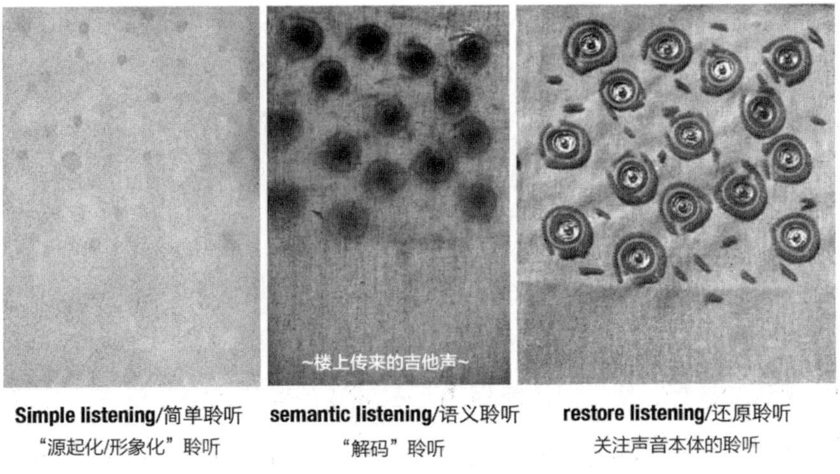

图 2　表现聆听“楼上传来的吉他声”的三种状态

赏，是主动对声音进行审美性质的认知体验。“用思维和感觉的力量全神贯注于这些声音的特性当中，成为身体觉知和体验都要依赖的一种能力的培养——那就是辨识性、创造性的声音欣赏。”① 在赏的阶段，教学内容以介绍不同历史阶段和不同类型的声音艺术作品为主，在形式分析中阐述其美学观念的表达，引导学生对声音艺术所涉及的“文化语境”进行解析，通过解读作品的独特性和想象力以及带给听觉体验的敏感性和新鲜感，启发学生对声音表现形式及艺术观念的理解，为声音创作打下基础。同时，通过对声音艺术的创作者所采用的介质形式及其声音表现力的考察，加深理解构成听觉体验的介质形式和可感性。这阶段可布置学生进行广告声效的创意练习或可视化的声音设计，训练学生对声音设计的技巧性把握，在设计制作上实现声效的真确性。如针对不同材质的声响特质进行听赏，建立起材质与音质的关系认知，引导学生运用于广告创意，思考如何以声响凸显和传达产品的材质特征。

（二）创与设——转化听觉创意，设计声音体验

创，是引导学生通过自己的声音创作将声音知觉经验进行转化，使声音体验的“对象物”成为具有内在表现力的“有形之物”。把声音的感觉用一种形式语言表现出来是一种转化；不同的感官经验的转化，也是一种转化。这种训练有助于学生认知自身的联觉经验，把握和利用不同媒介的特征，进行多重感官体验形式的探索。

这一阶段的创作规划是让学生利用声音素材进行“合目的性”转化或“主题性”创作，或通过“命题”引导学生尝试研究型的声音创作，开阔学生的声音认知视野，使他们从纯粹的艺术思维扩展到社会学或生态学的角度去理解声音的价值和意义。如展开区域性的声景和生态调查，采用实地录音的素材进行创作表达；或探索声音与社会生活的关系，完成“声音中的社会学”的研究和创作；或以“记忆与风景”这类相对自由和开放的命题，让学生自行解读并从声音的角度加以阐释。

① ［美］贝内特·雷默，熊蕾译．音乐教育的哲学［M］．北京：人民音乐出版社，2003：168.

设，一方面是结合广告设计、产品设计、展示设计、互动设计、空间设计的案例，着重阐明声音设计的“合目的性”，使学生在体验不同设计的声音创意，是听觉思维兼顾功能逻辑和美学逻辑的考量结果。可以安排学生用声音素材进行叙事性设计的创作练习，激发学生对声音的想象力，使学生对声音的时空特性、信息的听觉传达、运用声音景观素材进行产品功能描述的创意实践。

另一方面是侧重于研究意识和策划意识的提升，通过声音策划案的命题去引导学生完成整合型设计。因为声音体验是对功能形式中有表现力的声响进行感官参与的创造性知觉活动，在现实生活中，大众的听觉审美体验活动比较多的集中于博物馆、剧场、音乐厅等，所以，引导学生针对博物馆的展陈设计、剧场的情境设计等进行考察，明确以场景体验为中心的声音设计。相应的命题，可以布置体验型声景设计或声景应用，或以声音为题进行展览策划。如广告学专业的设计命题：“激浪派”展览策划，京城老字号的听觉策略，针对名人故居展陈规划中的声景营造。

笔者在“设计专题研究”教学中很重视用有诱惑力和挑战性的“命题”来激发学生的创作热情和主动性，这些命题需要大量的前期研究才能找到创意的线索，并且在设计阶段依然需要屡经头脑风暴才能整合出一套能呈现思维结构和创意蹊径的方案。如声音体验设计命题——展览策划“蜂鸣时代”，“蜂鸣”意指以社交网络为背景，人人言说所形成的众声嘈杂的社会化景观。思考信息环境与人的社交行为的关系，寻找和挑选核心作品构建内容板块，解析展览的布局，完成视觉方案。

在这套“蜂鸣时代 · 体内轰鸣”策展方案中（图 3），学生通过模拟人体内部发声器官的构造，巧妙构设展览动线，把“蜂鸣”时代的信息特征贯穿其中，从人的发声的生理结构到社交网络中话语的传播与接收，都叠加围合成一个复合的信息有机体，将材料运用、空间体验和内容叙事结合在一起，把一个人人都有话语权却难以关照内心的事实转化为一个空间性的声音体验。

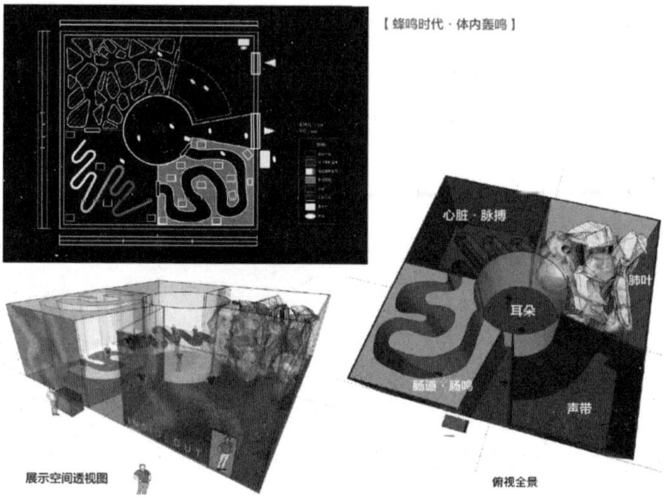

图 3　“蜂鸣时代·体内轰鸣”策展方案

五、结　论

声音专题研究和教学创新目的是希望学生具有声音感知力与知觉敏感性；对设计创意中的声音问题能主动了解并凭借认知经验给出判断和设想；具有以听觉沟通为目标的声音创意能力和以声音元素实现理想效果的技术思维；具有将设计能力和听觉策略相结合，实现功能追求和审美体验相结合的目标意识和实践能力。此外，就像芬兰设计师帕拉斯马所说：“感官教养和感官思想的改进，在人类活动的其他领域中也具有不可替代的价值，感知和想象的教育对完整而高贵的生命而言是必须的。”① 声音教育的理想境界是提供一种启蒙声音意识、激活听觉思维的美育而不是声音效果的技术培训，帮助学生领悟到声音设计的艺术品质，进而懂得用创意丰富人的感觉经验，使其听到惊喜的可能性。

最后是些题外话。自千禧年毕业来“广院”任教，从此与传媒结缘，当

① ［芬］尤哈尼·帕拉斯马．富有活力的空间：具体化的体验与感官思想［N］．收录于《外国设计艺术经典论著选读·下》，北京：清华大学出版社，2006：98.

初“视觉传达设计”之惑也因传媒的天然优势得以启智化解。近二十年间，数字技术、传播媒介、信息环境发生巨变，设计也越来越倚重“传播”并使自身在形态、程序和方式上不同以往，创意也充满了动态变化的多元可能。声音研究和教学实践经过几个阶段的渐进，伴随着学生的声音创新实践带动的教学相长。声音研究得以延续和深入，也是拜广院学术自由风气所赐，“感谢广告学院，它特有的知识环境和人情关照，是我性格养成和潜心向学的土壤。”然而，每每深思声音研究和专题教学到底有多大的价值，总是不能给出“惊人”的答案，因为自始至终都清楚，它很平实，它的根本还在于唤醒对声音的敏觉与感知。如我珍视的那本书《一平方英寸的寂静》所述：“聆听寂静，听到的是万物俱存。”唯有听，感觉才洞开，意识才养成，思维知创造，天地自知音。

作者介绍：

芦　影，设计学博士，中国传媒大学广告学院设计系教授、硕士生导师。

创新驱动：数字时代下高校广告教育人才培养模式新路径

陈 瑛 周易辰

【摘 要】 数字时代到来引发了广告行业的快速变革，传统的高校广告教育培养模式已不能满足当下广告行业的发展需要。因此，广告教育人才培养模式亟需创新驱动。本文分析了数字时代下高校广告教育人才培养模式现状，目前高校广告教育人才培养模式存在教学理念亟待升级、教学内容动力不足、教学模式结构固化等问题。为顺应数字时代的变革下企业对广告人才需求的变化，培养高素质的广告人才，本文从培养理念、课程设计、教学模式、师资建设、教学平台、教学制度这六个维度提出了新的思考。

【关键词】数字时代 广告教育 培养模式 创新驱动

一、相关界定及发展现状

（一）数字时代：变幻莫测的新时代

数字时代带来的大数据技术、互联网以及云计算的蓬勃发展，一个以用户为中心的“万物皆媒，人机共生”的大幕已拉开。所谓数字时代，就是以数字技术为运作规则的时代。数字时代也因此呈现出多样性、综合性、互动化和个性化的特点[1]。数字时代改变了经济、科技、教育等各个领域。与此同时，传统的广告人才所必备的技能如广告策划与创意能力、广告设计制作能力也在数字时代的激烈变革中亟待创新。

（二）广告教育：广告发展的奠基石

高校的广告专业的教育就是针对企业对广告人才的需求，培养专业学生掌握广告学的基本理论知识，接受广告策划与创意、广告运作能力等基本训练[2]。2017 年广告业从业人数 438. 18 万人[3]，但大多都是“半路出家”，未接受过高等专业的教育与培训。即便是接受过高等教育的学生，大多也是遵循传统的广告教育模式。而数字时代广告教育人才的新要求主要体现在数据挖掘与分析人才、创意内容生产人才和数字营销沟通人才，这对高校的广告人才培育工作提出了挑战。

（三）培养模式：人才培养的金钥匙

人才培养模式是在相关的教育理论的指导下，在教学实践中形成的将开展教学活动的各要素结合起来的结构和实施教学的基本流程与方式[4]。一般而言，广告教育的培养模式分为传输型培养模式和研究性培养模式。传输型培养模式的三个中心是“教师”“课堂”“教材”。研究型培养模式的四个中心是“教育理念”“培养过程”“培养制度”和“质量评价体系”。高校广告教育培养模式的科学与否直接影响到广告人才培育的质量和整个广告行业高效发展。

（四）数字时代下高校广告教育人才培养模式发展现状

广告学作为一门基于传播学和营销学基础之上发展的学科，其最突出的特点集中在多学科交叉、多领域延伸上。虽然我国高等院校在广告学的教育上起步较晚，但是在这短短几十年已经在国内高校实现了迅猛的发展。目前，高校广告教育培养模式的现状主要体现在以下三点：

从学校数量上，呈粗放型增长。陈培爱教授在2011年总结了高校的广告教育的三个阶段：首先是1979年改革开放到1983年的开拓期，主要特点在少数高校的平分春色。其次是在1983－1992年的探索期，表现为部分高校广告专业学科创新设置的摸索。第三阶段是1992年至今的高速发展阶段，最突出的体现在设置广告学学科的高校数量的激增[5]。直到2015年，在国内开设广告学本科专业的高校已超过两百五十所[6]。

从学科设置上，泛广告学专业现象突出。如今，在开设广告学专业的高校中，对于广告学的专业分类主要有四类。首先是艺术设计类，其广告学教育偏重广告设计，更侧重培养学生的审美实践能力。其次是新闻传媒类，在广告学的教育上偏向广告传播、广告策划等基础类的课程。再次是文学类，注重对学生广告创意和文案创作能力的培养，课程设置多半会加入语言学、广告史等课程。最后是营销类，此类广告学专业侧重市场营销学的课程。

从教学模式上，传输型与研究型并存。当下，部分开设广告专业的高校沿袭传统的传输型广告教育培养模式。即教师通过讲解展示及文字阅读传授知识，学生通过练习运用等手段接受广告知识，最后由教师进行检验。也有部分高校进行了研究型广告教育培养模式的尝试，注重教学内容与学生吸收情况的联系，创造一种引领学生主动学习的学习氛围。如武汉大学开展的广告实践教学模式打造人才培养名片。

广告行业作为一种典型的依附型的第三产业，其发展变革紧跟着市场经济与政府导向，因此，作为广告行业发展的基石——广告教育培养模式也需要追随时代的变化及时换血。而在2011－2017年的短短6年的时间，数字时代的发展带来的激烈变革，传统的广告教育培养模式已经不能满足数字时代下对广告教育人才的需要。因此，探究当今高校广告教育培养模式创新是迎合数字时代下广告人才培养的必要之举。

二、数字时代下高校广告教育人才培养模式问题探析

数字时代带来了广告行业的激烈变革，由此催生出学界业界对高校广告

人才需求变化的新思考。追本溯源，当下高校广告教育培养模式的创新是提升广告人才市场适应力的不二法则。当下高校广告教育模式存在的问题主要体现在教学理念、教学内容、教学模式三个方面：

（一）教学理念亟待升级

彭兰教授曾指出："在物联网、人工智能、云技术等新技术的推动下，一个万物皆媒的泛媒时代正在到来"[7]。如何应对数字时代下对广告人才更高层次复合型的要求，就成为了高校广告教育中首先要考虑的问题。目前大多数开设广告学专业的高校的教学理念亟待升级，主要表现在旧理念未转变和新理念未吸收这两个层面上。首先是旧理念未转变。传统的广告教育培养模式集中在为广告市场活动中的主体（广告主、广告公司、广告媒介）来培养专业的策划、创意、设计以及媒介经营方面的人才。但是随着数字时代下对数字营销传播人才需求量的激增，尤其是对技术研发与应用类人才需求的加大，成为了传统广告教育理念无法涵盖的空白点。数字时代广告教育培养的核心就是打造具有"数字化"思维的人才，即能够运用大数据技术进行分析、开发的专业技术人才将成为引领数字时代的广告行业的先锋，而广告教育上仍注重基本理论而缺乏技术支撑的培养理念显然已过时。其次是新理念未吸收。部分高校已有贴合数字时代这一背景来培养广告学专业学生的新意识，也开设了相关的《数字营销》《数据挖掘与分析技术》等相关的较为前沿的课程。然而由于缺乏一定的数字营销或数字技术的教学背景与实践经验，部分高校老师在教学的过程当中仍然存在未完全吸收理念的情况。同时，针对当今90后、00后以及未来10后等不同年龄层的学生，新的教学理念能否被不同的学生所消化也是一个悬而未决的问题。

（二）教学内容动力不足

教学内容是广告教育培养模式体系中的关键一环。优质的教学内容不仅能够指导教师完成高水平的教学工作，而且还能强化广告学专业学生知识框架的系统性。笔者将教学内容的构成分为三个要素：专业师资、课程设计以及广告专业教材。从专业师资角度上看，数字时代下带来广告的实时更新需要具备高素质的广告学方向教师，贴近数字时代下广告新动态并及时传授给学生最前沿的广告知识。目前，我国高校广告方向的师资力量的问题存在以下两个方面：一是缺乏数字时代下诸如web技术、数字营销方面的实践经验，高等教育的专业性不仅要求教师具备专业的数字营销传播理论知识，较为丰富的前沿行业的实战经验也是不可缺少的部分。二是专业教师的知识储备不能融入数字时代的新要求。部分教师未接受过数字时代相关理论的系统学习，使得教学仅浮在理论介绍和案例分析的层面。从课程设计角度上看，一是学科设计的两极化现象突出。高校要么过于倚重某一细分板块如设计、策划的学习，或是过于重视地毯式的基础类学习。二是在数字技术方面的课程设置仍是空白。目前开设数字技术、数字营销方面课程的高校仍在少数，因此无法满足企业对数字时代广告人才的要求。从广告专业教材的角度上看，目前，国内已出版的广告专业教材暴露教材知识内容更新不足的问题。数字时代，传统的广告教材已落后于广告行业急速前进的车辙。现有的广告教材大多是关于广告基本理论的介绍，数字技术、数字营销相关的前沿知识点亟待更新。

（三）教学模式结构固化

教学模式结构优化是教学模式创新性的一种体现。想要在数字时代浪潮中平稳的抵达高质量广告专业人才培育的目标，首先就需要操作好教学模式创新的方向盘。当下，国内高校广告教学模式最突出的问题就是结构较为固化。具体表现为：一是部分教师教学风格上的保守性。广告学作为一种灵活多变的学科，需要教师在教学过程中保证教学风格的创造性与教学语言的艺术性。而目前大多数高校教师仍沿袭传统的单向传授型教学风格，忽略了与学生双向的互动。在语言风格上的寡淡也不能够充分调动学生的参与课堂的积极性。二是学界内部与外部的合作不足。广告学作为一门多维度的学科，需要及时输送不同学科的知识精髓。与此同时，广告学较强的实务性也要求在教学的过程中注重安排与业界的实习项目合作。然而，目前部分高校在跨学科内部与业界外部合作教学模式上的尝试还停留在浅尝辄止的层面，单纯的进行学科内容上的交流或者流程化、批量化的实习有可能陷入浅表化学习的怪圈。三是传统教学场景已不能满足学生“移动化”的学习需求。数字时代的革新带来了碎片化、移动化的媒介接触习惯，而传统线下的教学场景限于时间与场地的限制，无法充分将教学触角伸到学生的移动化学习需求上。虽然国内已有 MOOC 等线上课堂，但是针对特定高校的广告学课程在教学质量和数量上仍存在着不足。

三、创新驱动：数字时代下高校广告教育人才培养模式新路径

近年来，国家先后实施了“知识创新工程试点”、《面向 21 世纪教育振兴行动计划》、“高层次创造性人才工程”等一系列政策措施。《国家中长期教育改革和发展规化纲要（2010－2020）》则进一步明确了到 2020 年培养创新人才的战略措施，强调系统培养理念，产学研合作培养创新型人才，重视在实践环节强化学生的创新能力[8]。党的十九大报告提出，创新是引领发展的第一动力元素。创新驱动的核心是科技创新。而科技创新离不开人才的创新。高校作为人才创新的输送地，同样离不开创新驱动。先进的广告教育是贴合广告行业迅猛发展的粘合剂，在数字时代下培养学界业界都需要的广告人才是高校广告教育工作者需要进一步探索的议题。针对目前国内高校广告教育培养模式在教学理念、教学内容、教学模式上缺乏创新的问题，笔者提出以创新驱动为核心，数字时代下高校广告教育人才培养模式的新路径。

（一）培养理念创新：培育创新思维的广告人才

培养理念对广告学人才教育培养具战略指导性意义，广告培养理念应该顺应市场行业发展的趋势，从而在理论高度提升广告教育的水平。高校广告教育的新型培养理念需要引起国内开设广告行业高校进行共同讨论、达成共识。针对人才的培养，一是高校需要转变较为陈腐的单一型培养观念为“创

新思维”大广告的培养思维。重视广告专业基础知识与综合学科的交叉培养。在相应学科的设置上增添数字技术分析、营销学、消费者行为学以及品牌传播相关的知识，从而保证未来的广告人才能够掌握先进、夯实的基础理论。二是个性化的培养不同走向的专业广告人才。在数字时代下，专业型的广告人才分为三类：数据挖掘与分析人才、创意内容生产人才以及数字营销沟通人才。因此，在培养的过程当中应该根据学生的不同兴趣与特长进行方向的细分培养，为企业提供源源不断的新型广告人才打下基础。

（二）课程设计创新：坚持“内容＋技术”创新战略

改革广告专业的课程设计，实现“内容＋技术”的融合战略，将成为广告教育培养模式的关键一步。具体路径为：一是在教学课程内容上注重课程内容的换血。首先对基础类的课程如《广告理论研究》《广告学概论》等进行内容上的更新，及时补充书本未涉及到的前沿数字理论及案例。其次加大学生数字营销课程的比重。并将类似原生广告、IP营销等前沿的内容列为数字营销传播课程中的主干环节。再次是注重课程的集中合并。针对某些广告学专业课程过于泛化的问题，通过对课程内容上的比对分析后进行课程的精简整合。比如广告创意、广告表现与创作、广告文案设计等都可整合为一门学科。二是注重学生广告业务运作能力上的培养，尤其是数字技术的分析与应用。如开设与数字营销课程、数字分析技术、与前沿热点相关的课程或成立专门的数据设计实验室来针对性的突破传统广告课程设计滞后的藩篱。

（三）教学模式创新：自主模式创新与跨学科创新并重

教学模式上的自主模式创新主要是教学风格的灵活性和教学对象的个性化这两方面的创新。首先，教师在广告学的教学中应摒弃传统的“以教师为中心”的授课模式，而转变成“学生与教师共为中心”的授课模式。在课堂中加入小组无领导讨论、圆桌头脑风暴等形式提升学生参与度。同时在教学过程中教师应尝试提升语言的表达艺术上的吸引力，可定期组织教师授课交流竞赛的形式来在互相切磋中找到提升学生吸引力的方法。其次，注重教学对象的个性化培养，教师可通过性格与职业测试来为学生打造个性化的培养方案，因材施教。在教学过程中把握95后、00后学生各自的性格特点，从而高效率的完成教学目标。教学模式上的创新还体现在跨学科交流的创新。通过跨学科交流活动，实现与社会学院、经管学院、计算机信息学院等进行合作培养人才的模式。并跨院合作研发新课程，如大数据数据分析与应用、消费者与广告等。

（四）师资建设创新：汇聚各界精英，打造创新团队

作为一个智力服务型行业的重要构成角色，广告专业教师需要与数字时代接轨，做到自我更新与团队更新并举，才能为新一代广告人才的培养提供夯实的基础。具体路径为：一是提升高校教师的数字技术与营销传播的实践经验，教师可通过院系安排或自行联系相关数字营销公司或技术型公司进行挂职、兼职锻炼，从而升华教师对数字技术等相关前沿知识的教学能力。二是定期举办数字营销、数字技术相关的培训或学术交流活动。邀请业界知名数字营销精英为师生进行前沿知识分享，快速提升教师的专业能力。三是多引进具有大数据、数字营销相关背景的国内外青年教师进入广告教师团队，为数字时代下的广告教育培养输送新动力。四是成立专门的数字营销研究团队，专注对数字时代下新问题的研究，以研究带动教学水平的提升。

（五）教学平台创新：整合线上线下，放大创新效应

要想打造一流的广告人才，高校也需要注重教学平台的延展能力。一是线上平台的建立。通过依托慕课、CCtalk等网络教学平台与社会化媒体，高校可进行数字营销等相关课程的教学。一方面能够满足学生移动场景化的学习诉求，另一方面也能够扩大广告前沿热点学科影响力。二是线下平台的强化，首先提供给学生具有应用型的学生专业的数字营销实践。如武汉大学专门的新闻传播学实验教学中心为学生提供多媒体相关的技术的培养。其次注

重与业界尤其是新兴数字营销企业的合作。抛去传统的走流程式的实习方式，加强学生对于数字技术应用、数字软件管理营销、数字创意策划等方面的能力培养，进而全方位的提升学生数字时代下的应用能力。三是整合线上线下平台。将网上的教学平台与线下的专业实习结合起来，如针对技术性较强的课程进行线上授课，方便学生在进行线下实习时进行回顾。让学生走出传统的课堂，放大教学平台的创新效应。

（六）教学制度创新：贴近时代需求，激发创新活力

在高校广告教育培养过程中，教学制度上的创新是培养模式的重要保障。因此，高校应从三个维度去激活制度上的创新。一是高校需完善对学生的考核评价制度。对于数字时代对“技术”与“创意”广告人才的强劲需求，高校应采用诸如小组展示、案例解读、实践活动等应用性强、灵活度高的考核制度，进而提升学生的创新应用能力。二是高校需改进对教师的激励制度。对于教师的激励可分为内在激励与外在激励上。内在激励多为奖金、荣誉称号。外在激励主要是通过对教师设定和学生群体一致的目标，或是完成工作成就等方式进行激励。三是高校需落实教学管理制度。以创新型广告人才培养目标为出发点，强调广告人才的全方位发展，因地制宜，根据不同高校的实际情况制定别具特色的弹性教学管理制度，从而服务于广告人才的培养。

四、小　结

在数字时代下的广告人才的培育目标，不仅要求广告人才拥有娴熟的专业技能，高水平的创意策划能力以及对广告整体制作流程的把控力，更需要当今的其具备贴合数字时代的新型营销思维与数据分析的能力。在数字时代下的数字营销产业快速增长的同时，国内高校的广告教育人才培养模式正在数字时代的环境中经历着激烈变革，因此，完成从教育理念到教育行动上全方位的创新，才能培养出适应数字时代环境发展的新型广告人才。

参考文献：

［1］傅琳雅，赵巍．颠覆与创新：数字时代高等教育广告人才新能力培养的改革［J］．声屏世界·广告人，2015（11）.

［2］何平华，李骅．广告教育的“学”与“术”——从课程设置角度看我国高校广告教育的“术化”倾向［J］．新闻界，2013（22）.

［3］朱海燕．2017年全国广告经营额6896亿元，广告业从业人数438．万人［EB/OL］．（2018-02-01）［2018-09-03］．http：//www.adquan.com/post-13-43385.html.

［4］刘智运．创新人才的培养目标、培养模式和实施要点［J］．中国大学教学，2011（1）.

［5］陈培爱．中国广告教育二十年的发展与基本经验初探［J］．江西财经大学学报，2000（2）.

［6］张莹．新媒体环境下广告学教学的创新策略探讨［J］．陕西教育（高教），2016（12）.

［7］彭兰．万物皆媒——新一轮技术驱动的泛媒化趋势［J］．编辑之友，2016（3）.

［8］王志强，黄兆信，李菲．“创新驱动”战略下大学变革的内涵、维度与路径［J］．全球教育展望，2015，44（11）：3-15.

作者介绍：

陈　瑛，博士，武汉大学新闻与传播学院教授。

周易辰，武汉大学新闻与传播学院硕士研究生。

数字时代中国广告教育体系改革与人才培养创新研究

廖秉宜

【摘　要】　当前，我国广告产业正在发生着急剧变革，传统广告产业日益萎缩，数字广告产业迅猛发展，这对广告专业人才培养提出了新的要求，传统的广告人才培养模式已经无法适应数字时代广告行业对人才需求的新要求，因而亟需变革。本文重点分析数字时代的广告产业变革趋势以及广告教育面临的挑战，由此提出了广告教育创新的对策，即转变广告教育理念，培养适应广告行业需求的专业人才；改革现有的广告课程体系，提高学生数字营销传播能力；更新师资队伍知识结构，以科研促进教师教学水平提升；加快现有教材的修订，组织出版数字营销传播系列教材；搭建广告实践教学平台，增强学界与业界之间交流合作。

【关键词】数字时代　广告教育　广告专业　广告人才培养　数字营销传播

中国广告高等教育已经走过了三十五年的历程，回顾中国广告高等教育发展的历史，有一个显著的特点，就是中国高等院校广告学专业不断适应广告行业变革的要求，探索广告人才培养的新模式。当前，中国广告行业正在发生着急剧变革，传统广告产业日益萎缩，数字广告产业迅猛发展，这对广告人才培养提出了新的要求。传统的广告人才培养模式已经无法适应数字时代广告行业对人才需求的新要求，因而亟需变革。

一、数字时代的广告产业变革趋势

广告业是一个智力服务型行业，广告主需求的变化和广告媒体环境的变化，都会对广告公司经营运作产生重大影响。数字时代正在颠覆传统广告产业的运作模式，许多传统的广告调查、策划、创意、设计制作、媒体计划和效果评估方法，在数字时代都需要重新诠释。中国广告产业数字化转型的现状与趋势主要体现在以下三个方面：

（一）广告主将更多预算投向新媒体广告，对广告人才数字营销能力提出更高要求

由于中国网民人数不断增加，传统媒体受众人数持续减少，新媒体广告的价值日益受到广告主肯定，更多的营销预算开始向新媒体广告倾斜。原国家工商行政管理总局公布的数据显示，2017 年中国广告经营额为 6896.41 亿元，比上一年增长了 6.28%，来自国家广告研究院互动营销实验室的最新数据显示，2017 年中国互联网广告经营额达到了 2975.15 亿元，比上一年增长了 29.06%。[①]

此外，智能手机、平板电脑等移动终端设备的不断普及，正在深刻改变整个广告市场营销的生态，大数据、智能化、移动化必将主导未来的营销格局。据美国调研公司 eMarketer 发布的报告显示，全球媒介广告投入从 2015 年的 5780 亿美元增长到 6150 亿美元，其中数字广告投入为 1980 亿美元。移动互联网广告投入 2016 年达到 1010 亿美元，在数字广告投入中占比首次突破 50%。2016 年全球智能手机用户的数量达到 20 亿，其中有四分之一来自中国。在智能手机用户增长的驱动下，移动互联网广告投入将在接下来的四年内保持快速增长，至 2019 年将达到 1955.5 亿美元，占总体数字广告投入

---

① 国家工商行政管理总局. 2017 年中国广告经营额攀升至 6896 亿元［J］. 现代广告，2018（7）.

的70.1%。[①] 未来的中国广告市场移动端支出将在所有数字广告版块起主导作用。当前，我国企业对数字营销传播人才的需求日益增加，迫切需要高等院校创新广告教育体系，培养专业的数字营销传播人才。

（二）传统媒体广告经营额呈现持续下降态势，广告媒体加速向融合媒体转型发展

当前，电视、广播、报纸和杂志等传统媒体面临互联网媒体的巨大冲击。根据国家工商行政管理总局公布的数据显示，2016年，电视媒体在传统的硬广之外，利用各种综艺节目极大地丰富了广告收入的来源，电视广告经营额出现一定的反弹，增长幅度为8.05%，达到1239亿元。私家车增多为广播增加了高质量的固定听众，广播广告经营额增幅高达38.67%，达到172.64亿元。但是报纸和期刊广告经营额持续下滑，报纸广告经营额为359.26亿元，降低了28.31%；期刊广告经营额为60.31亿元，降低了16.12%。[②] 传统媒体广告经营额的下降主要原因在于受众更多转向互联网媒体和移动媒体，使得传统媒体的广告价值降低，对广告主的吸引力减弱。为了应对传统媒体的经营困境，一些大型传统媒体集团加速向融合媒体集团转型，一方面加速推进传统媒体数字化转型，如上海报业集团《东方早报》团队打造的"澎湃新闻"客户端，取得了比较好的市场反响，另一方面亟需培养和引进一批熟悉传媒数字营销的专业人才，提升数字媒体经营水平。近年来，越来越多的广告学专业毕业生应聘到传统媒体的数字媒体部门或新媒体公司工作，这也对我国广告高等教育的改革提出了迫切要求。

（三）传统广告公司面临业务萎缩和经营额下降的压力，数字广告公司则发展迅猛

广告主营销预算向新媒体广告倾斜，使得代理传统媒体广告的广告公司

---

① eMarketer. 2016年全球数字广告投入数据洞察［OL］. http://www.199it.com/archives/351510.html.

② 国家工商行政管理总局. 6489亿：2016年中国广告经营额增长8.63%［J］. 现代广告，2017（7）.

面临巨大挑战。广告业务的萎缩与经营额的下降，导致传统广告公司纷纷裁员。广告公司的数字化转型，成为产业发展的必然趋势。转型的具体路径为：一是将原有的公司整体转型为数字营销公司，比如蓝色光标公共关系机构更名为蓝色光标数字营销机构，这是蓝色光标在数字化战略之下的重大举措，意味着蓝色光标向数字整合营销服务的整体转型；二是在原有组织架构的基础上增设数字营销部门；三是在原有公司之外组建一家专门的数字营销公司；四是通过并购一家专业的数字营销公司，拓展数字营销服务。数字营销传播行业的发展对广告人才提出了更高要求，不仅需要广告人具有数字营销策划创意和广告媒体运作的能力，而且需要具备数字营销技术分析的能力，如大数据的挖掘、分析与应用能力等。数字媒体是一种全新的语言，需要全新的营销策划方法，因而需要全新的专业人才。面对数字化的浪潮，有业界人士甚至提出传统广告人如不及时更新知识结构将有一半以上会被淘汰，这并非危言耸听。我国广告教育界如何适应数字时代广告行业的变化趋势，培养高素质的数字营销传播人才，成为当前我国广告教育界迫切需要关注的重要课题。

二、数字时代广告教育面临的挑战

新媒体发展正在深刻改变广告产业生态，对广告人才培养也提出了新的要求。数字时代，传统的广告教育理念和教育模式已经无法满足数字时代广告行业对人才需求的新变化，当前，我国广告教育面临的挑战主要表现在以下五个方面：

（一）传统的教育理念不适应广告行业发展新要求

"以互联网为代表的新兴媒体崛起，以及以互联网为平台的媒体融合趋势使本学科的根基动摇，学科调整成为引人关注的话题。"① 传统的教育理念不适应广告行业发展新要求重点表现为：一是传统广告教育更多是为广告公

① 陈培爱．数字化时代中国广告教育改革的思考［J］．广告研究，2011（4）.

司、广告主和广告媒介培养专业的策划、创意、设计制作、媒体计划和经营管理方面的人才，其中又以为广告公司培养专业人才为主。当前，广告主和广告媒介对广告专业人才的需求也在增加，尤其是对数字营销传播专业人才的需求量增大，传统定位于为广告公司培养人才的理念需要变革；二是传统广告教育是培养策划创意型人才，而数字时代广告行业不仅需要策划创意型人才，还需要培养专业技术型人才，如要求学生掌握大数据挖掘、分析与应用技术，学会开发和使用广告程序化购买软件等，以及熟悉社交媒体特性，能够开展数字内容营销的专业人才，传统广告教育大都是采用本专业培养的模式，由于广告专业教师大都缺乏计算机技术和应用方面的学科背景和学术训练，很难适应专业技术型人才培养的新要求；三是传统广告教育主要还是为传统广告行业培养人才，从目前国内高等院校广告专业学生就业来看，学生毕业后选择去数字营销公司、新媒体企业、传统媒体数字媒体部工作的比例比较高，这也就意味着，学生就业后本科阶段学习的知识或是不是其职业所需，或是很快就过时了。

（二）现有广告课程体系不利于数字营销人才培养

“新媒体营销教育在中国的广告本科教育中还处于起步阶段，仅有不足一半的高校开设了此类课程。而在未开设此类课程的高校中，仅有不足40%的高校明确表示将在未来一年内开设此类课程。”① 国内现有的广告专业课程体系一般包括通识课程、专业必修课、专业选修课，专业必修课包括广告运作的核心主干课程，如广告学概论、广告调查、广告策划、广告创意与表现、广告文案、广告媒体、广告经营与管理、广告法规与管理、中外广告史等，广告选修课程基本包括市场营销学、公共关系学、平面广告设计、电脑图文设计、广播电视广告、网络广告、中外经典广告案例评析等，学生可以结合自身的兴趣爱好和职业发展，选修部分课程。当前，我国广告专业课程体系主要存在以下问题：一是数字营销传播方面的课程没有进入专业主干课程，

① 初广志、李晨宇．中国新媒体营销教育：挑战及对策——基于广告学专业教师的调查［J］．现代传播，2013（3）．

目前一些高校虽然开设了数字营销传播方面的课程，但是大都是作为专业选修课；二是数字营销传播方面的课程数量比较少，一些高校广告专业虽然意识到数字营销传播教学的重要性，但是大都采用增量改革的方式，增加1－2门相关课程；三是现有课程教学中数字营销传播内容所占比重较少，这与教师的知识结构、教材内容老化有关；四是学生缺少数字营销传播方面的实践平台和实践机会，尤其在课程实践中缺乏数字营销传播能力的训练。这些因素极大的限制了广告专业数字营销传播人才的培养。

（三）广告专业师资队伍的知识结构亟需更新升级

广告业是一个快速变化的行业，要求广告专业教师及时了解广告行业动态，为学生讲授最新的专业知识。目前，我国广告专业师资队伍存在以下四个方面的突出问题：一是专业教师缺乏数字营销传播教学的主动性，即对数字营销传播教学的重要性和紧迫性缺乏认识；二是专业教师缺乏数字营销方面的实践经验，数字营销传播教学需要教师不仅具备广博的知识和专深的数字营销传播理论，还需要教师具有专业的数字营销传播实践能力；三是专业教师的知识结构不适应数字营销传播时代的要求，目前大部分教师自身没有接受过系统的数字营销传播知识学习，也没有数字营销传播行业的丰富实践经验，使得数字营销传播课程的教学大都只是停留在知识介绍或案例分析的层面；四是专业教师的数字营销传播研究能力亟待提升，教学和科研可以相互促进，教师开展数字营销传播研究，可以提高数字营销传播课程的教学效果。但是总体来看，目前我国广告学者的数字营销传播研究成果还比较少，这一方面反映出教师对数字营销传播的重要性还缺乏深刻认识，另一方面也说明广告专业教师亟需适应数字营销传播人才培养的新要求更新知识结构。

（四）广告教材建设无法满足学生对新知识的渴求

广告专业教材一方面可以满足教师教学的需要，另一方面可以培养广告专业学生系统的知识结构。教材建设作为广告学科建设和专业建设的重要组成部分，在广告学科发展与广告专业建设方面发挥积极作用。“国内一些高校广告学专业十分重视教材建设，纷纷组织编写广告学专业系列教材，不仅满足了本校广告专业教学需要，而且一些优秀广告专业教材也被其他高校所采用，提升了全国广告专业教育质量与水平。”① 数字时代的到来，正在深刻改变传统广告运作方式与技能要求。目前，国内已经出版的广告专业教材存在以下三个方面问题：一是教材知识内容的老化，数字时代，传统的广告运作流程与运作方法正在发生巨大变革，现有的广告教材大都还是集中于传统广告的知识介绍，亟需增加数字营销传播的知识点；二是缺少有影响的数字营销传播系列教材，数字营销传播对于广告教育而言还是一个全新的知识领域，国内目前还缺少专业的数字营销传播系列教材；三是教材编写缺少学界和业界的合作，数字营销传播是一个高度专业化的工作，需要学界和业界专家发挥各自所长，编写既有理论深度和系统知识结构，又有实践指导价值和专业技能训练的教材。

（五）广告实践教学缺乏与广告业界之间积极对接

理论教学与实践教学的相互促进，可以提升学生的理论素养和实践能力。广告专业教师在教学中需要将理论教学与实践教学紧密结合，既能够从广告运作的丰富实战案例中归纳总结规律性的理论知识，又要运用广告理论指导学生的广告实践训练。当前，我国广告实践教学存在的主要问题表现为：一是教师存在重理论教学，轻实践教学的倾向。理论教学对于教师而言相对比较容易操作，采用指定教材，按计划完成课堂教学，实践教学则对教师的实践能力和专业素质提出更高要求，教师需要全程参与指导，对教师的挑战更大；二是重假期实践和专业大实习，轻学生课堂实践。课堂实践对于提高学生数字营销传播意识和能力具有重要意义，目前课堂实践在广告教学中课时有限，不利于大学阶段广告专业学生数字营销传播能力的锻炼；三是广告实践教学缺乏与业界的合作。关门办学的方式目前还比较普遍，事实上，广告学界具有深厚的理论资源，广告业界则拥有丰富的实践资源，双方之间的合作可以相得益彰。

---

① 廖秉宜．中国广告高等教育三十年的反思与变革［J］．新闻界，2014（2）．

三、数字时代的广告教育创新对策

广告教育界如何顺应广告行业变化的新趋势，培养适合业界需要的专业数字营销传播人才，已经成为我国广告教育体系改革的重要议题。面对当前我国广告教育存在的突出问题，笔者认为需要从以下五个方面创新广告人才培养的模式。

（一）转变广告教育理念，培养适应广告行业需求的专业人才

教育理念对于广告专业建设而言具有战略性和指导性，广告教育理念必须定位于行业发展的前沿和趋势，提高广告人才培养的质量和水平。当前，虽然数字营销传播已经深刻改变广告行业竞争格局，但是我国广告专业的教育理念还没有彻底转变。这就需要国内广告专业开展教育改革大讨论，凝聚共识，共谋发展，提高对数字营销传播重要性的认识，探讨提高数字营销传播人才培养的模式与路径。如何转变广告教育理念，培养适应行业需求的专业人才？具体路径为：一是树立广告专业不仅要为广告公司培养人才，而且要为媒体、企业培养广告人才的专业定位与教育理念。这就需要广告专业调整课程体系，增设媒介经营管理、营销企划实务、品牌战略与管理等方面的课程，同时与媒体、企业合作建立实践基地等；二是不仅培养策划创意型广告专业人才，而且要培养专业技术型人才。高校需要改变传统单一专业建设的格局，探讨与本校的计算机学院或软件学院等合作培养人才的新模式，跨院系教师共同开发新课程，如开设计算广告学、大数据挖掘技术与应用等；三是不仅为传统广告行业培养人才，更要为数字营销传播行业培养人才。传统广告行业的人才需求目前呈现饱和态势，甚至面临裁员压力，而数字营销传播行业对人才有着巨大需求，日益成为广告专业学生就业的首选，广告专业教育理念的数字营销传播转型成为专业可持续发展的必需。

（二）改革现有的广告课程体系，提高学生数字营销传播能力

广告专业的课程体系目前还是一种传统的思维，即按照传统广告的运作流程设计课程，虽然在课程中增加了一些数字营销传播方面的内容，但是学

生无法接受系统的数字营销传播知识训练。改革现有的课程体系，培养学生的数字营销传播能力，成为课程改革的重点，具体路径为：一是将数字营销传播课程列为专业主干课程。专业主干课程的设计体现了人才培养的理念和方向，数字营销传播课程理应被列为专业重点建设课程；二是增设数字营销传播方向的课程模块。虽然目前一些高校开设数字营销传播、网络广告等课程，但是数量比较少，知识缺乏系统，需要在课程体系中增加 5－10 门数字营销传播方向的课程模块，如新设数字营销传播概论、移动营销传播、数字内容营销、电子商务、视频广告、计算广告学、大数据挖掘技术与应用、新媒体广告设计与制作等；三是合并传统的广告学专业课程。一些课程太过于专门细化，不利于学生整体思维能力的训练，例如可以考虑将广告创意与表现、广告文案合并为广告创意表现与文案写作，将广告调查、广告效果评估合并为广告调查与效果评估，将广告经营、广告法规与管理合并为广告经营与法规管理等；四是建立数字营销传播课程实践平台。课程实践是实践教学改革的重点，一方面教师可以与业界合作，利用课堂组织学生开展专业实践，如武汉大学广告学系每年举办的学生模拟招标大赛，与广告公司和新媒体企业合作，以小组竞赛的形式开展课堂实践教学，取得了很好的效果；另一方面广告学专业还可以通过开办专业网站，开通微博、微信公众号等，为学生提供实践平台。

（三）更新师资队伍知识结构，以科研促进教师教学水平提升

广告行业的快速变化，亟需广告专业教师更新知识结构，适应数字时代的新要求。一是广告专业教师要提高对数字营销传播教学重要性和紧迫性的认识，广告行业是一个智力服务型行业，必须适应广告主和媒体需求的变化调整经营战略，广告教育行业是为广告行业培养专业人才的知识服务性行业，因而必须要适应广告行业需求变化，更新和完善知识结构；二是专业教师要增强数字营销传播的实践经验。院系需要鼓励教师到新媒体企业和数字营销公司挂职或兼职，并给予政策支持和待遇保障，这样可以快速提升专业教师的数字营销传播实践经验与能力，对于教师的数字营销传播教学大有助益。

教师也需要积极与新媒体企业和数字营销公司合作，将项目引入课堂，这样既可以提升教师自身的数字营销传播能力，同时也可以为学生创造实践机会；三是通过参加专业培训、学术会议等方式，提高教师的数字营销传播知识水平。例如北京大学广告学系主办的“创意传播管理”暑期公益学校，邀请数字营销传播方面的专家学者和业界精英授课，为全国各高校的师生搭建数字营销传播交流学习平台，教师参加专业培训可以接触到数字营销传播前沿理论，与数字营销传播方面的专家学者和行业大咖面对面交流，可以快速提高教师的专业能力。同时，广告专业教师还可以参加数字营销传播业界的会议，感受最前沿的行业资讯与研究动态；四是广告专业可以招聘一些具有计算机或相关学科背景的博士进入广告教师队伍；五是专业教师需要提高数字营销传播研究的能力。以研究促教学是提升师资队伍数字营销传播教学能力的重要路径，教师数字营销传播研究水平的提升，对于提高教学质量和水平具有重要意义。

（四）加快现有教材的修订，组织出版数字营销传播系列教材

国内目前出版的广告教材大都还是传统知识的介绍，缺少数字营销传播的内容，因而亟需修订和完善。广告业是一个快速变化的行业，要求教师的知识结构不断更新，同时也要求教材知识内容及时更新。广告学专业教材建设的具体路径为：一是加快现有教材的修订。教材修订不能仅仅是增加数字营销传播方面的知识内容，而是应该根据数字时代的新变化，系统构建全新的知识框架。在数字时代，传统广告运作方式如广告调查、策划、创意与表现、文案、设计与制作、媒体计划与购买、效果评估等也在发生急剧变化，原有的知识内容也需要更新；二是组织出版数字营销传播系列教材。国内一些有实力的广告专业可以组织教师出版数字营销传播系列教材，一方面有助于教师知识结构的更新，另一方面有助于数字营销传播课程的教学。另外，也可以组织一批国内从事数字营销传播教学与研究的中青年广告学者，推出有影响的数字营销传播系列教材；三是鼓励学界和业界合作编写数字营销传播教材。学界和业界各有专长，业界拥有丰富的实战案例、数据资料和分析

软件等，学界则拥有深厚的理论功底和系统的知识结构，双方之间的合作可以产出一批既有理论深度和系统知识架构，又有鲜活案例和实战方法训练的数字营销传播经典教材。

（五）搭建广告实践教学平台，增强学界与业界之间交流合作

广告学专业是一个实践应用性非常强的专业，不仅要培养学生扎实的广告理论功底，更要培养学生的实际操作能力。“新媒体广告自身、以及传统广告的后期处理，均需要新媒体的操作技能。而新媒体广告的操作技能，既是艺术的，更是技术的，因此需要大比重的实验性教学来予以支撑。”① 搭建广告教学实践平台，增强广告学界与广告业界之间交流合作，是广告学专业实践教学改革的必然要求。具体路径为：一是教师要增强对广告实践教学重要性的认识，一方面广告专业教师需要积极投身数字营销传播实践，提高自身的数字营销传播能力，另一方面教师需要自觉的将实践教学贯穿于课程教学之中，增加实践教学在课程教学中的比重；二是教师要重视课堂的实践教学，比如教师可以与数字营销传播公司或企业合作，设计一些实战性的数字营销传播项目，鼓励学生积极参与课堂实践；三是教师需要加强与业界之间的合作，比如，邀请业界数字营销传播专家来校授课或讲座，与数字营销传播公司、广告公司、企业和媒体合作建立实习基地，鼓励学生积极参加全国大学生广告艺术大赛等活动，将业界项目引入课堂，开展产学研合作等，为学生参与实践提供平台，提高学生的数字营销传播能力。

作者介绍：

廖秉宜，博士，武汉大学新闻与传播学院广告学系副主任、副教授，武汉大学珞珈青年学者，武汉大学媒体发展研究中心研究员。

---

① 舒咏平．新媒体广告趋势下的广告教育革新［J］．广告研究，2008（02）．

高校新闻传播学大类人才培养的若干问题：一个广告教育者的视角

高红阳

【摘　要】　大类培养模式突破传统的“专业视域”，既是适应当前学生就业环境与形势变化的现实需要，也是学科综合趋势发展现状的体现。新闻传播学人才培养必须保持时时翻页的姿态，关注传媒业的最新动态与进展，正视行业边界日益模糊、行业日益交叉融合现象，将最新鲜的知识内容快速及时引入课堂，完成从课程设置到课程内容以及在大类培养前提下从专业自身到专业间课程整合的重新规划与设计。如何理解大类、如何理解新闻传播学以及如何理解新闻传播学大类所涵盖的各专业间的关系，是新闻传播学大类人才培养必须弄清的关键问题。在更宽广的视野下给出更具前瞻性、包容性和选择性的学习方案，以“智识”教育来代替传统的知识传授，是真正实现大类培养的关键。

【关键词】大类　新闻传播学　人才培养　广告教育

《人民日报》曾连发三问：大学人才培养的质量究竟如何？能否称得上一流人才？能否适应未来国家和社会发展的需要？这是我国高等教育从规模扩张到内涵发展之后，必须面对和解决的问题。一方面，行业的快速发展与融合对人才培养的规格和要求不断提升变化，一方面，高校人才培养的既有传统难以实时响应业界的需求。素有“新闻业以及新闻教育行业真正先驱”之称的美国纽约市立大学新闻研究生院陶氏 – 奈特创业新闻中心（Tow – Knight Center for Entrepreneurial Journalism）主任杰夫·贾维斯（Jeff Jarvis）曾说，对于新闻教育来说，受教育者或许需要三年时间才能完成所有课程，但对于一个几个月时间就可能发生翻天覆地变化的行业来说，这简直就是一个悖论。然而毋庸讳言，教育必须也只能要求自己跟上这种变化，套用时下流行的说法，哪怕用尽“洪荒之力”。

一、大类培养业已成为高校适应社会需求的现实选择

长期以来，我国高校的人才培养都是按计划统一招生，按计划专业培养，按计划对口分配的原则设定的，这在当时确实为社会发展起到了很大的推动作用。但是随着市场经济体制的建立，这种模式难以满足市场经济对人才的选择和合理流动，更无法满足互联网时代受教育者追求自身发展的强烈要求。据统计，目前高校学生本科毕业 10 年后，仍然从事原所学专业的不到 5%；博士毕业 5 年后，仍从事其所学专业的不到 40%。大学所学专业与就业领域之间的联系日益间接和弱化。社会对人才要求的多元化趋势，迫使国内高校对人才培养模式进行调整、改变，大类人才培养模式即是这种形势下的一种有益探索。

纵观世界高等教育的改革和发展，学科专业建设的内涵逐渐向加深基础转变，专业与专业间的界限逐渐淡化，学科间相互交叉渗透，向综合化方向发展的趋势越来越明显。这也恰恰与行业跨界融合发展的大趋势吻合。大类培养模式突破了传统的“专业视域”，培养目标在于提高学生的综合素质，即让学生形成基本的人文修养、思想视野和精神感悟，增强其适应社会的一般能力。这种培养模式的优长即体现于对未来从事职业的宽适应性，学生不仅具有宽厚扎实的专业背景，而且具备知识拓展能力、终生学习能力和市场

应变等能力。总之，大类培养既是适应当前学生就业环境与形势变化的现实需要，也是学科综合趋势发展现状的体现。

目前我国实施的“大类招生培养”可以概括为四类：第一类是不分专业按院系大类招生培养；第二类是一级学科内大类招生培养；第三类是跨学科相近专业大类招生培养；第四类是不分院系也不分专业的跨院跨专业的大类招生培养。国内有不少学校已经开始实施大类招生，北京大学开设22个大类，涵盖了60多个专业；浙江大学开设20个大类，涵盖了60个专业；武汉大学开设19个大类，涵盖了54个专业。目前新闻传播学的大类招培，除复旦大学采取的是跨院跨专业的培养模式外，其他多是在新闻传播学一级学科内展开。

二、“媒体翻页时代”与新闻传播学人才培养

（一）新闻传播学人才培养滞后于行业发展

截止到2015年底，全国（不包括港澳台）具有新闻传播学本科专业的高校681所，专业布点1244个，其中新闻学326个、广告学378个、广播电视学234个、传播学71个、编辑出版82个，网络新媒体140个，数字出版13个。在校生225691人，占全部高校在校生人数的1.4%，专业教师6912人。新闻传播学科办学规模日益扩大，取得了不俗的成绩。

不过，广告专业教育滞后于业界发展的现状基本未有根本的改变，大规模的发展以及教学知识体系相较业界的滞后给新闻传播学科其他各专业的教育也都带来了现实危机。以新闻学专业为例，有学者提出，新闻教育的严重错位症结在于学生上网，他们的父母看电视，而他们的老师还在给他们讲报纸。2010年10月25日，李希光在《环球时报》专栏撰文《中国新闻教育失败的根源》中质疑“为什么大多数优秀的新闻都出自于那些非新闻科班出身的学生”。2010新闻传播学教育年会上，甚至有专家提出，取消新闻学本科教育。罗以橙教授曾撰文直指当前中国新闻教育存在的根本问题。他说，

“新闻学与传播学学科的人才培养，理应植根于人类社会对新闻与传播的需要和理解之中，要合乎于人类社会的实践理性而存在。为此，在新闻与传播领域造就一批通识博学，具有高度社会责任感和创新精神与创新能力，“德、才、能”全面发展的社会精英，自然是新闻学与传播学学科人才培养的根本宗旨。然而，综观目前各高校新闻学与传播学学科的人才培养，从学科基础阶段的本科生教育到硕士、博士学位阶段的研究生教育，其培养方案却无不强调教育与职业对接，强调“为新闻与传播业培养高级专门人才”；其课程设置、教学内容，乃至培养结果的评价也无一不把专业知识、专业才能的培养与训练放在首要位置，而鲜见关涉人的道德、心理、情操等学科素养的知识传授与训练。这种注重教育与职业对接，强化实用功利的人才培养价值观，无疑有损于高校学科建设应具的人才培养品位，而且也不利于学者后备队伍高尚的思想境界、道德修养和健全人格的形成。”时至今日，这一现实危机依然严峻，对其改革势在必行。复旦大学黄旦教授对此反思道：“当下的确是重新理解和认识新闻传播领域一个大好时机，但讨论不能离开特定语境，并需要有新的想象，新的思想资源，防止用旧知识解说新交往，从而陷在一个老调子中循环往复。”

（二）“媒体翻页时代”及其对新闻传播学人才培养的现实要求

北京大学胡泳教授借用网上一封公开的辞职信——“世界正在翻页，如果不够好奇和好学，我会像一只蚂蚁被压在那一页里，似乎看见的还是那样的天和地、那些字，而真的世界和你无关”，发表了题为《媒体：翻页时代》论文。文章指出，人类从最初的口传到文字，到印刷机发明，出现报纸、杂志，然后是收音机、电视机、互联网，传播规模越来越大但互动性越来越低。进入大众媒体时代，互动性跌到了谷底，但移动互联网又使这个互动性慢慢提升，走出了一个U字型（图1）。口传时期使用的其实就是社交媒体，大众媒体只是人类传播史上的一个插入语，移动互联网使我们重新回到社交媒体时代。

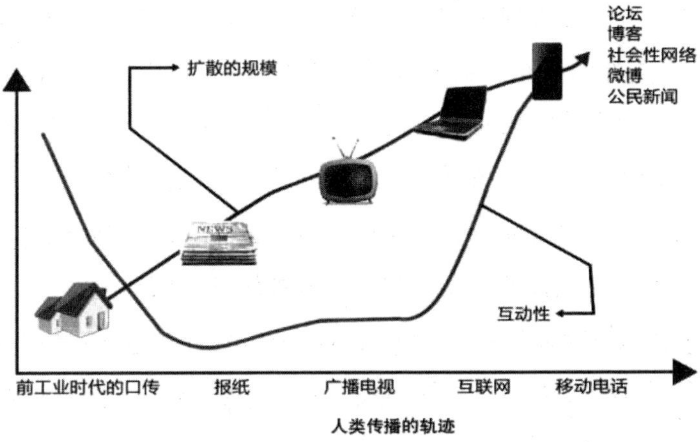

图 1　人类传播的轨迹

胡泳教授提出的这个"媒体翻页时代"提法很形象，而且我更倾向于将之理解为，这是对媒体正在经历的一场技术推动转型的贴切比喻。一方面形容媒体发展速度之快有如翻页，新媒体的内涵外延不断迭代突破，传统媒体亦在压力下持续自我革新；一方面，喻意如果深陷某页之中，那么一"页"障目，必然跟不上时代发展的步伐。作为深度根植并依赖于媒体业的行业，处于"媒体翻页时代"的新闻传播学科较任何其他学科受到的影响都更直接。皮尤中心的一份研究报告发现：三分之二强的美国人是通过 Facebook 来获取新闻的，比较吓人的是如果考虑获取新闻的其他手段，那留给报社或者电视台的份额就太可怜了。原美国密苏里大学新闻学院孙志刚博士也曾指出，在整个九十年代，《纽约时报》一共拥有 13000 多台自动取报箱，分布在美国各地；而如今，只余大约 30 个。

"媒体翻页时代"必然对新闻传播学相关专业人才的培养提出现实要求：首先，新闻传播学人才培养必须保持时时翻页的姿态，站在行业发展的最前沿，时时关注传媒行业的最新动态与进展，将最新鲜的知识内容快速及时引入课堂；其次，社交化媒体开启了"用户中心"时代，不仅仅是媒介载体的变化，也不仅仅是用户媒体接触习惯的变化，移动传播重新定义了广告、新闻等内容产品生产与消费的时空观，新闻、广告生产模式将是公民新闻、UGC 与专业媒体平分秋色，新闻、广告消费模式则是个人门户兴起而大众门户式微，广告、新闻业等的边界日益模糊，行业交叉融合日益加深，新闻传播学相关专业的人才培养必须要正视这种现象；第三，大数据时代，数据成为核心资源之一，计算传播学、计算广告学、数据新闻学等分支不断丰富新闻传播学科体系。新闻传播学相关专业的课程体系必须完成从课程设置到课程内容以及在大类培养前提下从专业自身到专业间课程整合的重新规划与设计。实际上，作为一个在广告教育界执着整 18 载的老兵，我仍会时常感受到来自专业教学的困惑与压力，这种困惑和压力不仅来自业界的飞速发展，很多时候也来自教学创新每每会遇到的各种理念亦或观念上的障碍。而这些理念一致的达成，是新闻传播学大类人才培养绕不过去的关键问题。

三、高校新闻传播学大类人才培养的若干关键问题

（一）如何理解“大类”的问题

如何理解“大类”，是新闻传播学大类人才培养必须要弄清的首要问题，这关乎到大类培养体系下的每个相关专业教育的具体实施质量，也关乎到各专业间必要与合理的融合以及教学资源的有机分配。基于我校近五年来实施大类人才培养的实践探索，以及在此过程中我们所做的国内部分代表性高校实施大类培养的基本情况调研，并结合七月初刚刚完成的针对我院 2018 届毕业生开展的“大学生可雇用能力调研”部分数据，笔者深切地感受到如何提升人才培养质量、如何培养适应未来国家和社会需要的一流人才，对“《人民日报》三问”做出踏实有力地回答，这对于包括广告学在内的新传大类下的各专业来说，都需要围绕大类培养对一些基础性、根本性的问题做出明确深刻的反思。

目前仍有相当数量的观点将大类培养只简化为一个分专业的时点，在他们看来，高校实施大类培养不过是不再像以前入学即分专业，而是或一年半

或两年或更晚时候区分，未分专业之前学一些通识课程，分专业之后再进入到主干或核心课程的学习。这种将大类培养表面化的认知使很多老师和学生认为大类只不过是拖延了进入专业学习的时间，使学生的专业学习被压缩，从而影响人才培养的效果。应当说，此简化论观点是长期以来专业对口培养思想的结果，是传统计划思维的产物。一方面，当今知识分工越来越细、学科划分越来越琐碎，人们越来越注重实用性和强调效率优先，但另一方面，不可否认技术、媒介等的跨界融合又使行业边界日益模糊，对人才的需求也日益走向复合多元。北大校长林建华在给“人文社会科学是什么”丛书所做的序言中谈到，一直以来，社会都比较关注知识的实用性，“知识就是力量”“科学技术就是第一生产力”，对于一个物质匮乏、知识贫乏的时代来说，这无疑是非常必要的。过去的几十年，中国经济和社会都发生了深刻变化，互联网+、跨界、融合、大数据，层出不穷、正在以难以想象的速度颠覆传统。中国正与世界一起，经历着更猛烈的变化过程，我们的社会已经进入到以创新驱动发展的阶段。哈佛大学最新一轮的通识教育改革被认为很大程度上是对当今这个时代“不确定性”的一种回应，本科教育的重心必须从具体知识的获取转化到“获取知识的方法与途径”乃至更宽广的视野。在自由探究精神指导下不预设目标、不与职业挂钩的“自由教育”是哈佛大学在近400年的历史中一直坚持的理想。受教育不等于专业技能训练。大学教育的价值更多在于为每个进入大学的学子提供一个时间段，在人生最宝贵、求知欲最旺盛，心智也最开放的年华，可以暂且不顾社会求速成的压力，多学多问，天马行空而不必拘泥于所谓专业，然后成就自我、服务社会。

大类培养是大学教育面对当前现实做出的适时调整，是大学主动为年轻学子四年的求学生涯开出的关键处方，代表了一所大学对于知识与教育最基本的逻辑与态度。其根本目的是为了帮助学生直面未来生活的各种挑战与不确定性，教会学生学会思考和处理专业以及专业以外的，涉及个人内心平衡、价值选择、社会责任等方面的问题，更好地与赖以生存的世界打交道，能够理解社会的复杂性以及自己在其中所处的位置，从而获得一个更美好和富有意义的人生。分专业与否以及何时分开并非决定大类培养效果的实质因素，如何在更宽广的视野下给出更具前瞻性、包容性和选择性的学习方案，以“智识”教育来代替传统的知识传授，是真正实现大类培养的关键。

（二）如何理解“新闻传播学大类”的问题

如何理解“新闻传播学大类”，直接决定了大类培养该在什么样的知识范畴内展开。这是影响大类培养课程体系设置的首要问题，也是决定课程体系设置的核心问题，这个思维困惑不解除，必然会影响大类培养实施的广度与深度，并进一步影响新闻传播学科的整体发展。

一直以来，对于新闻传播学内涵与外延的理解并未完全达成共识，即使在新闻学和传播学专业学者当中也仍存有争议。童兵教授在《理论新闻传播学导论》序言中写道：新闻传播学不是新闻学加传播学，而是研究新闻传播过程及其规律的学科，它是在传统新闻学基础上，吸收传播学的一些学术成果，运用传播学的一些学术名词，用新的视角和方法审视新闻传播现象，考察新闻传播过程，讨论这种不同于一般大众传播的新闻传播的特殊规律及其原理、原则。按童兵老师的阐述，关于“新闻传播学”准确提法或为“新闻之传播学”。实际上，围绕新闻传播学的争论就主要在“新闻”与“传播”概念之间究竟是修饰、并列还是其他关系展开。换言之就是认为，新闻传播学即等于新闻学；或者新闻传播学虽始于新闻学但发展于传播学，因而新闻传播学是更侧重传播的学科；或者新闻传播学顾名思义是新闻学与传播学的总和；再或者也有学者曾指出新闻传播学作为学科名称的提出，是基于当时学科发展的状态以及认知，随着新闻传播学科体系的日益丰富和拓展，再以新闻传播学作为一级学科名称涵盖其下各专业确有困惑之议，以“传播学”亦或“传媒学”作为一级学科名称的建议均有见诸纸端。应该说，以上观点从各自的角度或有各自的合理性，并非简单的对错可以回答，我们也无力在此争论曲直。但毫无疑问，以上争议的存在会不同程度影响到大类究竟在什么样的学科体系范围内实施。

哈佛通识教育改革委员会成员路易斯教授曾说："在知识专业化愈演愈烈的时代，绝大部分教授都是专门学科的专家，他们在自己的领域有足够的权威，但对于一个'普通的知识核心'或'所有人都应该知道的知识'，他们一样困惑，不可能在任何具体的内容上达成共识，这不是他们的惯常思维。"大类培养语境下，无论我们对新闻传播学涵义持怎样的见解，都必须在一级学科的范畴下全面审视思考人才培养的相关问题，打破惯常思维，非常重要！

（三）如何理解新闻传播学大类下设各专业间的关系问题

大类课程体系的设置不是原有专业课程的简单罗列相加，这样的做法既不符合大类培养的初衷，更无法发挥大类培养的效果。大类培养不再以单一专业背景下的"对口"培养为主，而是站在学科大类与行业融合发展的视角去构架课程体系，在多大程度上了解和理解各专业内在知识体系及所处行业间的关系，包含、交叉还是并列，将直接影响如何分配有限的学时学分，如何筛选设置主修、通修课程，如何协调安排课程的开课学期以及具体课程内容的选择规划和配套教学资源、方法的选用等等。据教育部学科专业目录，新闻传播学类包括新闻学、广播电视学、广告学、传播学、编辑出版学、网络与新媒体、数字出版等 7 个专业。国内高校大多在新闻传播学科下同时开设三五个专业，笔者所在学院开有广告学、新闻学两个专业，算是开设专业数量较少的。今年 7 月，我们完成了应届毕业生社会可雇用能力小调查，对我院 2018 届近百名毕业生所在实习单位开展在线调研，最终收到 70 家实习单位的有效回复。图 2 反映了雇用单位对毕业生可雇用能力的重视度情况，平均得分 4.29。不难看出，专业基本知识、专业应用能力、对专业前沿知识的掌握等几项的得分远低于平均分，可见专业技能并非雇用单位最看重的首要能力。适应能力、承压能力、执行力、信息识别和处理能力、团队合作能力、人际交往能力等跨越专业知识视野的一般能力反而是雇用单位更看重的。

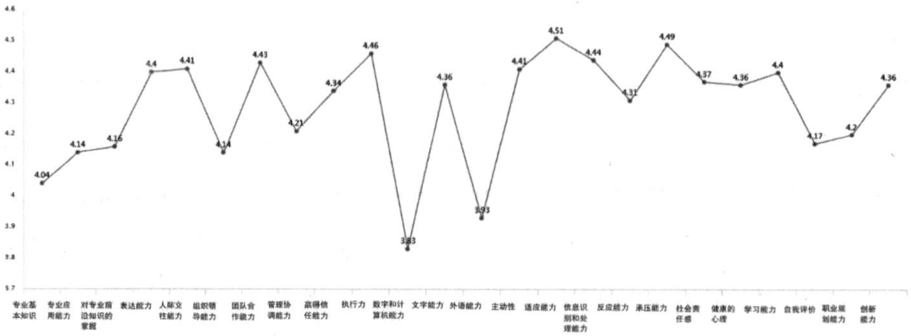

图 2　雇用单位对毕业生可雇用能力的重视度

事实上，越来越多的招聘者开始认同，对于一个完整的职业能力框架，一般性的认知能力往往比某领域专属的专业技能更重要。谷歌人力资源总监几年前接受《纽约时报》记者采访时，明确指出谷歌有五个全公司适用的招聘属性，无论什么职位，谷歌招聘人才最看重的能力是一般性的认知能力，包括领导力、谦逊、协作能力、快速反应适应能力以及学习和再学习的意愿和能力。这些一般性的认知能力无疑是超越专业的、可以共同培养的部分，是大类培养方案各专业教学体系安排中不可忽视的部分。美国科特勒营销集团总裁米尔顿·科特勒在《广告的悖论》演讲中曾谈到当代广告教育的悖论。他认为广告教育工作者要结合三个前提思考问题：广告目的是销售；购买决策是消费者的复杂心理活动；消费者的心理活动与复杂的社会结构和社会关系紧密关联。所以，一个具有领袖气质的广告人要同时具备两类素质：一是社会学、经济学、工商管理、心理学等关于人的知识；二是专业的创作和艺术、客户关系、媒体技术、广告知识和经验。然而，少有专业教师能在教学中兼顾广告的专业知识和广阔的社会科学知识。广告教育悖论于是出现：业界不需要只有专业知识技能的学生；而教育界无法培养出同时具有宽广知识面和多种技能的毕业生。教育者应培养学生追求事业，而不是追求一个永久锁定于技巧上的工作。显然，科特勒更强调专业教育的通识性，他所言的悖论也广泛存在于其他专业教育当中。

此外，某些专业技能也是跨行业从而跨专业的。香港城市大学媒体与传播系主任李喜根教授认为，教育者应对变化的基础，是了解与跟踪行业的发展，根据越来越模糊的行业界限去重新思考课程改革。据他介绍，香港城市大学媒体与传播系目前正在对本科生实行融合教育，设一个媒体与传播大类专业，下设四个不同的专业方向，要求学生至少在这四个专业方向里选择两个方向。

美国波因特研究院“未来新闻业竞争能力”调查项目指出，未来新闻从业者应掌握37项关键技能，其中“知识、态度、个人特质以及价值观”技能19项、“新闻采集”技能7项、“新闻生产”技能6项、“技术或多媒体生产”技能5项。作为广告专业教师，我们不难发现和理解其中有很多技能是广告从业者同样需要具备的。技能相通专业课程的打造不能仅满足于将原有课程做简单的叠加处理，而是必须由不同专业的教师甚至优秀的不同行业从业者来共同研讨形成课程的合理框架并进一步精选课程材料和内容，毕竟在大类培养思路下，学时和学分都更为紧张，人才培养规格和难度要求也都更高。不过令人欣喜的是，越来越多的高校认识到提升大学人才培养质量，需要与时俱进完善课程设置，需要更客观理性地推动教学模式的创新，需要真正时时以生为本，需要更多优秀教师回归教学等。虽然前路还长，但此诚可待。

表1　未来新闻业的核心技能

知识、态度、个人特质以及价值观	好奇；准确；很好地处理压力与截稿期限；很好地处理批评意见；拥有宽广的知识视野；拥有良好的社交技能；成为一个好的团队成员；熟悉新闻伦理；了解其他文化；了解政府知识；了解媒介环境；熟悉版权法；熟悉新闻法；了解媒体运营知识；拥有好的新闻判断力；熟悉当下事件；选择可信的信息；成为一个团队领导；进行变革和创新的能力
新闻采集	分析与整合规模庞大的数据；利用网络进行联系和发展信源；在一个高水平基础上搜索网络信息；精通采访技术；在不依赖互联网的情况下，搜索新闻和查证信源；以一种历史的视角来看待新闻；解释统计数据与图表
新闻生产	新闻叙事能力；以流利的风格来写作；使用正确的语法来写作；掌握各种类型的新闻写作技能；了解受众的期望与需求；语言表达技能
技术或多媒体生产	使用超文本标记语言或其它计算机语言工作的能力；拍摄与编辑视频；拍摄与编辑图片；记录与编辑音频；使用视觉与图形技术讲故事的能力

参考文献：

［1］晗冰．媒体寒冬新闻教育“另辟蹊径”：培养独立创业者［OL］．http：//www.wshn.net/chuangye/c/2600.html.

［2］胡正荣、冷爽．新闻传播学类学生就业现状及难点［J］．新闻战线，2016（11）：27－30.

［3］胡泳．媒体：翻页时代［J］．新闻战线，2016（15）：28－31.

［4］霍华德·芬博格等．未来新闻业的核心技能［J］．新闻记者，2014（11）：22－28.

作者介绍：

高红阳，技术经济及管理专业博士、应用经济学博士后，东北师范大学传媒科学学院副教授、广告学系副主任、美国加州大学圣迭戈分校访问学者。

大数据时代广告营销教学改进方向研究

黄　露

【摘　要】　广告营销传播领域正在经历由大数据引起的变革，如何培养适应时代需求的广告营销人才成为亟待解决的问题。校企合作、建立大数据实验室是目前高校进行大数据广告营销教学改进的主要方式。但对于广大地方普通高校而言，资源和地域的限制让其难以开展类似教学改进。所以，本文认为地方普通高校应在自身能力范围内，把握大数据时代下的变与不变，从教学本身如人才培养体系、教学内容、教师角色等方面进行积极改革。

【关键词】大数据　广告营销　教学改进

数据在营销中的应用一直占有重要地位，基于市场调查数据制定计划、迭代产品、广告投放等。当下进入到大数据时代，随机数据向全体数据转变，数据的可依赖性更高，获取更为便捷，应用效率也大大提高，广告营销因此更为精准、实效，并由此衍生出了广告研究的新范式，即以大数据为基础的计算广告学。那么，对于广告营销从业者而言，如何对用户数据进行深度挖掘分析，掌握计算广告的传播理念，成为在大数据时代下不得不面临的挑战。基于此，被赋予社会服务职能的广告营销教学活动，面对大数据给广告营销实践与理论的结合带来的革新变化与复杂性，以及对广告人才培养提出更高更新的要求时，应做出相应的专业教学改进。

一、大数据时代广告营销教学改进的必要性

（一）大数据革新优化广告营销传播生态

一直以来，用户数据是开展广告营销活动的基础，传统的市场调研采集的是随机数据。而在消除了时空界限的互联网背景下，大数据挖掘的是全体用户在互联网上的一切自然行为数据，包含人口属性、行为习惯、社交互动、关系定向等，实时而精准，对广告营销产生了积极影响，真正科学化实现“以消费者为中心”的传播生态。

1. 优化传播元素

大数据为受众研究带来的是多维度分析，从受众的传播内容、行为及关系网络，比如搜索的信息、转发的内容，热议的话题等，提取高频出现的关键词，感知受众的兴趣点所在。然后进行受众细化分类，对广告内容、呈现方式、传播语态甚至是发布时间等传播元素结合受众画像进行逐个优化，能有效赢得关注。

2. 拓宽传播渠道

通过大数据可以有效了解到不同受众在接收信息渠道上习惯的差异，从而针对其接收信息渠道的偏好来拓展传播方式，从以往单一、有限的大众传播渠道去增加具有针对性的有效渠道。也就是说，可以实现在传播渠道的选择上去迎合受众习惯与偏好，并进行互动和日常的关系维护，提高广告营销信息的覆盖范围和效果。

3. 提升传播效果

广告营销中所传递的信息，是否真正为受众所接受，是传播效果评估里最重要的维度。而大数据提供的正是受众自然状态下的真实感受。所以通过

挖掘分析用户反馈的数据，能及时把握受众的态度倾向。情绪消极时，及时获知并迅速反应，在矛盾扩大之前消除误解；情绪积极时，可以进行更深度的传播，最大限度地保证传播效果。

（二）大数据对广告营销专业人才提出了新要求

1. 应具有大数据贯穿意识和整合思维

互联网的发展，让人们的生产生活方式发生了巨大改变，线上化、数字化沉淀了丰富的数据。这些数据可以应用贯穿到整个广告营销过程的始末。所以作为广告营销从业人员首先要具备以大数据为指导的敏感意识，从广告定位、广告内容制作、广告媒介场景投放以及效果评估皆以数据为依托，对受众需求的变化过程实现追踪和记录，甚至是预测，通过实时的数据反馈，提前设计策略去引导用户实现有效转化。其次，以大数据技术为支撑的人工智能、语音识别、LBS 信息服务、搜索引擎优化等技术也在广告营销中发挥着重大作用，因此广告营销从业人员也要具备整合大数据相关技术的思维能力，积极使用先进技术让广告营销更为丰富、精准和实效。

2. 应具备大数据挖掘、分析和解读能力

在我国，广告营销从业人员多为文科类与艺术类的学术背景，与数据相关的理科基础薄弱。虽说数据在营销中应用价值非常大，但如没有专业人员进行采集、分析与解读，也将毫无意义。所以，很多高校开设了与市场营销调查相关的社会统计分析课程，培养学生的数据能力。而大数据分析与以往的市场调研分析在流程上并无差别，也是在定义商业问题之后，进行采集、分析和解读数据。但在大数据时代下，其互联网属性也带来一些新变化。比如传统的数据采集是随机抽样，是有限的、有意识的、结构化的，然后通过验证假设进行数据解读，解读空间有限；而大数据采集面对的是全体数据，基本是无限的、无意识的、非结构化的，由此既可以根据营销问题，封闭性地去挖掘对应数据进行验证，也可以通过数据间的相关关系进行开放性探索，可解读之处更为丰富。所以，广告营销从业人员应对自己之前掌握的数据能力包含思维方式和行为模式进行更新，系统化地掌握大数据挖掘、分析与解读能力，让大数据在营销中发挥得更为淋漓尽致。

二、大数据时代广告营销教学改进现状

2014 年 4 月 26 日，清华大学成立了“数据科学研究院”，是我国首批以培养大数据人才为主要工作任务的研究院。2015 年 8 月，国务院发布《关于印发促进大数据发展行动纲要的通知》，明确鼓励高校设立数据科学和数据工程相关专业。以北京大学、对外经济贸易大学、中南大学为首的众多高校也开始纷纷布局。截至 2018 年 3 月，共有 283 所高校开设大数据技术相关专业[1]。阮敬等（2017）在《国外大数据硕士人才培养的经验与启示——基于大数据文本挖掘》一文中通过分析国内开设相关专业的高校数据文本后指出，我国大数据的培养方向主要是以统计和计算机为背景，以业务为导向的项目很少，涉足其他方向的更是稀缺[2]。在校企合作上也进行不同程度的融合，如阿里巴巴大数据学院与浙江大学、复旦大学、上海交通大学等全国近 200 所高校开展授课培训等不同形式的合作。虽然说这能弥补大数据人才培养方向单一的一些缺陷，但以大数据的实际应用现状来看，各行各业对大数据皆有应用需求且是各有所需的，所以培养复合型、针对型的大数据高端人才仍是努力方向。

回归到广告营销的教育教学上，基于大数据对广告营销产生的积极影响，相关的数字营销人才也存在较大缺口。据 2017 年 11 月发布的《中国经济的数字化转型：人才与就业》报告显示，目前中国 85% 以上的数字人才分布在产品研发类，而深度分析、先进制造、数字营销等职能的人才加起来还不到 5%[3]。鉴于迫切的现状，部分高校在广告营销的专业教学上针对大数据也进行了积极的探索与实验，主要呈现出两个大方向。

（一）创新人才培养体系

教育是人才培养的通道，也是社会需求的探测器，人才培养的目的就是为了适应社会需求，因此部分高校对广告营销学科的人才培养体系做出了创新。如在人才培养目标上明确指出要以时代特征和市场需求为导向，紧跟新媒体传播和大数据应用的时代浪潮。有些高校则进行更深度的创新，如进行跨学科、跨院系合作，2013 年华南理工大学新闻与传播学院协同计算机学院、软件学院等，整合信息技术研究、新媒体研究和品牌传播研究的交叉优势设立了“广东省新媒体与品牌传播创新应用重点实验室”[4]，立足大数据和移动互联网培养相关人才。而有些高校则结合信息产业开设了相关专业方向，如北京邮电大学开设了大数据方向的市场营销专业，以互联网大数据营销类特色课程与实训结合，培养适应时代的创新型营销专门人才。

（二）校企合作协同育人

高校与企业进行协同合作，企业将前沿的大数据营销理念和方法引入大学校园，对广告营销传播学科的专业教育以及企业实践都有着积极意义。以在广告传播领域内的顶尖高校中国传媒大学和北京大学为例。2015 年 6 月 9 日，中国传媒大学广告学院与奇虎 360 科技有限公司成立“360& 中传大数据研究实验室”，旨在开展大数据以及数字营销方面的研究以及相关人才培养。同年 6 月 26 日，北京大学与腾讯营销学院合作，将高校的办学资源与企业前沿的数字营销理念、实践成果相结合，通过输出方法论，培养优质营销人才。同时北京大学也与今日头条、筷子科技、京东、优衣库、蒙牛、滴滴出行等企业合作开展了“大数据营销传播实战教学”课堂。在数字化营销传播新模式之“创意传播管理”的理论框架下，引入今日头条大数据广告平台、京东京准通工具、筷子科技的智能化创意工具等技术平台资源，并整合广告主需求，对广告专业的教育教学进行调整和改革，通过真实的市场推广活动，让学生熟悉数字营销传播的整个流程与环节，掌握相关营销技能。

目前来看，很多高校已意识到大数据对广告营销的重要作用，也做出了积极的响应，但建立大数据营销实验室，与掌握大数据技术的企业或平台合作，只有专业实力强劲且立足于丰富资源平台的高校才具备较好的开展条件。而对于资源资金有限、师资短缺、普及度不够的地方普通高校来说具有一定的难度，所以依然有很多高校仍处在徘徊、观望的迷茫状态。而纵观目前大数据在广告营销中的应用，虽然大数据革新了广告营销的传播生态，但它带来的并非是完全颠覆性的影响，把握其中的变与不变，再结合自身能力范围内从教学本身进行改革对于广大普通高校来说是当下合适的选择。

三、大数据时代广告营销教学的变与不变

广告营销是一门以业界为导向，实践应用性强的学科，所以教育要顺应时代发展和社会需求而变。但是事物发展有所变，有所不变，变与不变是同时存在的，这是自然规律。因此应以“不变应万变”，特别是面对大数据时代下不断变化是数字营销唯一的不变时，要站在不变的立场上去变才能做出合理的变化。变化是寻找差异和区别以推进事物发展；不变就是寻求共同点以达到和谐统一。

（一）人才培养：坚持以人为本，拓展课程体系

在大数据时代，虽然以数据为依托的广告营销有了巨大的变化，带来的智能化也逐步简化人力流程，但大数据并不能改变广告营销传播行业本身所具有的创意产业的属性、策略的设计以及其背后情感的表达。所以，人仍为主导，人性化的分析，甚至直觉和想象，都是数据无法代替的。

因此，在广告营销相关的人才培养上，教育的本质不变，坚持以人为本，保持培养学生在创意发散、策划思维、整合管理等方面的目标，课程体系设置上仍然围绕人文科学（关于人类价值和精神表现等）、社会科学（关于人类社会发展及其规律）、专业科学（系统的广告营销学、艺术学和传播学的知识和技能）以及工具性技能等知识课程。但同时要顺应大数据时代，让数

字营销、计算广告学、人工智能等在课程体系体现出来，达到专业课程设置紧跟乃至引领社会发展的趋势。可以做到一是增设相关数字营销专业类课程，二是加强跨学科教育，比如增加《数据处理》《数据挖据》等理工科的选修课程来培养学生的数据意识与能力。但要注意的是，广告营销相关专业的学生不同于计算机科学与技术专业的学生，在数据核心能力上主要是对于数据的解读与巧妙应用，而不是相关技术领域，所以在教学上要把握“度”。

（二）教学内容：立足内在逻辑，把握思维革新

从20世纪50年代开始，每10年就会因时代的变化而产出新的有影响力的传播营销理论，从USP理论、品牌形象论、4P理论、定位理论、4C理论到现代的整合营销传播等。数字时代，大数据优化革新了广告营销传播生态，但在目前的实践中许多传统营销理论仍然被作为指导操作工具。比如基于大数据提出的计算广告，是利用搜索挖掘、文本分析、统计模型和机器学习等大数据技术，来达到精准传播的新广告形式。深究其内在，其传播过程与传统市场为导向的营销理论其实是一样的，内在逻辑并没有改变，也是“以消费者为中心”，因此被学者们定义为体现大数据思维的广告学研究分支或新范式。也就是说，速度生成极快的巨量数据对广告营销而言最大的价值在于效率与效果上的强化，通过实时的数据抓取和分析，进行消费者精准洞察，筛选目标受众，对其进行适时、适地的按需推送。反馈到教学内容上，传统的传播营销理论依然是教学重点，需要适应与把握的是大数据带来的营销思维革新：

1. 消费者洞察从“相对客观判断”向“客观科学分析”转变。以往的消费者洞察，是在管理层对市场经验判断的基础上，结合传统市场调查，来探索的消费群体需求与市场细分。在这个过程中，不可避免会融入个人的主观认识，尤其是市场调研，市场调研人员的专业素质、观念、条件、责任心等以及被调研人员在处于调研环境时是否能真实回答，以及回忆式回答的误差等都会制约调查作业的质量，影响调查结果的客观性和准确性，所以这是

相对客观的。而大数据技术是在互联网的“自然”环境中，让用户一切可以反映其需求偏好、社交关系等的自主行为变得清晰可见，这更为精准、科学和客观，而且是持续性的。这比传统的质化手段更有利于“以消费者为中心”的广告营销的开展。

2. 广告制作投放从“综合评估”向“实时个性化”转变。以往的广告制作与投放以“群体化”为参考标准，综合评估最合适的诉求点和媒体渠道进行广告制作与投放。目前，综合性的单一广告制作与投放已难以满足碎片化时代下受众的碎片化需求，而大数据技术可以弥补这一缺陷从而实现千人千面效果。比如利用人工智能 AI 技术进行实时的个性化广告制作。在 2017 年的天猫“双十一”活动里，淘宝的 AI 设计师鲁班基于大数据实时制作了 4 亿张个性化 Banner 广告。而 RTB（Real Time Bidding 实时竞价），也是在大数据基础上针对用户实时所在的广告媒介上进行个性化的广告投放模式，能有效规避无意义的受众到达。

（三）教师角色：保持“身教”属性，适应多重角色

教师是教育的执行者和开拓者，教师能否准确定位自身，直接关系到课堂教学质量以及教学改革的推进。特别是以社会需求为目标的开放性、自主性的大学教育，如何培养具有社会觉悟又掌握现代化科学技术的人才，教师的言传身教起到关键作用。言传利于学生明理，身教易于学生情通。

大数据时代下，广告营销专业知识体系不断更新，教师要做好“言传”首先要做一名学习者。特别是长期在教学一线的广告营销专业教师会较为脱离实践，知识体系存在滞后性。因此，教师应先做学生，积极了解大数据，关注本领域业界和学界最新的成果，紧跟变化更新知识体系。同时，教师也要强化自身作为研究者的角色，不断进行理论与实践的探索和研究，将科研成果付诸于教学。而在“言传”的过程中，教师也要结合信息化教学手段去提高教学质量和效率，引入相应的资源平台，做教学上的服务者。在“言传”模式上，要适应大数据营销的特征，采用创设情境、设置问题、案例教

学、互动等方式引导教学展开，做教学上的引导者和组织者。综上所述，大数据对广告营销的教学内容还有教学方式都产生了影响，让教师的“言传”在角色上更为丰富。但必须要指出的是，无论“言传”的内容和方式如何变化，教师的“身教”角色属性依然没有改变，因为“身教”指的是教师“言传”过程中所展现的自身修养，言行举止等影响学生，起到潜移默化的表率作用。

参考文献：

［1］网络大数据．教育部最新：283 所高校获批数据科学与大数据专业［EB/OL］. http：//www. thebigdata. cn/YeJieDongTai/35848. html，2018 – 03 – 26.

［2］阮敬、刘宏晶、纪宏．国外大数据硕士人才培养的经验与启示——基于大数据文本挖掘［J］，统计与信息论坛，2017（9）：29 – 36.

［3］清华经管学院互联网发展与治理研究中心，LinkedIn（领英）中国．中国经济的数字化转型：人才与就业［EB/OL］. http：//doc. mbalib. com/view/bd3122e431781d9c04e098025480f9ef. html，2017 – 11 – 22.

［4］华南理工大学学术机构．广东省新媒体与品牌传播创新应用重点实验室［J］．华南理工大学学报（社会科学版），2015（04）：119.

［5］张学霞、钱文霞、拓守君、张韧洁．大数据时代广告学教学实践探索——以北方民族大学广告学专业教学改革为例［J］．教育评论，2015（11）：153 – 156.

［6］颜景毅．计算广告学：基于大数据的广告传播框架建构［J］．郑州大学学报（哲学社会科学版），2017（7）：150 – 154.

作者介绍：

黄　露，华南理工大学传播学硕士，玉林师范学院文学与传媒学院助教。

课程交流

新媒体环境下关于广告文案教学的思考

董俊祺

【摘　要】　广告文案是立足于广告专业教学体系中的实务型课程。随着媒介环境的深刻变革，广告的内涵和外延以及广告的具体形态也都随之发生变化，而文案则承载主要的广告信息，是广告作品的核心，文案在新媒体环境下有了新的角色定位和专业要求。本文认为：广告的内容化、媒介化与场景化三大新特征给广告文案的教学与实践提出了新的课题，这也对广告文案作为一种内容生产，所需要具备的训练和积累提出了不同要求。这同时也给广告专业的教学上提出了新的议题。在本文中，作者结合自身教学实践与对广告文案的教学的了解与思考，并梳理了广告文案教学素材的特点。同时本文也分析了目前广告文案教学中出现的问题：过分结构化、案例滞后、范式单一等问题，并尝试在分析这些特征与问题的基础上，提出在新媒体环境下广告文案教学的一点拙见。以尝试找到广告文案教学的关键和重点，回应业界对广告业务教学的期待和需要。

【关键词】新媒体　广告文案　教学

一般在广告学界与业界已形成的共识是，“文案”一词有两层含义：一是侧重指组成广告的内容；一是指从事广告文案写作的人，指广告行业特定的职业群体的代称。从这两层含义上可以看出，作为教学对象的广告文案是一门以实务为主，以应用为导向的专业课程。文案主要的功能是创作广告内容，同时也是不断进行专业知识生产与积累的源泉。广告的文体、结构、创作流程与步骤，都是广告从业者内部形成的一套约定俗成的工作方法，至今仍在使用的广告文案的教材的核心体系也是从实践中总结而来。

然而在新媒体环境的今天，不仅是媒介与受众之间的关系被改变，传统大众传播模式的传受关系被改变，受众的信息接受情境被改变，更多更新的数字技术以及社交媒体也开启了媒介生产的新局面，旧的媒介生产模式被打破，创新的内容生产模式不断涌现，人工智能 AI 写作以极其惊人的效率和量产开始了文案内容的生产和输出，应如此之景，对广告文案这一深植于业界实践的学科而言，也要求它必须要从其理论范式、课程框架和教学方式等方面对业界方兴未艾的深刻变革做出学界回应。

一、广告文案教学中存在的问题与困惑

通过对广告文案的新界定再来看广告文案的教学工作，我们会发现广告文案的教学还存在很多不足。在广告专业教学体系中，广告文案是广告学一门广告业务的基础课程。从广告文案相关的教材、案例，到教学与训练方式，也都呈现出较大的差异性。那么作为广告作品主体创作的文案部分，无论是广告业从业者，还是广告学从教者，都从各自的角度为广告作品的积累和创造提供了丰富的知识积累。

开设广告专业的教学单位在面对这门广告业务课程时，在教学方式、教学主体和教学材料的选择上都做出了很多有益尝试。首先，教学主体多元，不仅仅局限在专业教师，而且教师的学科背景也较为多元，也会邀请业界资深的文案从业者进入课堂传授实践经验；其次，教学材料丰富，广告界积累

了丰富而充实的内容资源，以及各大广告评奖中的优秀作品，也丰富了广告文案教学的研究对象；第三，教学方式灵活，从课程的考核目标到教学过程的主要方式方法，也都有很高的自由度和发挥空间。

教材是教学活动中的基础性材料，同时也是确立一门学科研究范式的路径，在正式展开广告文案的教学工作之前，笔者首先对广告文案的教材做了历时性的梳理和内容分析，从研究结果中可以看到，目前广告文案教学中所面临的困境和存在的问题。广告文案的教学上，不仅仅是面临着环境变化，业态升级而来的理论不足，也有一部分广告学科自生性的短板和缺陷存在。

关于“广告文案”的专著书籍，最早可查的是一本译作。1977 年米尔顿（Milton · S · F）著，蔡恪森翻译的《广告文案研究》一书，其主要从定义和功能的角度讲述广告文案的写作原理和技巧，同时也是这本书厘定了广告文案写作的框架和体例，将广告的文本本身拆分成标题、正文等不同结构，同时也引入了不同媒体形态下广告文案的写作方法，例如：电视与广播，进而从应用文书的角度做出了具有其时代烙印的研究和解读。此后出版的广告文案教材浩如烟海，但大致的体例都延续了这本书的设定框架，从文体结构和媒体特征两方面架起了广告文案写作的两大基座。但不得不说从对教材的梳理可以发现目前广告文案教学中存在的诸多问题：

首先，形与神不能兼备。媒介技术不断演进，但是广告文案的媒介部分止步在了对“互联网广告”的简单描述上。广告是一个与时俱进的行业，对新技术和新媒介的探索和应用也是广告活动的创新所追求的重要部分，每一次新兴的媒介技术的变革都会给广告带来深刻且广泛的变化，而广告本身也以其应变性迅速变成新媒介的盈利方式，成为新的媒介产业所关注的重要市场。但显然，在教学中的广告文案却明显落后于业界实践。广告教学滞后于业界经验本无可厚非，但媒介对广告传播的影响和变革，对广告叙事的影响和改变，着墨尚少。互联网在二十世纪末在我国开始得到广泛应用，但是许多出版于二十一世纪第一个十年的广告文案教材对互联网广告都没有涉及。即便有涉及，其案例选择以及解读也明显落后于其出版时间，案例解读也多以文本阐释为主，对媒介技术对文本的根本转变却少有谈及。

第二，道与术无法协同。广告文案的专业定位尚不明确。不同版本的广告文案教材在编写方式、章节设置上可谓是千差万别。有些侧重于文学性，注重修辞；有些侧重于媒体划分，注重不同媒体上广告创作的特点；有些侧重于广告语言的结构性，注重广告文案在专业实践过程中的步骤和流程。因此，可以看到，不同教材对于广告文案“本质”的理解还存在诸多分歧。而这种对于广告文案“本质”的分歧直接决定了广告文案研究范式的混乱。这同时也反映出学界和业界尚未对广告文案的功能、定位和范畴做一个清晰的界定，广告文案的核心概念是“广告”，当广告的定义和边界变得模糊，文案的范畴也自然随之离散。随后出现的新的具有媒体属性和广告功能的文体和体裁，都没有得到相应的关注。广告文案的写作有道而无术，学生对课程教学期待更倾向于“工具性”诉求，希望能通过学习来掌握如何写作各种题材的文案。

第三，大多教材都缺乏多元学科视角的介入，同质化现象严重，现有框架对广告现象的解释力不足。大多数教材都试图从方法论角度上讲述作为一种职业的文案工作需要哪些基本素养和职业技能，需要从传播学、营销学和心理学中夯实基础，汲取灵感。但实际上，大多数教材都面临着“只有原则，没有方法”的情况，而且在实践操作环节，还是面临同样问题，创意枯竭，表现乏力，表达晦涩，用词不当，效果欠佳。

第四，案例的选择限制了文案的想象。大多数耳熟能详的广告语或经典的广告文本都来自于大众传播的时代语境之下，在对广告文案选取案例的统计过程中，我们发现，大多广告教材所引用的案例多为上世纪 90 年代到 21 世纪初——电视媒体黄金时期的广告文案，而对于年代较新的案例涉及极少。不仅案例选择的年代感较强，同时所选案例的所属品牌，也有较多重复，围绕知名品牌的知名案例有很多重复说明，例如：可口可乐、七喜、柯达等品牌是各类教辅书中的高频品牌，而且随着时间推移，教材之间的变化甚少。出现这种现象的原因是多方面的，互联网传播的碎片化，是传播内容、信息接触和注意力的碎片化，这让经典难以存续和保留，互联网时代，能称得上是经典的广告作品寥寥。受众的注意力极易被其他爆款内容转移。而在教材中，对案例的解读角度也较为单一，评价机制不科学，有很强的个人主观倾向。而且广告市场上的效果至上，流量为先的思维，以及目前的内容管理，也影响了广告内容产出者的创作热情，受限居多，创意打折。

传统的广告时代效果导向，传统的媒介逻辑本质上是一种以时间为主导，以传播效果为目标的单向技术逻辑，但是目前广告行业的审美逻辑和效果倾向还依然受制于这样的技术逻辑，新媒体介入了多重的媒介属性，相互融合，其最大意义是基于日常生活的以空间倾向为主导的多元逻辑。

二、新媒体环境对广告内容生产的期待与要求

“媒介是最广泛意义上知识的制作和传播机构，人们透过媒介来获得信息、形象及观念，进而媒介成为大多数人了解共同的过去（历史）以及现在社会方位的主要来源，也成为确定我们在何处、我们是谁（身份）的地图，以及未来走向的问题的依据。”① 广告作为媒介内容的重要主体之一，其既会影响到消费者的选择偏好，广告文本长期、重复地传播，也会使得广告文本成为重要的社会话语。

那么面对如此风云诡谲、变化多端的媒介市场环境，广告与内容的边界愈加模糊，广告与媒介的融合又日益加深，内容以空前之势充斥着广告市场，在这样的竞争背景之下，倘若还是用“创意是广告的灵魂”来解释广告的内容生产，将广告作品的内容输出仅用创意二字一笔带过，就显得太过轻率。

① 麦奎尔．大众传播理论（第5版）［M］．北京：清华大学出版社，2006：66.

那么本文的第一个思考是关于广告特征与功能的变迁究竟改变了广告文案的什么？是促进还是颠覆？是存在还是消亡？

首先，是广告具体形态的变化，即广告的内容化带来内容与广告边界的模糊，广告的内容化使得最大程度地释放了内容的传播力也压缩了广告痕迹的存在感。广告越来越与有效有用有趣的信息相伴相生，以提升其对于目标消费者的信息价值。“原生广告通过提供有价值的信息达到去广告化的目的，是内容营销理念在广告领域的专门化应用。”① 但不论内容与广告是何种寄存关系，总而言之广告的内容化的重点始终是内容质量和路径。

其次，是广告运作流程的变化，即广告的中介化带来意义传输空间的转换。此处我们不辨析中介化和媒介化二者的概念之差，只讨论广告的中介化带来的变化和影响。首先互联网在消费者日常生活中的渗透，无所不在的网络使用让消费者生存在星罗棋布的网络空间中，并时刻需要从自身的网络布局中获得参考和支持，那么依据这一行为变化，媒介的无处不在导致广告不再是传统媒体语境下通过媒体资源的时间占有而达到传播目的，“中介化意味着通过一个制度性公共机构向受众传输社会知识与文化价值的行为，它被视为大众媒介的基本效用之一。”② 广告的专业性发生转移甚至扩散。

第三，是广告叙事方式的变化，即广告的场景化带来具体广告的交流模式与广告体验的改变。新媒体环境对广告的投放时间、渠道、内容和效果都提出了更高要求。广告的场景化趋势要求广告的“精准性”——让广告在合适时机，通过合适渠道，在合适的场景，把合适的内容，营销给合适的用户。而场景是来自于戏剧理论中的一个概念，更加强调在特定场域和特定环境中人的状态和知觉，广告的场景化带来的最大改变并非是投放的精准，而应该是对话的精准，交流的精准，尤其是受众在不同媒介接触中与其心理预期和

---

① 康瑾．原生广告的概念、属性与问题［J］．现代传播，2015：112－118.

② 费斯克（2004）．161，转引自：周翔，李镓．网络社会中的“媒介化”问题：理论、实践与展望［J］．国际新闻界，2017（04）：137－154.

使用习惯的精准。报刊、广播、电视的广告叙事方式不同，那么无限接近真实本身又能超越真实的人工智能将以何种叙事方式完成与消费者的交流呢？这是广告的场景化趋势给广告创作提出的新课题。

本文无意再讨论广告的定义和功能，但试图通过总结现在广告的新特点以观察广告文案的功能和范畴所发生的变化，在这样的学科背景之下来反观广告文案的作用。广告文案的内涵和外延发生了哪些变化？笔者认为变化有如下三点。

（一）广告形态的变化使得广告文案的工作范畴得到延伸

内容生产、媒介选择、场景适配都成为文案创作的边界，这也就说明了作为狭义的广告文案这一工作来讲，不再是广告创意创作环节中的一个流程，不再是基于具体媒介形式的内容作品，而要知其然也知其所以然，文案的全局性、策略性和传播力的重要性更须得到更多重视。“媒介即信息”的预言扩大了信息的边界，也扩大了文案的对象之范畴。媒介“内容”的影响之所以非常强烈，恰恰是另一种“媒介”成为它的内容。比如一部电影的内容是一本小说。① 这种判断对于解释目前传播格局具有很大的启示意义。媒介的内容被纵深，媒介之间被重复使用而成为其他媒介的内容，这就呈放射性地扩大了媒介内容的影响力，姑且称之为媒介之间的“重叠强化”，但是这种重叠要如何去重叠和设计也具有艺术性和专业性。“理解数字写作作为一种广泛的社会现象包括要将数字写作的地位仅作为一种文本或者是生产或分发的过程。”②

（二）广告文案从专业技能变成具有更广泛意义的媒介素养

广告文案已经从过去广告公司的一项专属职业变成了新媒体时代所有参与主体的一项基本媒介素养，是一种自我彰显和自我表达的基础能力。广告

① ［加］马歇尔·麦克卢汉，何道宽译．理解媒介：论人的延伸［M］．北京：译林出版社（原著出版于1964年）：32、23－24.

② Nick Couldry. Mediatization or Mediation? Alternative Understanding of the Emergent Space of Digtial Storytelling. New Mdia & Society. 2007.

文案在专业的广告代理公司中有其明确的工作职责和流程归属，而曾经的广告代理公司也正是以其核心的资源来掌握和洞察消费者市场，形成自身的理论体系和方法论，在整个管理体系中文案都有其明晰的工作职责描述，也通过具体的媒体资源来实现合作。但是“万物皆媒、人人皆媒”透支了传统广告代理公司的专业性，文案的价值不再拘泥于广告公司中的一方天地，而成为其他广告异业竞争中的一部分。加之自媒体内容的大量进入，众声喧哗的传播时代，参与其中的各主体——无论是机构还是个人都在精心谋篇布局自己的声量矩阵，通过或直接或间接的方式与目标受众建立关联，维系关系，获得关注。所以广告文案已经从广告代理公司中的一项工作职能泛化为更广泛的传播需求。

（三）广告文案的叙事方式由时间偏向转向空间偏向

新的媒介内容生产、互动与传播不再是具有媒介仪式感的特殊场景，而变成了俯拾即是的日常生活。因此，以时间占有的资源型媒体上的文本的吸引力在下降，而从空间伴随型的文本正在增多。所以，不同媒介间、不同内容之间的相关性日益重要。叙事是具体时空中的现象，随着新媒体对受众视听环境的全方位介入，观众新的时空感觉，在场感、临场感、互动性和真实性的提升，也导致当下叙事结构由“时间序列”转向“空间同时”。通过制造“纯粹时间”叙事来增加单位时间内观众的视听获得感，以增加时间厚度和密度，延伸空间意义，使品牌传播具有更加丰富的时空维度和可延展性。一切媒介都是混合性媒介，这就为语言文字这一时间性叙事媒介的空间叙事及其构建空间形式提供了可能性。

以上提到种种新现象、新趋势都给广告文案的教学实践提出了新的要求，也是在新媒体环境下，广告文案所已然生成的自然之势。作为一门实务型课程，理论课堂需要对这种趋势和变化做出回应和解读，与这些行业期待相对应的是学界在理论储备和知识积累方面做出相应的调整。

三、新媒体背景下广告文案教学的重点与转向

中国广告业恢复已四十年，而广告专业教育已经走过了三十多年，在这数十载的发展历程中，消费生活、社会文化、媒体环境都已不可同日而语。广告文案是广告作品的核心，而广告作品也是记述了这几十年来若干变化的生动文本资源。那么广告文案作为广告学教育中一项必修课程，其对在理论范式、教学方法和评价标准方面都有哪些针对时代、针对行业和针对市场的回应呢？我们接收到的现实是，随着时间推移，广告文案在广告中的作用在式微，文案创作的创造随机性大于其科学逻辑性；伴随媒体形式的丰富，文案也逐渐从文本偏向转向技术偏向，对广告效果的倾斜挤压了广告的创作空间，对声量和爆点的追捧也迷失了广告的内容本色，人工智能等新的写作技术在生产效率和速度上又在叫嚣替代人工本身。而广告文案从功能上来说，它是品牌与消费需求的对话，是对具体传播内容的创作，对广告文案的理解和态度也不仅是广告专业教育观念的映射，也是广告专业审美，广告人才建设的重要反馈。

在教学的整体定位中，文案的宏观战略发展观很重要，文案不是单一环节的文字工作者，要摒弃掉方法速查、文案速成的功利意识，将文案从技巧性向策略性转变，从被动接受媒介到主动研究媒介。广告的内容化、中介化和场景化趋势使得广告不再是依附某个电视节目或者某种报刊这种具有媒介仪式感的存在，它成为日常生活的一部分。文案是有目的的写作，有其营销目的和付费本质，要建立形神兼备的广告文案教学体系，以“媒介”为形，以“传播”为神。嵌入要着重广告文案的“神”——广告文案的传播性、效益性和艺术性，这三者层层递进，有效准确的传播、广告经营的本质与更高的艺术体现和审美体验。这就要求在课程内容上，理论与技巧并重，在教学方法上，事实与价值兼具，在教学目标上，广告教学应该暂忘广告行业残酷的竞争和效果导向，保持一些理想主义的初心，多呈现和创造优秀的广告应然之态，更加注重学习能

力的培养、观察事物的能力以及文字的表达及应变能力。

那么针对上文中提出的广告行业与专业的现状与发展趋势，笔者在下文中着重在广告文案的教学内容上提出拙见，并简要介绍在教学目标和教学方法上的调整辅助性建议。

首先，从教学内容上，广告文案课程内容需要突破单维的媒体划分、行业划分，引入不同学科不同视角的基础知识，去“工具化”色彩。不仅要从宏观的战略视角上进行教学内容的组织，不仅建立起与广告学专业的其他专业课程——营销、策略和策划等建立关联，同时也要引入社会心理学、伦理学、社会学、文学等其他学科门类的基础性知识，并内化成自己的写作技巧和写作思路。

（一）广告内容化趋势提升了对内容的质量要求

广告的内容化趋势使得广告必须要变成有效有用的信息才会被用户自然接受，这就提升了对内容的质量要求。而内容的质量来自于对现实环境的感知和反馈，“语言机制的本质上是人认知和叙述事物的模式。”① 那么在实际的训练中，虽然广告文案与新闻写作是两个不同的概念，但在写作训练时，可以借鉴一些新闻写作的要求和方法——通过训练采访、直述、转述，消息、特稿和评论等来提高写作的能力。笔者在教学过程中发现，学生的基础写作能力还有待提高，甚至还会有常识性错误和信息性错误，对事实的掌握并不准确，准确表达能力是一切表达的前提和基础，实际写作过程中，学生表达的文字准确是优质内容的基础，这就需要在教学活动中提高学生表达的准确度、有效性，摒弃掉功利的写作训练思维，忘掉“精准化”广告的幻象和结构性文本的束缚。

（二）广告媒介化对广告创作者的媒介素养水平提出了新要求

媒介素养是广告文案写作的基础，也是在新的媒介环境中，发现与感知

① 高小康．人与故事：文学文化批判［M］．北京：东方出版社，1995：37.

热点事件，选择性和挑选信息，对现象的理解、质疑与批判，清晰准确表达观点，实际上，这也是新环境给每一个个体提出的媒介素养要求，然而作为广告从业者，尤其在内容生产与创造方面，要将广告也视为媒介本身，传感器、大数据以及物联网技术让万事万物都具有了媒介功能，所以对媒介的选择和表现与内容的搭配也成为内容生产的组成部分。大广告教育观念，即培养宏观的广告意识，广告文案不再是广告业务板块中被分割开的一个业务单元，而是宏观战略层面的综合性工作，这样才能让文字有感受力、有传播力、有影响力。广告写作也要真正回归到对人的观察和研究上，加入伦理教育的部分，这也是提升责任感、好奇心和观察力的方式方法。

（三）广告场景化趋势要求广告从业者的空间想象与叙事、对话的能力

广告的文案（内容）既是一种叙事，又是一个社会过程。“广告在今天已经取代了昔日艺术的功能，它将审美内容传播进了日常生活。”① 提高空间叙事能力。不仅融合了物理空间、心理空间以及社会空间等多重意涵。虽然只是简单的写作，还是要加强学生的宏观战略意识的培养，创作不仅是生产环节中孤立的一个环节，它更是对整个宏观战略的体悟和理解。技术由人来实现意义的达成，因此，表面上，一切都是技术变迁的影响，但实际上，将一切都归结于技术延伸的捕风捉影，不如脚踏实地找到社会关系之间发生的变化。广告文案是建立品牌与消费者对话的桥梁。互联网改变了人们对既有时空概念的认知，也改变了原有时空下的行为方式，时间可压缩与复制，空间也可重叠与交错，“传播媒介的影响都来自一个简单的技术事实：每一种现代媒介都提高了控制空间的能力。”② 而传统上的个人与品牌间的对话，主要依托于人际对话与线性的传播，而当下人与品牌间的对话方式已然被改变。

① ［英］迈克·费瑟斯通，刘精明译．消费文化与后现代主义［M］．南京：译林出版社，2000：12.

② ［美］詹姆斯·W. 凯瑞，丁未译．作为文化的传播［M］．北京：华夏出版社，2005.

“对话并非是附加或建构出来的互联网价值，而是其技术设计上的初衷和文化理念上的基因。”①

教学目标上和教学方法上，文案课程也要帮助提高学生的阅读量，主要以提高学生的专业写作能力为主。此处的阅读量不仅是要增加阅读的厚度，更要增加阅读的广度，碎片化和海量的信息使学生的阅读局限在自己的兴趣茧房中。要通过课程考核的方式扩大学生读书的范围，读好书，做好读书笔记和经典摘抄，也是扩展学生词汇量，提高表达的准确度，锻炼严谨的逻辑思维的方式方法，“以读带写”，提高阅读转化率。从教学方法上，多样化训练方法，学会讲故事，“走向故事化是广告从单纯的商品宣传工具蜕变成一种具有自身意义的文化活动的一个标志。”② 课堂上增强课堂的互动性，情境模拟，互评互测，提高策略性审美意识，不仅是对文字的斟酌和把握，更有对数据整合和评估能力。同时多样化训练方式，不着广告痕迹，但深植广告之意。

四、结 语

广告文案的教学工作凝结着教师对行业的体察，对专业的理解。也凝结了与学生的互动与交流，更应多注重每个参与者的个性化需求，这也给广告实务教学增加了难度。但广告文案依然是广告专业教育基础的一部分，也关系到未来广告行业从业主体的专业生产水准与广告内容的审美。教学环环相扣，精耕细作，教材与时俱进，理论扎实，要让这门课程在新的环境中，新的语境下，一直焕发出新的生命力、解释力和吸引力，需要广告专业教育同仁们共同的智慧和努力。

作者介绍：

董俊祺，传播学博士，中国传媒大学广告学院广告学系讲师。

---

① 胡百精．互联网与重建现代性［J］．现代传播，2014（02）：40-46.

② 高小康．人与故事：文学文化批判［M］．北京：东方出版社，1995：29.

“寻访祖辈秘方”主题访问：写作练习与跨代际沟通

刘 宏

【摘 要】 写作训练包括采访、写作、编辑等要点，“寻访祖辈秘方”主题访问活动正是基于这一原则设计。访问活动不仅完成了写作作业，也在人际传播层面上推动了对历史与生活的理解，对组织传播的基本技能准备。通过问题设置与实践，主题访问还表现出健康传播价值。

【关键词】访问 写作 健康传播

“寻访祖辈秘方”是基于公共关系专业写作课程作业设计的主题访问活动，执行七年来，共有200多位同学对家庭的祖辈老人进行访问并完成访问作品。

在第一次启用“寻访祖辈秘方”访问题目的时候，最常用的通讯方式还是电话与短信、电子邮件。微信这款app还没有出现。通讯工具变化对执行访问产生了影响，表现在一方面通讯成本更低，联系更容易，另一方面，是更多的传播和项目扩展机会。

一、写作课程作业设计思路与方案

考虑到写作课程的训练要求，作业应包含采访、写作、编辑等作品生产过程；每人独自完成以上每个重要环节的工作，完成作业。尽可能生产出好作品。这就涉及执行方式与作品评价标准两方面的考虑。

课程作业在每个环节上都不以常见的小组协作的形式进行，因为写作能力是最常表现在个体层面上的能力。获得写作能力的唯一途径是练习，不断练习。必须亲自练习写作，大量阅读，在此基础上，才可能获得写作能力的提升。

另一方面，评价作品好坏的标准多元化，而且评价作品好坏本身也是一个行业：例如专业评价机构，从世界性诺贝尔文学奖到地方性奖项；发表作品的媒体，尤其是行业内权威性媒体以及有品牌号召力的专业媒体，除了组建自有团队生产内容之外，也筛选稿件发表；出版机构以及专业评论人的评价与意见；作品的市场表现等等。符合任一条标准的良好表现都可以被认为作品达到一定水准，是好的作品。

但是这些标准所使用的指标并不一致，所强调的作品特征表达也不同。从市场角度看，其受众也有差异，例如纯文学类与通俗文学的分类，即对应不同受众群体，其受教育程度、收入水平与社会阶层都不同；虚构类与非虚构类也有其不同受众群体，类似不同类别商品对应不同类别的消费者。

主题访问活动具体方案包括：

制定采访对象范围，家里的祖辈或年龄相差 40 岁以上的其他长辈。并不限制具体个人，例如必须为祖父或者祖母。这一设定是考虑到每个家庭存在不同情况，在执行访问过程中因为距离或其他原因导致的可及性等因素，为课程参与者预留一定选择空间；

与陌生采访相比较，家庭祖辈老人与访问者有血缘关系，大部分有共同生活的经历，如果这些经历总体上是愉快的，采访者会表现为乐意完成作业；

但少年时代的疏远很容易导致采访者迟疑，也可能产生抵触情绪。一般情况下，当人感到安全、自信、满足时很容易宽厚待人；当他感到害怕、不安全、不舒服时就会不相信他人不会敞开心扉。对于访问与被访问的双方都是一样。

制定基本模板，将其作为访问问题清单与作品结构提供给访问者使用。

因为绝大部分同学并无以普通人为对象的访问经验，大部分同学也没有高超的人际传播技能来支持一场访问，很容易导致面对面无话可说的状态，因此设计了一组问题模板，覆盖可以支持写出文章的大部分问题，以开放式问题为主，这样几乎每一个问题都可以展开叙述，被访问的对象只要不是特别排斥这一问题，就可能源源不断进行回答。

问题内容包括出生地、成长经历、工作经历、受教育程度、居住、家庭、爱好、对人生的看法等等。其中包括一些直接互动的问题，例如“访问者出生的时候，你在做什么？想到什么?”以及“对访问者有什么忠告”等。

同时提供最后作品结构，每一个访问都包括依据访问写成的人物故事、访问部分以及采访手记。

提出采访技巧建议：包括明智选择访问对象，以及如何有效人际沟通和使用有效信息源，通过阅读和相关主题资料查询了解采访对象人生事件的背景信息，储备话题应对素材，准备恰当的回应；观察采访对象的非语言信息，判断采访进行状态。

写作辅导：

例文阅读与分析。筛选人物写作范文供阅读，并详细分析其写作特点。例文包括名人与热点事件，例如同一人物在不同阶段与不同媒体所采写的人物特写报道；名人所写的类似题目；完成过罕见事件的人物特写；以及关于平凡小人物的特写。从这些范文素材中学习寻找有价值的人与事件；详述与略述的分配；在几乎没有新闻价值的情况下，如何应用写作技巧构建好故事。

每个人所采访的人都不相同，题材的独一无二性对写作起到很大支持。作业在用词造句准确性、叙述清晰程度特别是内容充实性方面的总体表现，远远超过日常课程中其他题目练习。

二、主题访问的意义

作品从许多方面产生了超越课堂的影响，包括第一部分作品结集成书《寻访祖父的秘方》和《寻访祖母的秘方》在清华大学出版社出版，被《书摘》《辽宁晚报》等媒体转载或连载等；也获得了社会积极评价，如《光明日报》的相关报道以及入选其推介书榜；《解放日报》的专题报道。还有一些个人层面的后续开发：有同学作业发表在微信公号上，并以此前期工作为基础申请获批纪录片资助项目，制作了影像作品。

访问能开阔眼界。人总是习惯于从自身经验来看待问题，并因此形成许多理解事件与世界的观念。并不是人们的主观意愿如此。尽管从他人的视角来看待问题是一个能够帮助人们理解事件和世界的好途径，但是如果未经训练，这一他人视角很难被熟练应用，其必要性甚至常常不被意识到。当访问作业的作者们从祖辈说法里发现历史书里记录的事件，立刻会获得具体的一手信息。这些信息会提示他们重新深入理解文字中抽象的历史，审视自己的看法和观念。

访问有显著的人际传播价值。每个人都有讲述自己的需要，这种需要的表达方式差异巨大。在传统社会中，人们向他人讲述自己，少数人通过自传这样的方式来进行表达。在媒体网络化的当代背景下，人人都可以通过网络表达自己，匿名或实名的方式。不同媒介背景下人们的自我表达方式是不同的，关于自我表达的观念以及隐私的观念也有极大差异，这导致访问双方对事件的意义理解也有差异。

访问作业的完成要求进行采访，尽可能面对交流。这一过程要求访问者对被访问者进行关注，在其中认识到他人被关心的需求并关心他人的需求。由于流动性增加、价值观与生活的碎片化等等因素，当代社会中处处浮现出这一诱惑：忽略他人、将他人置之度外、只关心自己。克服这一诱惑关注他人是优化人际关系的前提。被访问的祖辈满足的笑容体现出讲述带来的快乐，访问者从这一正面情绪中意识到沟通价值，多位访问者表示将尽力增加这类活动。这也恰好反应出关心伦理的要求，即强调维持与修复人际关系的重要性；自我依赖于他人；不要给别人造成伤害；具体情景对理解和关心至关重要。进一步来看，这也是接受他人、能为他人所接受、在他人需要的时候能随时提供帮助的练习，从中能够体会到个人愿意倾听他人、暂时放弃自己、关注他人困苦的重要性。

访问形成家庭事件，促进了家庭内部沟通。在一些访问中，目标对象因为年纪太大，听力下降导致沟通困难。访问者因此需要获取家庭其他成员的帮助。提供帮助的人通常与访问者和被访问者都有密切的关系，也因此而卷入到访问事件中，不仅帮助被访问者回忆和说出自己的想法，也帮助访问者理解这些信息，还在有意与无意之中进行补充说明，提供另一个视角的意见和看法。这样一个访问就不只是被访问者与访问者之间的活动，而成为扩散到家庭中的活动，成为整理家庭记忆的一个契机。

为了直接进行访谈，访问者有时寻求在家亲友的帮助，将祖辈老人请到电脑面前，使用可视视频进行沟通，一些老人因此第一次接触网络，在人生暮年尝试了新的通讯手段。后期有其他基于移动媒体的视频沟通方式出现，直接沟通变得更加方便。

曾经收到一位同学的邮件，说被访问过的祖母去世了，葬礼上，家人们念书里她写的文章，一起再次回忆逝者的从前，重温大家经历过的事情，幸好做了这个访问——这是写邮件的原因。

通过访问建立新闻采访写作中重要意识：在实际的新闻采访活动中，一个好的记者，需要具有深入研究的能力、良好的采访技巧，从一个身负许多采访要求的人那里要求时间的信心与能力，将访问对象区别于同类人物的写作能力。这些能力都需要有实际的演练才能够得以提升。

以家庭成员为目标对象的访问，易于执行，其难度表现在双方的观念甚至语言的差异方面，意识到时代造就的观念差异，例如个性追求对于祖辈来说远不及当代年轻人普遍，也不被视为个人的基本权利要求。

访问活动也有不足，主要在于时间限制与互动不足。

时间限制：这一访问最理想的方式是面对面进行，时间不限。课程在春季学期，其中包含清明、五一、端午三个小假期，一些离家不远的同学会趁回家时走访祖辈进行访问；但对于离家远的同学就不能面对面访问。由此造成的弊端是缺失观察等一手资料，在后面的写作不可能使用这些能够表现现场感和被访问者状态与个性的素材；

互动性设计不足，进一步开发需要成本。针对老龄人群的访问结果可以进行讨论与进一步分析，从中可以得出社会变迁的具体痕迹。

访问活动也具有公共关系意义。菲利普·莱斯礼将涉及到社会各个层面事务的公共关系定义为“协助一个组织和公众相互适应”，认为这个定义传达了一个重要事实，即公关的本质是相互接纳，而不是一方将其观点强加于另一方。显然，相互接纳意味着组织向公众传播的信息有可接近性，易于理解，比如组织建构自身形象，通常会使用发布组织领导者或其他人物访问、特写等报道的形式。这既是因为组织领导者本身是公众人物引人关注，也因为使用具体人物与受众进行沟通更为有效。写作人物故事以及组织历史，是组织对内对外传播中的有效手段，受众在阅读这些故事的同时会接受相关信息，也有很大可能接受其中的观点并改变自身的态度。

组织的公共关系部门或其他传播部门通常通过自撰稿件或邀请媒体与记者进行访问，达成将组织信息发布在媒体上的目标。这意味着采写能力既可以应用在稿件生产上（当有传播预算约束时更是如此），也可以用在稿件审核上。如何将有限新奇性和吸引力的人物与事件处理得引人关注，以支持议程设置的目标，是在这一访问写作活动中被强调的问题。

也就是说，在“寻访祖辈秘方”中练习过的准备、访问、写作、编辑技巧，直接对应于一些特定岗位的能力要求，即依据传播目标完成特定素材的文字写作。

此外，从个人传记式写作到组织、社区的写作，使用基本的记录历史概念来建构组织的故事，不仅是组织管理、公共关系所关注的工作，在美国一些学校的历史相关专业也意识到其中的就业空间，开始给学生提供相应的培训。

三、健康传播价值

寻访祖辈秘方访问活动虽然目标对象是老人，但与目前热度颇高的口述史活动有很大差异。基于有效传播和写作训练要点而设计的这个作业，更加关注的不是事实而是作为传播活动的访谈，关注传播的意义和价值，包括其健康促进的价值。这是因为访问作业并不是围绕某个或者某些历史事件展开，而是围绕每个人的生平展开，每个人都可能对自己的人生作出不同解释；访问者在写作和编辑阶段，可以依据自己对隐私等概念的理解，对写下的内容进行编辑处理。

其中健康关注不仅是问题，而且也是方式。可以看到，无论以什么样的情绪开始这一工作（部分同学作业中记录了自己很高兴收到这个作业，或者对此感到烦恼），访问者几乎都认为自己从访问写作中有收获，也几乎都记录了访问对祖辈老人的意义。一些同学认为找到了同祖辈沟通的方法，表示未来还要持续。这是尊重老人这一中国社会的传统价值观的有效实践。

根据德裔美籍心理学家和人类学教授埃里克森（Erik Homburger Erikson）的观点，人在老年将面对完美与绝望的认同危机。在人生的最后阶段，个人主要活动接近尾声，有更多的时间来思考，若是对自己的一生感到满足，将获得完美的感受；若是认为自己的一生失去了各种机会，或者选择了错误的人生道路，就会陷入绝望的感觉。两个方向的感受分化对老龄人群有截然不同的影响，影响他们面对人生中的种种问题：健康问题，年老导致身体机能退化，结束工作导致社会交往减少，需要适应新的节奏，有的老人已经失去老伴，孩子们也已分居，必须克服孤独，等等。

国际上习惯把65岁以上的人口比重超过7%的社会称为老龄化社会。社会变迁的影响造成人们习以为常的代沟，传统价值受到冲击，个人的社会角色发生变化，信仰也在变迁当中，家庭形态发生变化，凝聚力也被动摇。家庭凝聚力的变化与传统价值变化表现出一致性。在传统家庭中，老年人经过一生中大部分时间的劳作，积累经验和威信，成为家庭的楷模、精神支柱，承担指导后代的责任，照顾年幼的后代，期望并也能够得到子女的照顾，在热闹的大家庭中安度晚年。在中国文化传统中，老年人习惯于期待家庭为他们养老送终，而他们也会尽自己所能来贡献。

但是现实变化不再呼应这一传统的期望了。社会变化、升学以及寻找工作，有时候甚至是战争，导致越来越多的人背井离乡，甚至远离了祖国，空间的分离，通讯手段的局限，家庭的凝聚力自然积聚下降。这也表现为现代化的后果之一：血缘和地缘的紧密联系被工业化对劳动力的需要解散，在日常生活中共存的大家庭已然不多见。

考虑到以家庭关系为基础的人际传播，具备良好的社会支持作用，如何开拓这些存在于日常生活中的行为，使基于历史传承和传统价值的传播存量发挥更好的社会支持作用，显然更值得关注。

中国社会正处于一个老龄化趋势当中，第一部反映中国老龄事业发展状况的蓝皮书《中国老龄事业发展报告（2013）》于2013年2月出版，报告指出2012年，中国60岁以上老年人的数量已经接近2亿，劳动年龄人口进入负增长的拐点。老龄化问题已经成为一个影响到整个社会的复杂问题，是未来一代必须面对的现实，带来诸多挑战。随着人口出生率下降、预期寿命增长，社会老龄化程度将不断加深，这意味着未来对于老龄人口的看法、态度和观念都会产生变化。新的市场空间会出现，同时也会有社会问题出现。关注老龄问题意味着关注社会问题，进行跨代际传播活动也是超越自我与社会责任感的表达和实践。

跨代际沟通对于年轻一代来说可以增加历史线索，更好地理解现实。今天的一切是从前的后果，了解历史有助于提供另一种视角，处理现实中的困扰，有时候还能提供参考样本，比如老人们专注的感情生活，以及他们对待艰难环境、对待工作和生活的态度。

参考文献：

[1]［美］梅尔文·门彻著，展江主译．新闻报道与写作［M］．北京：华夏出版社，2003.

[2]［美］谢丽尔·吉布斯、汤姆·瓦霍沃著，姚清江、刘肇熙译．新闻采写教程——如何挖掘完整的故事［M］．北京：新华出版社，2004.

[3]［美］布雷恩·布雷克斯等著，范红主译．新闻报道与写作［M］．北京：新华出版社，2007.

[4]［美］桑德拉·黑贝尔斯、里查德·威沃尔著，李业昆译．有效沟通（第5版）［M］．2001.

[5] 普拉尼·利亚姆帕特唐、道格拉斯·艾子著，郑显兰等译．质性研究方法［M］．重庆：重庆大学出版社，2009.

[6]［美］乔纳森·特纳，简·斯戴兹著，孙俊才，文军译．情感社会学［M］．上海：上海人民出版社，2007.

作者介绍：

刘　宏，广告学博士，中国传媒大学公共关系系教授。

广告创意课堂练习：由广告创意方式框架到换码测验方法

冯丙奇　左向明　李雪菲

【摘　要】　本文简要说明广告创意课堂练习的两项条件。一项条件是广告创意方式框架的总结，另外一项条件是换码测验。前者是基础，后者是方法。目前已有的系统的广告创意方式框架仅有三项，其中只有两项比较易于课堂应用。换码测验方法本身比较简单。因此在广告创意方式框架的基础上，尽量广泛地开展换码测验，是广告创意课堂练习的有效途径。

【关键词】广告创意练习　广告创意方式框架　换码测验

一、广告创意方式框架

（一）广告创意方式框架的可能性

广告创意方式是否有可能总结出一系列的框架？这应该是如下两派人员之间的观念冲突的焦点：崇尚自我概念表现主义的设计人员与追求创意效果与效率的从业人员。

前者推崇的是设计者的概念表达，张口闭口大谈“我怎样我如何”。后者追随广告传播的实际效果，推崇受众意识。所谓受众意识，就是在广告策划时始终把潜在目标受众的种种因素作为广告策划的基石。

前者关注更多的是获奖，或者说前者引以为豪的往往是飞机稿，同时还可能在意挂在展览馆里墙上的设计文本，对到底多少人看到了以及看到之后的感受如何，都不会很在意，甚至会比较不屑。后者关注更多的是应用实践中的各种具体的广告文本，或者说后者引以为豪的是满地的草根广告文本。

本文站在后者的立场上关注广告创意。也就是说，本文着眼于实际传播效果，而不是单纯的概念性的创意。

在此立场上，广告创意的参考框架是有可能总结得出来的。这种参考框架尤其是广告创意学习者与业界新人的福音。

以色列希伯来大学的三位研究者曾经集中关注了创意模式（Goldenberg，Mazursky & Solomon，1999）。三位研究者认为，创意过程是高度复杂的过程，很难进行有形的标准化总结。但是即使在最复杂的情境下，基于反复广泛的观察，也会总结出一些创意模式。这些创意模式可以提供一些路径，这些路径可以把人们引向更有价值的概念，同时还可以避免那些不具有价值的概念。这些抽象的模式被称为“创意模板”（creativity template）。

所以，广告创意的参考框架，是可能总结出来的。

（二）广告创意方式框架

经过本文作者的持续关注，大致确定目前已有的系统的广告创意方式框架仅有三项。其中一项就是希伯来大学的框架，另外两项都在比喻视野中总结广告创意方式的类型。

基于不同的视角，广告创意方式框架可以有不同的总结，所以课堂内的广告创意练习可以基于一项或几项框架，不过本文认为最理想的状态是尽量全面地总结已有的框架，同时还应当尽量全面地对传播实践中的各种广告进行观察总结，以便尽量补充新的框架。

1. 高登伯格广告创意方式框架

希伯来大学三位研究者的第一位是高登伯格，因此本文暂时将其称为“高登伯格框架”。

三位研究者从得到人们高度评价的200条获奖广告（比如金铅笔）中总结出六种主要的创意模板：图像类比模板（Pictorial Analogy Template）、极端情境模板（Extreme Situation Template）、因果模板（Consequences Template）、竞争模板（Competition Template）、互动实验模板（Interactive Experiment Template）、维度变更模板（Dimensionality Alteration Template）。

三位研究者仅基于获奖广告总结创意方式的框架，存在一定的不足。

因为参赛广告往往更加在意创意本身，对传播实践中不得不充分考虑的受众讯息接收相关因素的重视明显不足。所以在将这一框架应用于广告创意教学时，应当对此有充分考虑。毕竟真正的广告创意教学，应当指向传播实践，而不是指向竞赛。

这一框架还有另外一个明显不足：参赛获奖广告之外的广告应该才是传播实践中的广告主体，这一框架相当于仅仅总结了所有广告类型中的一小部分，全面性明显不足。

这三位研究者总结广告创意方式模板的标准是：产品与广告讯息（message）之间的关系。

表1　高登伯格广告创意方式基本框架

模板	描述
图像类比	广告通过视觉方式同时展示某种产品之外的对象（含义携带者）与产品，试图在产品之外的对象与产品之间建构起含义类比。
极端情境	广告对产品进行非现实的展示，以便凸显产品的某一关键属性。
因果	广告展示听从或者违背产品建议后的结果。
竞争	广告展示产品与其他产品之间的比拼。
互动实验	广告展示人们参与到产品实验中的过程与结果。
维度变更	广告展示依据所处环境对产品某一维度进行改动的状态。

三位作者为每一种模板提供了思考图示。这种思考图示清晰明确显示出广告创意思考过程中应当聚焦的因素。

不止如此。六种模板下，还有更加具体的思考方式得到总结。最终形成一套包括 16 种具体广告创意思考方式的类型体系。

表 2　高登伯格广告创意方式总框架

模板	具体方式	界定
图像类比	替代（replacement）	产品之外的对象被简单移植进广告，与产品同时出现。
	极端类比（extreme analogy）	产品之外的产品被明显改动，放入广告，与产品同时出现。
极端情境	荒谬选项（absurd alternative）	产品之外的荒谬选择（即：不使用产品，而选择其他荒谬的方式）被广告展示出来。
	极端属性（extreme attribute）	产品的某种属性被夸张展示。
	极端价值（extreme worth）	产品的某种价值被夸张展示。
因果	极端后果（extreme consequences）	产品某一属性得到强化之后的某种极端后果，被展示在广告里。
	反向极端后果（inverted extreme consequences）	不使用产品的某种极端后果，被展示在广告里。
竞争	属性竞争（attribute in competition）	针对产品某一属性展开的比拼，被展示在广告里。
	价值竞争（worth in competition）	针对产品某一价值展开的比拼，被展示在广告里。
	异常使用（uncommon use）	把产品应用与非正常用途的情景，被展示在广告里。
交互实验	激活（activation）	广告展示实际参与到某一实验中的情景。
	假想实验（imaginary experiment）	广告展示想象中的一种参与情景。
维度变更	参数新关联（new parameter connection）	广告展示之前没有关联的属性之间发生了关联的情景。
	增殖（multiplication）	增殖产品，并在产品与增殖后的版本之间进行对比。
	分割（division）	分割产品，并在不同部分之间建立关联。
	时间跳跃（time leap）	广告展示不同时间点之间的非现实互动情景。

三位研究者只为图像类比模板的两种具体方式提供了广告案例（见图 1 与图 2）。其他的案例统统使用文字描述。

图 1 中，耐克运动鞋被几名消防员用作救生气垫。图 2 中，网球被改动为羊角面包。

图 1　图像类比模板：替代（耐克）

图 2　图像类比模板：极端类比（Penn）

2. 菲利普斯广告比喻方式框架

目前已知的系统的比喻方式研究只有两项。

其中一项研究来自加拿大沙斯卡曲湾大学的菲利普斯与来自美国圣塔克拉拉大学的麦奎尔（Phillips & McQuarrie，2004）。本文简称为“菲利普斯框架”。

另外一项研究来自阿姆斯特丹大学的福斯维勒，本文称为“福斯维勒框架”（Forceville，1996）。福斯维勒框架得以总结的时间更早，依赖的分析标准也更加抽象。其实菲利普斯框架的基础之一就是福斯维勒框架，但是菲利普斯框架进一步把比喻方式的标准推进到相当浅显明确的程度。所以，福斯维勒框架十分不易于在广告创意课堂上加以参考使用。因此本文仅对菲利普斯框架进行说明。

菲利普斯框架见表 3。

菲利普斯与麦奎尔对广告比喻方式进行划分的标准包括两项：本体与喻体之间组合形式与含义关系。

两位研究者发表论文时使用的案例都比较模糊。但是已有众多其他研究人员对菲利普斯框架进行了应用。本文使用这些后续应用研究中的案例以及本文作者收集到的案例加以简要展示，对这些后续研究则统一不在此重复说明。

表3　菲利普斯广告比喻方式框架

		含义关系		
		关联（A与B关联）	比较	
			相似（A像B）	对比（A不像B）
组合形式	并置（A与B并列）	并置/关联	并置/相似	并置/对比
	融合（A与B融合在一起）	融合/关联	融合/相似	融合/对比
	替代（A代表B，B不出现）	替代/关联	替代/相似	替代/对比

图3　并置-关联（来自意大利的鞋）

图4　并置-相似（《商业周刊》：政商现形记）

图5　并置-对立（Cutty Sark）

图6　融合-关联（Pim's）

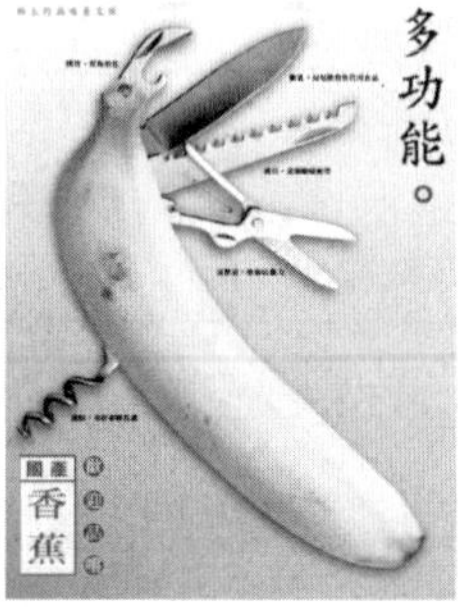

图 7　融合 - 相似（台湾国华）

图 8　融合 - 对立（SANYO）

图 9　替代 - 关联
(DUNHILL)

图 10　替代 - 相似
(PUMA)

图 11　替代 - 对立
(Sunny Delight)

二、换码测验方法

“换码测验”（commutation test）原本来自符号学领域。但是这一概念表述的现象，实际在几乎所有社会现象中都存在。

换码测验是一种检测方法，用于探究一个组合关系（syntagm）中的某个特定单元是否包含含义，以及具体含义的状态。具体检测方法是“转换”(transformation)，其实就是“改动”。通过这种改动，让人们更加准确清晰地理解某些对象的含义以及不同对象之间的组合策略。

英国阿伯里斯特威斯大学的符号学家丹尼尔·钱德勒（Daniel Chandler）共有四种具体的改动方法：替换（substitution）、换位（transposition）、添加(addition)、删除（deletion）（Chandler，2007：90）。

这几种具体的方法都相当易于理解，也相当易于实施。本文就不再对四种方法本身进行额外说明，而是直接引用已有研究中的换码测验案例进行说明。

台湾大学2003年的一篇硕士毕业论文，曾经基于一些原始广告原创了一些采用明显比喻方式的广告，再进行改动，并使用这些广告进行了实验（李岳，2003）。实验中使用了上述所有的四种改动方法，具体见图12－19。

图12　发胶广告（“替代－相似”比喻方式）

图13　发胶广告（替换）

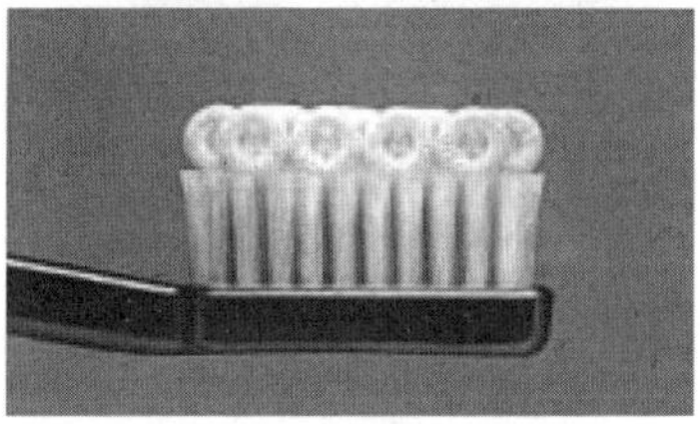

图14　喉糖广告（“替换－相似”比喻方式）

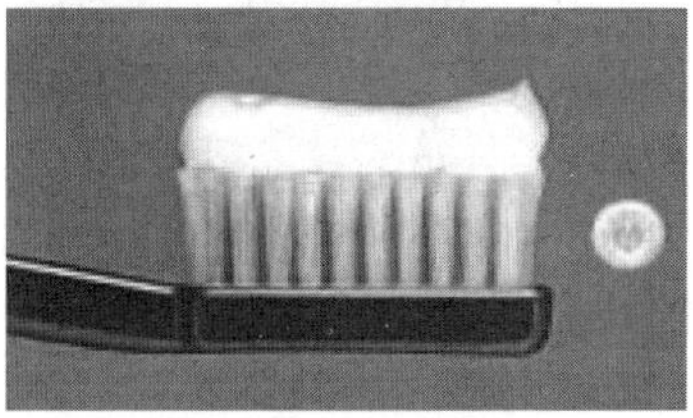

图15　喉糖广告（换位＋添加）

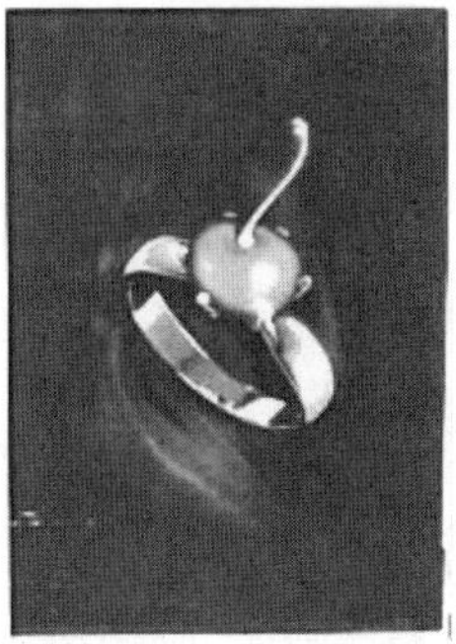

图16　戒指广告（“替换－相似”比喻方式）

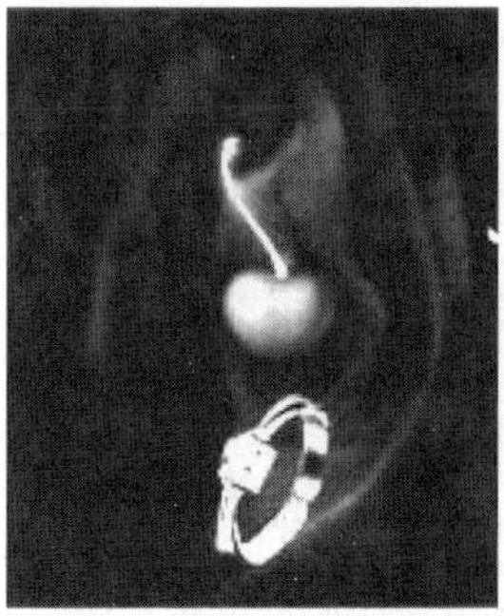

图17　戒指广告（换位）

图 18　柠檬绿茶（“替换 - 相似”比喻方式）

图 19　柠檬绿茶（删除 + 换位）

台湾科技大学 2005 年的一篇硕士毕业论文，也曾经对采取比喻创意方式的广告进行改动，并进行比较（黄芷晴，2005）。不过只有一种改动方法得以使用：删除。本文仅举一例，见图 20 - 21。

图 20　喜得玉米粥广告（“融合 - 相似”比喻方式）

图 21　喜得玉米粥广告改动版（删除）

三、总结

本文主要试图简要说明两个问题。

第一个问题，从不同视角出发，可能总结出的不同的广告创意方式的参考框架。仅基于本文作者的视野，目前已经总结出来的广告创意方式框架十分有限，仅有高登伯格框架与比喻方式框架。其中高登伯格框架有明显的局限性，因为其基础是获奖广告，而且广告案例数量有限。比喻创意方式框架目前已经有两项比较成型的框架，就广告创意课堂练习而言，菲利普斯框架最为简便易用。

第二个问题，基于已有的广告创意方式参考框架，在广告创意课堂进行不同案例的广泛的换码测验，可以尽量促使学习者事半功倍地由有限的创意方式概念触及到遍布细微变化的广告创意实践。

总体而言，广告创意方式框架的总结仍需继续努力，才能为广告创意的课堂教学提供更加有效的参考框架。广告的换码测验则比较简便易行。

参考文献：

[1] 黄芷晴．隐喻广告说服力与广告主可信度探讨［D］．台湾科技大学硕士论文，2005.

[2] 李岳．网络广告理解研究［D］．台湾大学硕士论文，2003.

[3] Chandler，D.. Semiotics：the basics. London；New York：Routledge. 2007.

[4] Forceville，C.. Pictorial Metaphor in Advertising. London；New York：Routledge. 1996.

[5] Goldenberg，J.，Mazursky，D. & Solomon，S.. The Fundamental Templates of Quality Ads. Marketing Science，1999，18（3）：333－351.

[6] Phillips，B. J. & McQuarrie，E. F.. Beyond Visual Metaphor：A New Typology of Visual Rhetoric in Advertising. Marketing Theory，2004，4（1/2）：113－136.

作者介绍：

冯丙奇，新闻与传播学博士，中国传媒大学广告学院公共关系系教授、硕士生导师。

左向明，中国传媒大学广告学院硕士研究生。

李雪菲，中国传媒大学广告学院硕士研究生。

以创新能力为核心，进行科教融合教学的探索

——以《品牌传播与广告主》课程为例

陈 怡 杜国清

【摘 要】 培养创新人才是一流本科教育的目标和使命。创新能力和实践能力是我院培育的专业人才的核心能力。广告学院一直以来注重回应业界需求，并以此作为人才培养的目标。本文以广告学院《品牌传播与广告主》课程为例，分析科教融合的课程教学实践活动的特点，探索本科生创新能力在课程教学中提升的可能路径。

【关键词】创新能力 科教融合 品牌传播与广告主

对于创新能力的认识，国内外很多专家学者均有过观点和论证，综合来看，可以把解决新问题、提出新设想、创造新事物的能力统称为创新能力。而大学生创新能力主要由知识能力、学习能力、实践能力、人格和心理等共同构成。近年来，我们课程的建设也都将创新能力的培育作为一个重要的目标。而基于我们多年实践形成的教学方法论，科教融合的教学实践是培育创新人才的一个重要路径。

结合广告主研究所的科研实践和《品牌传播与广告主》课程的教学实践，我们将从以下几个方面来探讨科教融合对创新能力培育的初步探索。

一、科教融合创新知识体系

知识能力是专业人才创新能力培养的基础。知识体系的构建是本科教学的重点也是难点之一。通过四年的学习，学生要构建起综合性和个性化的知识体系，包括一般知识、专业知识、交叉知识、动态知识和创新方法知识等元素。落实到具体的专业和课程，则将各自担负起不同领域相对系统化的知识体系的构建。

品牌传播是企业战略的核心构成，也是广告和公关等行业的使命所在，因此也成为广告学院本科教学的重点内容。《品牌传播与广告主》这门课的一大特征就是从广告主运营与管理的立场出发，从系统论的角度对品牌传播开展导论和分析；再加之有广告主研究所等机构科研实践的支持，教学双方在广告主研究的视野和方法统领下，对有效的品牌传播进行系统剖析，并且从广告主品牌传播观念、决策、策略、效果等多角度、全方位探讨品牌传播活动，用生态的视角进行分析和研究。

在知识体系建立方面，任课教师会引导学生将其在其他专业课程及其相关领域，例如经济学、社会学、管理学、传播学、广告学、公共关系学、市场营销学、市场调查等课程上获取的专业知识进行综合运用，同时结合广告主研究的特点，引导学生构建以行业、属性、国别、生命周期等维度分类的动态情报系统。除了上述基础性的知识体系，还鼓励同学们结合自身的兴趣、爱好和专长构建具有个性化的知识体系。比如，爱好篮球的同学，围绕篮球赛事、篮球明星和体育品牌建构个性化的专业知识体系，进而萌生了以大学生和年轻白领为主要对象的体育赛事服务方面的创业想法，并在课余积极实践创业。

此外，广告主研究所多年的科研实践生成了动态的案例与数据库，支持任课教师在课程中灵活运用，通过问卷设计、深访执行来培育学生的实证调研能力、沟通能力以及逻辑与体系的构建能力等。例如，广告主调研问卷的解析与应用，不但能够帮助学生理解信息的普遍性和特殊性，行业与个案，而且有助于建构学生的全局观，充分理解品牌与品牌传播所相关的一切要素和整体运营生态。再如，在引导学生把握品牌传播理论体系方面，既有教师主导分享的框架和指导，又有学生独有的体验和实战，即，科教融合共建知识体系。

二、研讨式教学与启发式教学相结合，培育学习能力和实践能力

学习能力包括信息检索能力、分析归类能力、知识更新能力、记忆能力、发现问题能力、质疑能力等元素。而实践能力则包括创新设计能力、试验实践及动手制作能力、调研能力、组织管理能力等等。显而易见，实践能力并不简单等同于动手能力和实际操作能力，它是研究能力、管理能力和适应能力的综合。

如何培育学习能力和实践能力？特别是应用学科的特质使得这两方面的能力更加凸显，也更加迫切。为此，有不少学校采用了项目教学或者增加社会实践活动等，同时也有研究者①认为，创新教育的急功近利性问题愈发明显，主要表现就是用项目式教学代替创新教学，用创新结果代替创新教育的过程，用社会实践活动代替创新训练。回顾该课程十多年来的教学实践，虽然存在诸多不足，但也正是任课教师的科研习惯和思维特点使得我们的课堂在以创新培育为重心的实践中避免了上述问题。

国内外研究证实，学术型教师更容易形成促进学习的教学观，在教学过程中更倾向于采用“学生中心”模式，鼓励学生自主学习，以获得对知识的真正理解。在以学生为中心的教学过程中，引入基于问题的学习（Problem - based learning）范式，鼓励和强化学生的探究性学习，由此实现教学与科研的紧密联结。

① 夏怀成、赵明慧．创新能力构成元素及创新教育的薄弱要素分析［J］．创新创业研究理论与实践，2018，1：2.

总体来看，我们采用了研讨式教学和启发式教学，其特点是注重课堂上的交流和互动，注重问题研讨和多角度回应。教师的角色更多是教练和课题首席专家，学生的角色是课题负责人和研究团队。课堂由教学双方共同主导，最大程度开启学生的探究式学习模式。首先，成立课题小组是开展教学的基础。在对行业、广告主以及品牌传播的初步认知的基础上，学生成立课题小组，同时开始选择研究对象，明确课题任务，制定研究计划。在课题启动后，学生可以选择广告主品牌传播部门工作人员、服务机构和科研机构等多个视角来对广告主进行研究。通过多样的角色体验来深度接触、洞察品牌传播的日常运营和实践，同时运用多种调查方法和数据信息处理的方法进行实证研究，培育学生的学习能力和实践能力。

对于较为抽象的知识点，我们会将研究方法介绍给学生，在此基础上进行启发和引导，比如，对广告主的广告观和品牌观这一知识点的教学，通过多年的研究实践，我们已经沉淀出了一套研究方法并形成了研究观点。在分享给学生的同时鼓励学生对照自己的课题对象进行探究和研讨，学生在实践中获得知识的同时，发现问题，思考问题，解决问题，论据链和观点的提出以及合乎逻辑的论证过程正是学习能力和实践能力得以快速提升的过程。

通过一个学期的课题研究和多次研讨，成果的出现不仅仅是科教融合的实践结果，更是创新教育的直接表现。每个课题报告是学生在该领域形成的系统的认知成果，具有鲜明的独创性，从理解知识、运用知识、创新知识，从理解品牌传播的运营到诊断再到建议和意见的系统表达，是学生学习能力和实践能力得以生成的最好路径。经过多轮评议和充分研讨，这些成果被收录在出版物中得以发表和传播。

三、创造性人格和创新心理等能力的培育

该课程的课题选择有较为明确的标准，学生所选定的研究对象不仅是现存的品牌和广告主，而且是在特定领域有较为显著的成绩和不俗表现的品牌

和广告主。在探究过程中，通过实地考察等多种研究方法，接触广告主以及多个职业团队。通过学生对研究对象（广告主、品牌、企业家）的深入了解和洞察，也能学习并领悟到企业家精神以及在企业经营和品牌传播中企业/企业家的愿景、使命、信念和能力。这对于学生的心理和性格养成具有重要的意义。

此外，实证研究不仅磨炼了学生心智，其中遇到各种挑战，例如拒绝接受访问，不配合不支持，这些经历对学生的抗压能力、挫折能力以及研究精神都是很好的培育。

在实践中，我们发现，科研是教学的“源头活水”，正因为有科研作支撑，课堂教学就更加鲜活且富有张力。具备较高科研水平的教师，必然对教学内容思考得更为深刻透彻，对知识的把握更易做到“深入浅出”，有助于学生的学习与理解。有研究指出，优秀的科研型教师在能力特质层面具有一定的共性，例如高度的职业承诺（毅力、献身精神、勤奋）、创新性（想象力、原创性、创造性）、探索性与审辨性分析能力①。在实际的课程教学活动中，科研型教师对于学生在研究精神和创造性心理和情绪上的影响会更加明显。

组织管理能力的提升是通过团队训练来达到的又一重要目标，从成立团队到确定团队名称，再到明确分工和工作原则，都会经过多轮沟通、磨合、协调，在课题推进的过程中，团队文化也日渐生成。团队文化的形成即是课题推进的保证，又是课题重要的成果构成。团队的管理素养、适应能力以及协作能力等在一个接一个的任务完成中得以提升。

阶段性研究成果和最终研究成果都需要团队整体提案。人人有角色，人人要参与。发表能力和提案能力都会得到明显的提升。除了课题组之间的相互评议，还会邀请更多教授、青年学者以及业界代表来到现场对报告给予评

① 鲍威、杜嫱．冲突·独立·互补：研究型大学教师教学行为与科研表现间关系的实证研究［J］．北京大学教育评论，2017，10.

估。成果的独创性和鲜明特色也因此被强化，学生在该领域的信心和专业素养得以彰显。

四、结　语

课程至今已有15个年头，多年实践的基础上，已形成了一部教材，即《品牌传播理论与实务》，作为中国传媒大学广告学“十二五”规划教材正式出版。从课程中生成的诸多优秀的课题研究报告被收录在广告主研究所的系列科研著作《广告主蓝皮书》中，至今已经有十余篇研究报告先后发表。科教融合在一定程度上升级了教学效果，使科研成果得以在教学中充分发挥价值，并在此基础上促进了科研活动，提升了科研效率。

随着新媒体新技术的不断涌现，行业处于活跃的变革期。特别是知识、技术和方法都在发生着巨大的革新。业界的问题、需求和发展急需学界给予回应。广告学院专业人才培育的首要任务是为业界培养和输送高质量的专业人才；在人才培育过程中，回应业界发展进程中的热点问题即是大学科研的任务和目标；与此同时，科研也为高质量广告人才的培养提供了有力支撑。总之，科教融合是提高素质人才培养的重要路径之一。今后我们要借助学院学科融合的趋势、借助科教融合的优势、借助产学研平台的建设积极探索培育创新人才的更多路径和方法。

作者介绍：

陈　怡，广告学博士，中国传媒大学广告学院助理研究员。

杜国清，广告学博士，中国传媒大学广告学院公共关系系教授、博士生导师。

大数据环境下的“情境教学法”创新研究

——以《危机公关实务》课程教学为例

邵华冬

【摘　要】　大数据无中心化特征导致大数据的生产、传播、运用等具有明显的自发性、无序性和较强的丛林化特征。大数据环境下《危机公关实务》教学中的传统“情境教学法”也遭遇了大数据带来的情报检索无能或能力下降、“信息茧房”效应以及“情境教学法”本已有的学习落差加大等挑战。由此，应从以下方面进行改革创新：第一，依次引入模拟情境教学法及真实社会情境教学引导学生在实战中不断提升大数据环境下的情报检索和处理能力，拓展并理顺危机公关实务学习的时空疆域。第二，改革情境教学考核方式，引入小组点评、教师点评、团队自述与答辩等多元考核评价方式，鼓励学生打破“信息茧房”。第三，结合用户画像技术，根据学生个性特征和学习特点设置情境教学目标、教学模式和教学进度，进一步推动个性化学习，消除学生间较大的学习落差鸿沟。

【关键词】大数据　情境教学法　《危机公关实务》教学　创新

一、大数据环境下《危机公关实务》课程传统“情境教学法”改革的必要

所谓情境教学，就是在教学过程中教师依据教学目标，有目的地创设或引入客观、生动、具体的情境，将学生置于情境之中，使其经过亲身实践或态度体验，最终圆满地完成教学任务的一种教育模式。与其他教学模式相比，情境教学既有利于调动学生学习的主动性，提高学习兴趣，又有利于提高学生解决实际问题的能力，还可以培养学生的团队意识与协作精神。《危机公关实务》课程聚焦危机公关的相关理论、策略与方法的实际运用，注重培养学生的实践操作能力和专业素养，是一门集专业理论知识、职业素养与实践技能为一体的课程。一直以来，“情境教学法”都是《危机公关实务》课程的重要教学方法。一方面，该教学法能让学生切身体会到实际危机情境中遭遇的压力和挑战；另一方面，也有助于学生在不同危机情境下检视自身对相关理论知识以及策略方法的运用等方面的不足。这种教学方法不仅针对性强，并且能够较好地激发学生学习的积极性和创造性。

然而，伴随互联网技术发展，大数据以慕课、翻转课堂、微课程、知识付费等多种形态冲击着既有的教学模式与教学活动。以《危机公关实务课程》为例，大数据给该课程采用情境教学法教学带来的挑战有：

第一，大数据带来的海量信息和碎片化知识产品使得学生在情境教学法下自主获取相关理论与实践案例信息的难度大大降低，但与此同时，其获取信息的准确性和完整性也大大降低，常常不能在规定时间内完成对情报的全面检索和有效梳理。

第二，大数据与人工智能的算法推荐，往往容易诱导学生落入知识的“信息茧房”，只能看到自己经常看到或本已感兴趣的内容，缺乏在求学阶段非常重要的视野开拓与多元思辨。在情境教学中，教师必须努力打破学生已然形成的知识视野的桎梏，引导和调动学生接受并愿意尝试应用不同的危机实战策略与方法的难度提高。

第三，情境教学法对于学生的自主学习素养和主动学习驱动要求较高，某些自主学习热情及专业能力不足的学生往往容易在教学中被边缘化，得不到有效的锻炼，与能力较强学生间的差距拉大。而大数据带来的碎片化知识便捷获取与系统化理论知识逻辑框架建构难度的加大，使缺乏深入探索兴趣与能力的学生更加趋向选择浅尝辄止，与具有深入探索精神和较强专业能力的学生的差距进一步拉大。

技术的发展是一把双刃剑，带来机遇也带来挑战。结合大数据带来的上述教学影响，结合危机公关实务课程的教学实践反馈，笔者尝试对“情境教学法”在《危机公关实务》教学中的运用予以调整、创新，对大数据技术的负面影响进行人工干预，趋利避害，推动大数据技术对“情境教学法”运用积极影响的有效释放。

二、基于大数据环境，“情境教学法”在《危机公关实务》教学中的创新应用

（一）依次引入模拟情境教学法及真实社会情境教学法，引导学生在实战中不断提升大数据环境下的情报检索和处理能力

模拟情境教学法作为教学手段的一种，可使学生置身于一个相对简单且典型化的危机情境中，有助于学生在学习的初期，将所学知识化为切实的能力加以运用。当下，在大数据环境下，海量的信息情报呈爆炸式增长态势，学生往往难以有效驾驭相关信息，成为海量数据面前的专业无能者。以《危机公关实务》课程为例，在学生团队就某一个危机案例利用大数据舆情监测系统进行舆情扩散的监控和检索时，虽然系统利用人工智能技术可以辅助人进行情感判断和负面舆情的识别，但目前其准确度还偏低，不能完全依赖其进行情报的快速分类和检索。因此，基于典型案例小数据积累形成的专业经验判断加计算机技术的大数据机器计算辅助就成为非常重要但难度也非常大

的专业素养与能力。

针对此种情况，笔者设计依次引入模拟情境教学法及真实社会情境教学引导学生在实战中不断提升大数据环境下的情报检索和处理能力，拓展并理顺危机公关实务学习的时空疆域。

在学习前期，尽可能设计简单的危机实战场景，只保留危机的核心要素，屏蔽掉其它冗余信息。让学生针对非常简单的危机场景，进行小数据的典型性危机实战经验积累。伴随学习的深入，当学生已经积累了一定的小数据实战经验，就需要在此基础上升级简单的模拟情境教学到引入真实社会情境教学，还原真实社会环境的复杂、多元，锻炼学生在纷繁复杂的社会环境中，直面大数据带来的庞杂冗余情报和信息，开展专业的判断和梳理，形成有效的数据处置和方案提炼与实施。在教学中，从前期的舆情搜集、媒体问题预测、新闻发布口径的确立，媒体记者的邀约，到发布会现场的团队配合、问答技巧，发布会之后的发布复盘、媒体效果评估等等各个环节，都让学生亲力亲为，让学生在真实的社会环境压力下，学会适应大数据环境下的情报处理与分析，形成专业化的处置判断，得到全方位的实战训练。

（二）改革情境教学考核方式，引入小组点评、教师点评、团队自述与答辩等多元考核评价方式，鼓励学生打破“信息茧房”

从《危机公关实务》之前的教学实践来看，情境教学法形式活泼，容易引发学生的自主学习热情，但考核方式以教师点评为主，为保护学生的学习热情，实际上又以教师的鼓励为主。但基于大数据的算法推荐近年来越来越让学生趋向看到自己喜欢看到的相关学术成果和实践案例，学术视野的开阔受到束缚。以教师一己之力尝试打破这种视野上的局限，引导学生接受更为多元甚至对立的观点难度在不断增加。

为此，在《危机公关实务》运用“情境教学法”开展的教学中，笔者设计了小组点评、老师点评、团队自述与答辩等多元考核评价方式。首先，请团队自述对相关危机情境多种应对与管理措施背后的想法和理念，团队合作中的收获以及问题、困惑。然后，请由同学组成的点评小组对该团队表现进行点评，指出精彩之处，也指明不足和问题。在小组点评之后，团队可以就小组点评问题进行答辩、回应。最后，由老师进行综合点评、总结。笔者发现，这样多元的考核评价方式，一方面相当于对同学们的危机公关实践进行了多次复盘，同学们容易对自身的优势和不足有更为清晰、准确的认识；另一方面，除教师外，其它不同组别同学点评观点的引入，也有利于打破学生的固有成见，特别是答辩环节的设置，鼓励学生们对差异化的观点进行辩论，打破知识疆界的同时，也推动同学们对相关专业知识有更加深刻的把握。

（三）结合用户画像技术，根据学生个性特征和学习特点设置情境教学目标、教学模式和教学进度

由于《危机公关实务》课程涉及的学科交叉度较高，相关理论知识覆盖面较广，“情境教学法”更是要求学生较为熟练和专业的掌握相应理论知识。因此，针对大数据所衍生的知识获取途径与效率改变带来的在“情境教学法”运用中进一步加大了学生间学习热情与学习收获差距的问题，需要教师在教学初期，增加理论讲授的课时比例，引导学生尽可能均等化掌握危机公关相关核心理论，避免在理论知识学习阶段就形成较大的知识落差。

此外，“情境教学”需要面对的教学对象往往知识水平、专业素质参差不齐。因此在分解目标、确定任务时，要让不同层次的学生完成不同层次的学习任务，既要让学生有压力，又要让学生在学习中提高自信心，使每一名学生都在最适合自己的学习环境中得到最佳发展。因此，在《危机公关实务》教学中，笔者会请同学们根据自身优势自主选择、设计自身在危机公关团队中的角色，并鼓励学生进行角色互换，不仅让自主学习能力较高同学得到锻炼，也尽量保障学习能力较差同学的锻炼机会。

另一方面，笔者也建议应进一步开发网络教学实践平台的大数据属性，增强用户画像技术的利用，有针对性的为学生量身定制适应其自身学习特点的“情境教学法”。目前，很多的网络教育平台已经实现了用户相关人物属性特征、浏览行为、学习行为、互动行为数据的有效抓取与自动化分析。所谓有教无类，如果可以善加利用大数据技术可以将学生置于接近真实的模拟场景中进行评估，针对其学习状态进行教学改进，促进学生个性化学习。

三、总结

综上，笔者提出，在大数据环境下《危机公关实务》教学中的传统“情境教学法”遭遇了以下三大挑战：第一，大数据带来的情报检索无能或能力下降；第二，“信息茧房”效应出现，学生知识视野受到束缚；第三，加大了“情境教学法”本已有的学习落差问题。因此，笔者建议，应释放大数据技术双刃剑的另外一面，积极利用其技术优势，结合实践，对《危机公关实践》课程中的“情境教学法”从以下方面进行改革创新：第一，依次引入模拟情境教学法及真实社会情境教学，引导学生在实战中不断提升大数据环境下的情报检索和处理能力，拓展并理顺危机公关实务学习的时空疆域。第二，改革情境教学考核方式，引入小组点评、教师点评、团队自述与答辩等多元考核评价方式，鼓励学生打破“信息茧房”。第三，结合用户画像技术，根据学生个性特征和学习特点设置情境教学目标、教学模式和教学进度，进一步推动个性化学习，消除学生间较大的学习落差鸿沟。

参考文献：

［1］韩燕华．浅谈情境教学在公关课堂中的运用［J］．职业教育研究，2006，5：90.

［2］薛玉华．谈情景模拟教学法在公共关系课堂教学中的实施与功效［J］．教育与职业，2013（36）：54－56.

［3］何娜，张丽．情景模拟教学法在《公共关系学》教学中的应用［J］．内蒙古财经大学学报，2016，14（02）：90－93.

［4］周艳．公共关系教学的交互性活动模型实验调查［J］．长春教育学院学报，2017（02）：33－39.

作者介绍：

邵华冬，广告学博士，中国传媒大学广告学院公关关系系副教授、硕士生导师。

专题研究

改革开放以来中国消费市场总体发展态势研究：社会分层视角

杨雪睿　尹　璐

【摘　要】　论文以改革开放后中国社会的总体变化为背景，采用文献研究的方法，梳理中国消费市场的演变与更迭。作者提出消费品内涵之变、消费时空之变、消费者角色之变、消费观念之变。在此基础上，作者探讨了消费市场的变化与社会分层结构变化之间的互动关系。消费分化是社会分化的表现之一，生活方式对社会成员进行了重新聚合。最近十年，互联网以及移动互联网将中国带入数字时代，信息流和知识流交织在一起形成一张巨大的“滤网”。“滤网”上下，社会成员的收入差距甚远，生活方式迥然不同。

【关键词】改革开放　消费市场　社会分层　生活方式

1949 年中华人民共和国成立至 1978 年中国开始实施改革开放政策的 29 年间，受制于当时的历史条件和社会环境，重生产、轻消费的状况一直占据社会主流。改革开放以来，消费的重要性日益体现，在国民经济和社会发展中逐渐占据主导地位。据国家统计局发布的统计公报显示，1978 年，社会商品零售总额 1527.5 亿元。[①] 2017 年，社会消费品零售总额 366262 亿元。1978 年，城镇和农村居民家庭恩格尔系数分别为 57.5% 和 67.7%，2017 年，相应数据分别为 28.6% 和 31.2%。[②] 可见，无论是消费总量，还是消费结构，改革开放以来中国社会的消费市场已发生巨变。

本文以改革开放后中国社会环境的变迁为背景，采用文献研究的方法，梳理中国消费市场的演变与更迭，在此基础上，探讨消费市场的变化及其与社会分层结构变化之间的互动关系。

一、改革发力带来综合国力的稳步提升

改革开放以来，中国的政治经济环境和社会文化发生了历史性变革。在"解放思想、实事求是"的思想路线指导下，市场在资源配置中的决定性作用日益凸显。随着对外开放的程度不断加深，在收入水平稳步、快速提升的基础上，城镇居民的消费观念也发生了彻底改变。从循规蹈矩到特立独行、从墨守成规到标新立异，中国居民日益走向国际时尚流行的前沿。

（一）政策利好促进经济发展

1978 年，中国共产党第十一届中央委员会第三次全体会议揭开了中国改革开放的序幕，提出今后工作的重点是进行社会主义现代化建设，大幅提高生产力，确立了解放思想、实事求是的思想路线，原本高度集中的计划经济体制转向计划经济为主、市场调节为辅。1992 年，中国共产党第十四次全国代表大会明确了建立社会主义市场经济体制的改革目标，提出市场在社会主义宏观调控下对资源配置起基础性作用。改革全面推进。2013 年，中国共产党第十八届中央委员会第三次全体会议提出，使市场在资源配置中起决定性

① 数据来源：中华人民共和国国家统计局关于一九七八年国民经济计划执行结果的公报，http://www.stats.gov.cn/tjsj/tjgb/ndtjgb/qgndtjgb/200203/t20020331_29991.html.

② 数据来源：中华人民共和国 2017 年国民经济和社会发展统计公报，http://www.stats.gov.cn/tjsj/zxfb/201802/t20180228_1585631.html.

作用和更好地发挥政府作用。改革持续深化进行。

政策的演进为经济发展带来契机。国民经济快速发展，如图1所示，三大产业生产总值均不断提高，尤其工业发展最为迅速。进入21世纪，服务业飞速发展，到2012年其生产总值首次超过工业。2017年，国内生产总值已达827121.7亿元（见图1）。

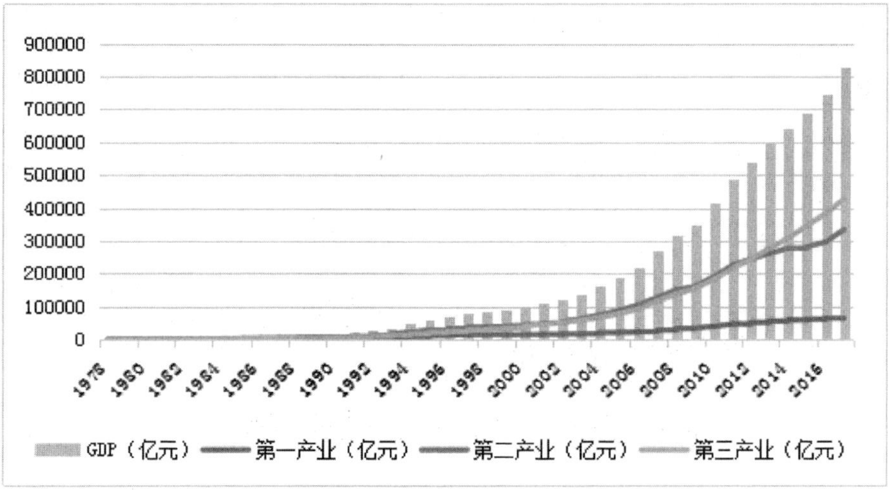

图1　改革开放以来的GDP与各产业产值①

（二）收入来源多样、收入水平提升

改革开放后，我国实行以按劳分配为主体、多种分配方式并存的分配制度。1979年，中共中央、国务院决定对部分农副产品提高销售价格，同时对职工实行物价补贴，并给40%的职工增加工资。1985年，国务院决定在国营大中型企业中，实行职工工资总额同企业经济效益按比例浮动的办法；国家对企业的工资，实行分级管理的体制。2005年，政府工作报告指出，要实行积极的就业政策，继续增加城乡居民收入，推进最低工资制度、公务员工资制度，推进收入分配制度改革。在制度保障与政策调整下，我国城镇居民和

① 数据来源：中华人民共和国国家统计局历年统计数据。

农村居民的收入来源更为多样化，如图 2 所示，城镇居民和农村居民的可支配收入均逐年稳步提升。

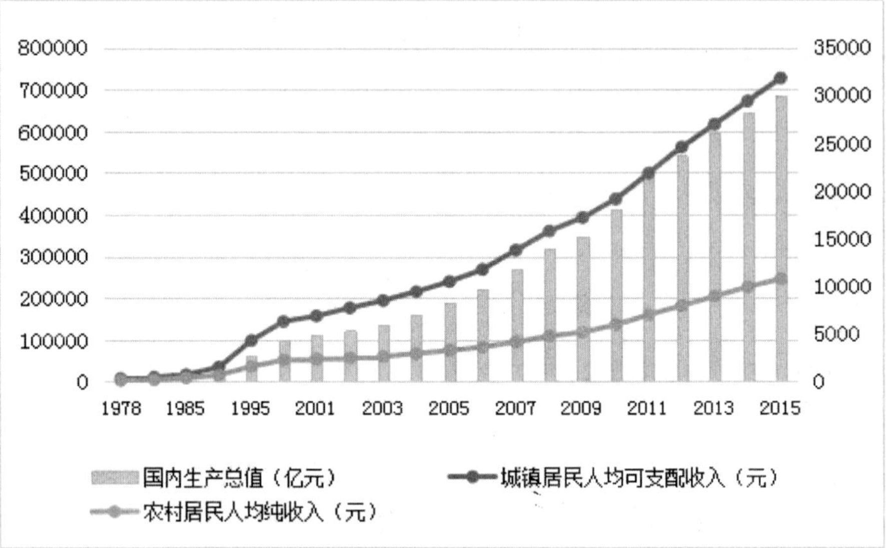

图 2　改革开放以来的 GDP 与人均可支配收入①

（三）逐步完善法制建设保障个人权利

1978 年 12 月召开的十一届三中全会做出了加强社会主义法制建设的重大决定，法制建设进入恢复时期。为了适应改革开放的需要，我国对法律体系进行了重大改革，颁布多项重要法典填补领域空白。1982 年 12 月 4 日，“1982 年宪法”通过并实施，法制建设进入全面发展时期，更加重视法制在经济建设中的重要作用。② 1993 年，《消费者权益保护法》通过，消费者的合法权益从此更好地得到法律保护。在进入依法治国、建设社会主义法治国家的新时期后，公民政治权利、经济权利和社会文化权利的法律保护进一步加强。2007 年通过的《物权法》和《劳动合同法》切实维护了公民的合法权益。

① 数据来源：中华人民共和国国家统计局历年统计数据。

② 俞可平．中国政治发展 30 年（1978－2008）［M］．重庆：重庆出版社，2009.

（四）对外开放加强国际交流与合作

1979 年，中共中央决定在深圳、珠海两市划出部分地区试办出口特区，取得经验后，再考虑在汕头、厦门设置。1986 年，国务院发布规定鼓励外国投资者在中国境内开办企业。1987 年，国务院决定适当扩大沿海经济开放区。此后，中国加入了二十国集团、世界贸易组织、金砖国家等经济合作组织或论坛，更加密切地与世界各国展开经济合作。2013 年，中国（上海）自由贸易试验区成为中国大陆境内首个自贸区。对外开放不仅加强了中国与其他国家和地区的交流与合作，进一步促进中国经济的增长，同时也为中国普通居民打开认知世界的大门。

二、消费市场的演变与更迭

经济的发展、收入的增加带来城镇居民生活水平的提高，其中最突出的表现是消费结构的优化。图 3 显示了从 1978 年改革伊始到 2013 年中国城镇与农村居民的家庭恩格尔系数，逐年下降的趋势非常显著。这表明以“吃得饱”“穿得暖”为标志的基本生活需求已经完全得到满足，而“吃得好”“穿得美”“住得稳”“用得精”“行得快”成为中国普通居民新的生活标准。

改革开放前，中国采取“统购统销”政策，普通居民购买商品的主要渠道是国营企业性质的供销社和百货商场。人们隔着柜台指向自己所需的商品，等待售货员取下，然后凭各式票证相应购买。此时，“消费”一词对人们来说还很陌生。

从改革开始到 1994 年是居民消费需求的数量扩张阶段，其基本特点是解决温饱，或者说对改革前未能满足的需求进行补偿。1994 年以后，居民开始进入以追求消费品质量、档次特别是新兴消费品为中心的质量充实阶段。正是在这个阶段，居民的消费选择才真正具有独立的意义——它不仅摆脱了传统体制强加的行政性约束，也摆脱了数量扩张阶段由于收入低而形成的生理

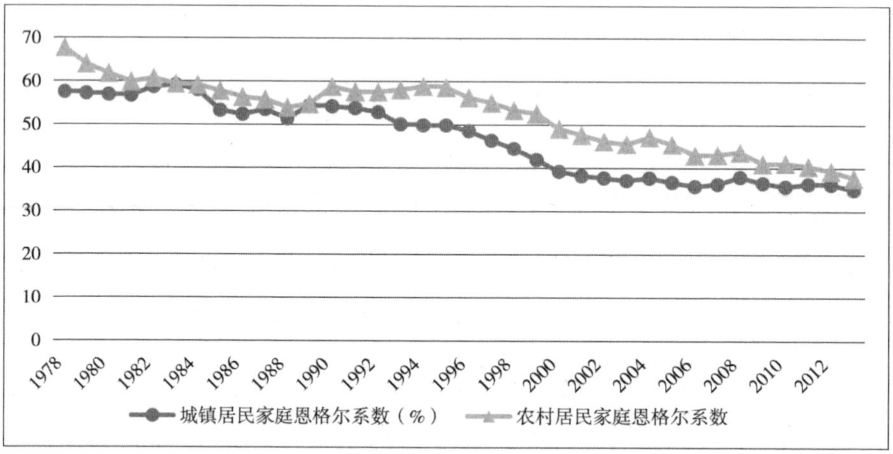

图 3　城镇与农村居民家庭恩格尔系数①

性约束。② 20 世纪 90 年代以后，孙立平认为，我国已经进入耐用消费品时代。这一时代的特征是：消费者的选择性大为增强；耐用消费品往往消费数量少，但单价高，如住房、汽车这类商品；这就决定了多数人依靠当时的收入进行消费是不够的，不仅要动用以前的储蓄，甚至要动用以后可能的收入。③ 消费因此成为社会生产的重要推动力。

进入 21 世纪，中国普通居民的消费日益呈现出多元化、个性化的显著特点。政府工作报告也多次提出扩大内需、鼓励居民消费、培育消费热点、促进消费结构优化升级。消费成为中国社会发展的重要推动力量。

（一）消费品内涵之变

消费市场的演变首先是居民消费商品的变化。图 4 展示了从 1980 年到 2015 年城镇居民平均每百户年末主要耐用消费品拥有量，可以看出：20 世纪 80 年代到 90 年代初期，自行车、缝纫机、手表的拥有量较高；90 年代中期

① 数据来源：中华人民共和国国家统计局历年统计数据。
② 李通屏．中国消费制度变迁研究［M］．北京：经济科学出版社，2005：130.
③ 孙立平．断裂——20 世纪 90 年代以来的中国社会［M］．北京：社会科学文献出版社，2003：40.

到21世纪初期，彩色电视机、洗衣机、电冰箱的拥有量明显增多；21世纪的最近十多年，空调、微波炉、计算机、移动电话和家用汽车的拥有量稳步上升。尤其是移动电话，进入21世纪之后一路发展迅猛。图5显示的是农村居民平均每百户年末主要耐用消费品拥有量，其总体趋势与城镇居民相比差别不大，但是在绝对数量上与城镇居民仍有较大差距。

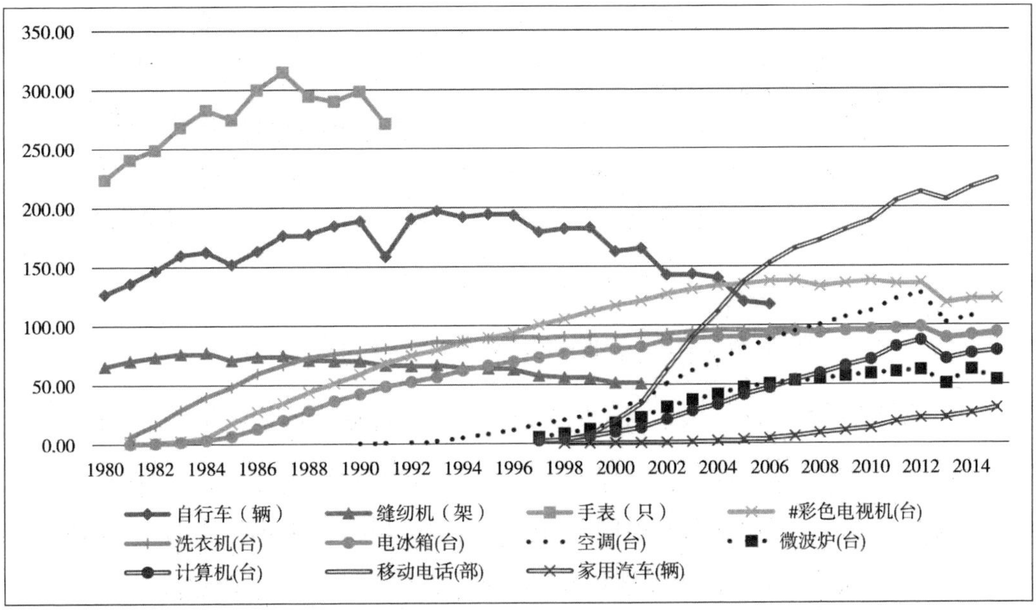

图4　城镇居民平均每百户年末主要耐用消费品拥有量①

以上结果与在民间流行的“三大件”的变迁几乎不谋而合，换句话说，在20世纪80年代和90年代，普通居民的消费热点以耐用消费品为主，尤其是家电产品的更新换代。进入21世纪，随着“大家电”的日益普及，“小家电”（如微波炉）以及“新兴家电”（如空调）逐渐走入千家万户。此外，以电脑和手机为代表的电子产品和通讯产品不断升级换代，成为居民新的消费热点。家用汽车更是将居民消费提升到更高层次。

① 孙立平．断裂——20世纪90年代以来的中国社会［M］．北京：社会科学文献出版社，2003：40.

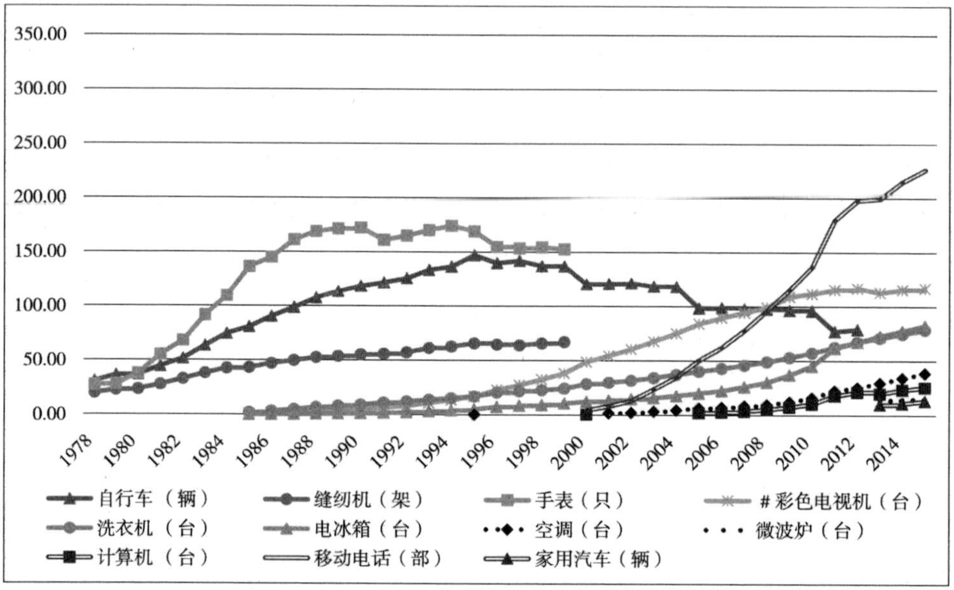

图 5　农村居民平均每百户年末主要耐用消费品拥有量①

随着物质产品的极大丰富，以金融、教育、旅游、休闲娱乐为代表的服务消费，以音乐会、戏剧、电影为代表的文化消费逐渐兴起，并不断引发居民的消费热潮。以旅游消费为例，如图 6 所示，2016 年中国居民的人均旅游花费已由 1994 年的 195. 3 元增长至 888. 2 元，全国旅游总花费达到 39390 亿元②。2003～2013 年，中国文化消费年均增长率为 10. 1%，增长速度较快，总量上，实际消费规模约为 1 万亿元，潜在规模约为 4. 7 万亿元，文化消费还存在很大发展空间。③

简而言之，在消费规模逐年增长的同时，消费品内涵不断扩大。一切可提供价值的事物都作为商品存在于消费市场。在物质消费中，各类商品名目繁多，推陈出新的速度令消费者目不暇接。与此同时，诸如创意、思想、知

① 孙立平. 断裂——20 世纪 90 年代以来的中国社会［M］. 北京：社会科学文献出版社，2003：40.

② 数据来源：中华人民共和国国家统计局。

③ 毛中根，孙豪. 中国居民文化消费增长阶段性分析［J］. 财经科学，2016，1.

识等精神层面的消费大行其道。消费者愈加注重消费体验，也越来越乐于享受消费带来的精神愉悦。

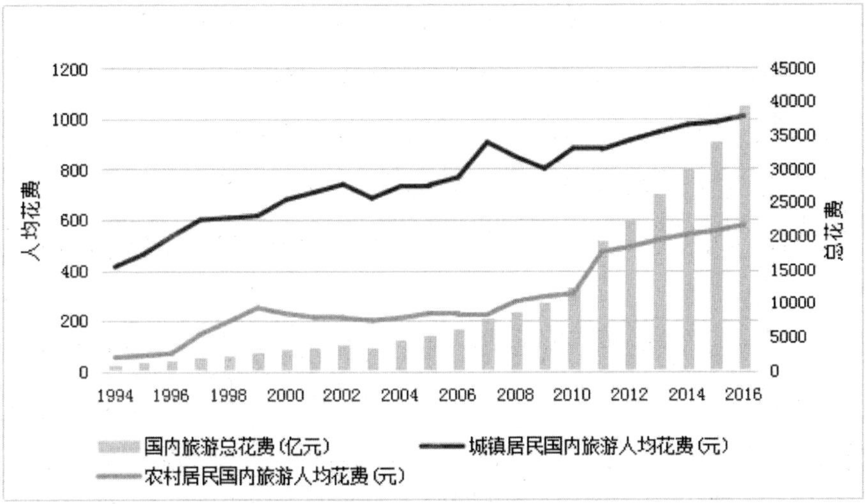

图6　城镇居民和农村居民旅游花费额

（二）消费时空之变

传统消费形态中，消费的时间与空间一致，无论在商场，还是超市，消费者与商家一手交钱一手交货，银货两讫。然而随着移动互联网的普及和支付方式的划时代变革，传统交易形式日渐式微，而网络购物、海外淘货、代购等多种交易形式日渐式强。

20世纪90年代末到2002年，是中国网络购物的萌芽期。由于当时网民数量较少、物流配送未成体系、网络支付尚未成型，网络购物发展非常缓慢。2003年，“非典”意外地促进了中国网络购物市场的大发展。2003年至2008年，中国网购市场交易规模迅速扩大。2009年，淘宝网的“双十一”购物节开始，这个由电商平台自编自导的“购物狂欢”带来的销售神话在传统消费形态中难以想象。

随着网络购物的发展和消费层次的提升，跨境电商业务逐渐依托各大电商平台发展起来。在电子商务发展初期，跨境网购主要靠人工代购，消费群体小众，商品较为单一。随后，海淘成为跨境网购的又一途径，开始形成常规化的市场。随着海外商品消费需求的增加，国内各大电商平台纷纷推出专业跨境电商平台，如网易考拉海购、天猫国际、京东全球购等，跨境购物实现常态化、规范化。[①] 在国内，跨境电商消费开始从一线城市迅速向二、三线城市扩张。网易考拉海购的报告显示，2015 年到 2016 年，跨境电商消费前五的城市与其他城市间的占比差距从 13% 降低到 3% 之内，浙江、广州、江苏三省的跨境消费者数量占比也从超 50% 下降到 35% 。[②] 跨境“淘”货逐渐成为一种消费常态。

网络购物发展背后最大的推动力是以支付宝为代表的第三方支付平台的创立。2003 年，支付宝问世。2004 年，支付宝从淘宝中脱离出来，成为独立的第三方支付平台。2005 年是中国电子支付元年，互联网机构纷纷推出自己的支付服务。此后，随着移动互联网的飞速发展，移动支付日益普及。根据 CNNIC2018 年 3 月发布的第 41 次《中国互联网络发展状况统计报告》显示，中国移动支付用户规模持续扩大，网民在线下消费使用手机网上支付比例由 2016 年底的 50. 3% 提升至 65. 5% ，线下支付加速向农村地区网民渗透，农村地区网民使用线下支付的比例由 2016 年底的 31. 7% 提升至 47. 1% 。[③]

至此，互联网以及各种技术浪潮重塑了中国普通居民的消费形态，消费跨越时空，消费无处不在。

（三）消费者角色之变

在传统媒体大行其道的年代，普通居民作为消费者通过电视、广播、报纸、杂志或看到、或听到各类商品信息，然后根据自身实际情况或以往的经验做出判断，决定是否购买商品。消费者始终处于被动接受的地位。随着网

---

① 资料来源：2017 年跨境电商研究报告 http：//mobdata. mob. com/assets/images/common/MobData - report3. pdf.

② 资料来源：网易考拉海购 2016 跨境消费趋势报告 http：//www. 199it. com/archives/538817. html.

③ 资料来源：http：//www. cnnic. net. cn/hlwfzyj/hlwxzbg/hlwtjbg/201803/t20180305_ 70249. htm.

络媒体、社交媒体的普及，消费者由于获取信息的内容越来越丰富，获取信息的渠道越来越多样化，从而变得越来越“聪明”。“搜索”和“分享”成为数字时代消费者进行消费决策的关键词。

通过网络搜索商品信息成为越来越多中国消费者的选择。在中国，年轻人每周要花 2～3 天的时间浏览购物网站，那么即使没有具体“想买”的东西，是否也要浏览购物网站呢？图 7 是将 70 后、80 后、90 后各自的调查数据进行比较后的结果。相比 70 后的 5 成，90 后中有 6 成的人表示“即使没有明确的购物方向，仍会广泛地寻找相关信息。”可见，90 后的年轻人即使在没有明确目标的时候，似乎仍有广泛寻找相关信息的倾向。①

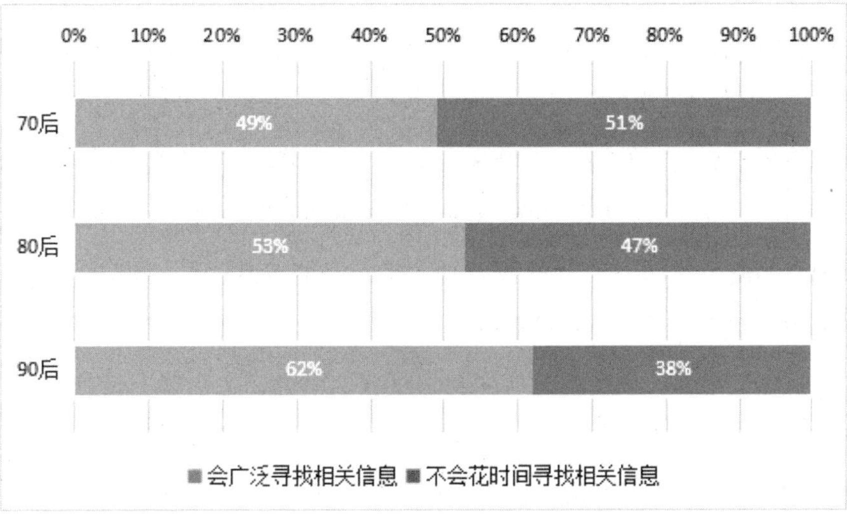

图 7　不同代际人群“即使没有明确购物方向时”的信息寻找意向②

在“搜索”的同时，消费者也越来越乐于“分享”在现实世界和虚拟世界的所见所闻。关于信息接收方面，有研究询问了“您是通过哪种方式来了

① 资料来源：博报堂生活综研（上海）市场营销咨询有限公司著．创漩：都市年轻人的行为特征及其心理洞察［M］．上海：文汇出版社，2013：28－29.

② 资料来源：博报堂生活综研（上海）市场营销咨询有限公司著．创漩：都市年轻人的行为特征及其心理洞察［M］．上海：文汇出版社，2013：28－29.

解新产品、新服务相关信息的呢?”这样一个问题。调查结果显示，无论是日本还是美国，电视都是最主要的信息渠道，第二大信息渠道虽然有所不同，日本为新闻网站，美国则为购物网站，但两者在性质上相同，都属于任何人都可以访问的网络媒体。而在中国，“朋友”成为了最主要的信息渠道，其影响力甚至超过了电视媒体。

接着，关于信息发送方面，该研究询问了“您是如何传递分享新产品、新服务相关信息的呢?”这样一个问题。结果表明，在日本和美国，通过LINE或是Facebook分享的人群比例基本持平，通过博客或Twitter分享信息的人也不在少数。总体而言，这是一种面向大众的、不限定传播对象的信息传播方式。而与此相比，中国的信息传播则更多的是通过微信或QQ实现的，其传播对象也多限定在自己的朋友范围内。① 2017年12月CNNIC发布的《2016年中国社交应用用户行为研究报告》显示，微信朋友圈、QQ空间、新浪微博使用率分别为85.8%、67.8%、37.1%，排在前三位。微信朋友圈是相对封闭的个人社区，分享的信息更趋向于熟人之间的交互，70.3%微信朋友圈用户的使用目的是“和朋友互动，增进和朋友之间的感情”，50.7%的用户使用朋友圈“分享生活内容”。②

换言之，中国的消费者既从朋友那里获取信息，也向朋友传递信息。在消费决策形成过程中，消费者扮演了信息的接受者和传播者双重角色。如果说在20世纪80年代和90年代，消费者与企业的生产经营似乎是两条平行线，那么到了21世纪，尤其是最近十年，消费者则成为企业生产经营链条中的一个重要环节。企业不仅需要消费者购买商品，更需要消费者将所购买、所了解的商品传播到自己所属的“圈子”中，这种传播所带来的能量对企业的发展尤为重要。

---

① 资料来源：博报堂生活综研（上海）市场营销咨询有限公司著．信蜂：中国信息传播的新兴群体［M］．上海：文汇出版社，2014：12.

② 资料来源：http：//www.cnnic.net.cn/hlwfzyj/hlwxzbg/sqbg/201712/P020180103485975797840.pdf.

（四）消费观念之变

观念的更新，归根结底是一种社会矛盾的体现。在具体的社会形态中，建立在一定生产力基础上的社会结构就成为制约人们观念更新的强有力的因素。任何一种观念的核心是价值观。消费价值观是个体价值观体系中的一个组成部分。在不同的社会生活条件下，消费价值观的内涵也不尽相同。①

改革开放前，我国社会生产力水平较低，商品匮乏，居民消费被限制在很小的范围之内，很多商品不得不实行“凭票供应”。“新三年、旧三年、缝缝补补又三年”就是节俭观的真实写照。那时的消费完全是为了满足生存需要，生活中使用的产品只要能继续使用绝对不会再买新的，消费完全处于被动状态。改革开放以后，收入水平提高、购买力增强为居民消费意识转变奠定了基础，国家对经济政策的调整以及对消费作用的肯定进一步促进了居民消费意识的转变。居民的消费自主性和消费欲望都大大增强。居民消费状态从消极被动逐渐转变为积极主动，超前消费、信贷消费也逐渐被人们所接受。

改革开放后至20世纪80年代末，居民的收入水平显著提高，购买力显著增强。这一时期城市居民的消费观念以“他人取向”为主。所谓“他人取向”是以社会中大多数成员的价值观作为自己消费行为的判别标准，表现为大多数社会成员拥有比较相似的消费目标，消费从众现象比较明显。消费者自觉不自觉地以其他消费者的行为作为参照，做出与多数消费者一致的消费行为或反应倾向，这就是从众消费行为。20世纪80年代的多次抢购风潮正是这种“他人取向”“消费从众”的生动体现。

20世纪90年代至今，城市居民的价值观总体上发生了较大变化。在人们的价值观中，个人意识得到较大程度提升，自我关注度明显提高。这种状况同样也渗透到消费领域。居民的消费观念逐渐从“他人取向”转变为“自

① 郑红娥．社会转型与消费革命：中国城市消费观念的变迁［M］．北京：北京大学出版社，2006：114.

我取向”。所谓“自我取向”是指社会成员主要以自身的价值观作为消费行为的判别标准，较少考虑周围其他人的看法。随着商品的符号象征意义显著增强，对某些商品的拥有状况逐渐成为个人地位、身份、荣誉的象征，这在很大程度上刺激了“自我取向”的个性化消费，反过来，个性化消费逐渐被社会接受、认同又巩固了某些商品的符号象征意义。

进入21世纪，环境和可持续发展问题不仅成为国家重视的首要问题，而且人们也逐渐认识到这一问题的严重性和迫切性。居民的绿色消费意识逐渐增强。从仅仅听说到形成理性认识，居民对绿色消费认识的广度和深度不断增加，并且在实际消费行为中身体力行，即使价格贵一些，也倾向于购买节能、环保产品。从微观到宏观，人们一方面关注涉及切身利益的产品，尤其是食品、药品的安全问题，另一方面也将关注点转向地球环境、能源等相关问题。

中国共产党十八届五中全会审议通过的十三五规划建议，明确提出了“创新、协调、绿色、开放、共享”的发展理念，以低碳、环保为出发点的共享经济已转化为我国现实的经济发展诉求。此后，“共享经济”出现在2016与2017连续两年的政府工作报告中。微观层面，从滴滴出行到摩拜单车，从Airbnb到共享充电宝，“共享”已经深入到人们的日常生活。2016、2017两年发布的《中国分享经济发展报告》显示，2016年我国分享经济市场交易额约为34520亿元，比上年增长103%；分享经济融资规模约1710亿元，同比增长130%；参与分享经济活动的人数超过6亿人，比上年增加1亿人左右；分享经济的提供服务者人数约为6000万人，比上年增加1000万人；分享经济平台的就业人数约585万人，比上年增加85万人。①

总体而言，改革开放至今，中国普通居民的消费观念经历了一个从“被动消费”到“主动消费”；从“他人取向”到“自我取向”，再到“自然取

① 资料来源：国家信息中心 http：//www. sic. gov. cn/Column/250/0. htm.

向”的过程。

三、消费带来社会成员的“分”与“聚”

法国著名的哲学家和社会学家波德里亚（Baudrillard）在《消费社会》一书的开篇写道：“今天，在我们的周围，存在着一种由不断增长的物、服务和物质财富所构成的惊人的消费和丰盛现象。它构成了人类自然环境中的一种根本变化。恰当地说，富裕的人们不再像过去那样受到人的包围，而是受到物的包围。”①

消费在社会学意义上的重要性之一在于它既是用于建构认同的“原材料”，又是认同表达的符号和象征。在商品符号化的作用下，社会成员对商品或服务的享用，只是部分地与物质消费有关，关键的还是将消费作为一种标签，通过对商品的使用来划分社会关系。人们为了建立社会区别，会以不同方式去消费商品。这就使消费成为自我认同建构的主要依据。随着消费的符号象征意义显著增强，消费在社会群体划分中起到越来越重要的作用。

改革开放至今40年，中国从“生产社会”转向“消费社会”。作为社会发展的两大支柱——生产与消费地位的变化必然带来社会结构的变化，人们的社会关系和生活方式也将随之改变。

在剧烈的社会变革中，大到国家基本状况，如人口结构、区域发展、社会阶层等，小到社会成员个体状况，如收入水平、态度意识等，都发生了深刻变化，整个社会必然产生不同层次的分化现象。

（一）消费分化是社会分化的表现之一

“消费并没有使整个社会更加趋于一致，就像学校并没有使大家获得一

① ［法］波德里亚（Baudrillard）著，刘成富、全志钢译．消费社会［M］．南京：南京大学出版社，2000：1－2.

致的教育机会一样。它甚至加剧了其分化。”① 所谓消费分化就是消费者由于地理因素、人口统计特征、心理特征、行为特征等方面的差异被划分为不同的消费群体。

消费分化可以看作是社会分化的一种表现，原因主要有两方面：一是消费的经济地位得到肯定并迅速提升，成为国家社会生活、居民家庭生活的重要组成部分，居民消费水平、消费结构在一定程度上代表了社会经济发展水平和居民生活水平；二是消费的社会意义逐渐增强，随着人们消费观念的转变，消费逐渐成为一种社会语言，既是社会成员自我个性的展示，也是社会成员地位识别的重要依据，对于某些标志性商品的消费情况直接影响到人们所属的社会群体，不同社会群体之间也逐渐以消费差异拉开距离。

事实上，在消费分化的过程中就蕴含着重新聚合的趋势。在分化加剧的情况下，拥有相似特征的人必然会聚合在一起，形成一个在某些方面特征突出的群体。这一群体的内部具有同质性，而与其他群体之间则相互差异。然而这些消费群体并非固定不变，随着划分标准的变化，这些已经聚合在一起的人有可能再次重组。消费的作用不仅使社会成员之间产生差异，而且成为一个纽带将生活方式相近的人聚合在一起，形成特定的生活圈子，尽管他们的收入、职业、声望、社会地位有可能大相径庭。

（二）生活方式对社会成员的重新聚合

何谓生活方式，西方学者对生活方式所下的定义达几十种，几乎每位论者都有自己的定义。费瑟斯通在20世纪80年代后期写道，“在当代消费文化中，当‘生活方式’这个术语在比较严格的社会学意义上指特定的地位群体生活的突出风格的时候，它隐含着个人性、自我表现和对风格的自我意识。个人的身体、衣服、言谈、业余消遣、饮食爱好、住房、汽车、对度假的选

---

① ［法］波德里亚（Baudrillard）著，刘成富、全志钢译．消费社会［M］．南京：南京大学出版社，2000：45.

择等，都被认为是占有者/消费者的趣味的个人性和风格意识的指标”。从20世纪80年代以来，对生活方式概念的讨论流行使用“趣味”“风格意识”“表现”“选择”等着重个人差异性的修饰语。①

随着社会的发展，生活方式的内涵和外延也在不断变化。生活方式营销观点（lifestyle marketing perspective）认为，人们会根据自己喜欢做的事、喜欢打发闲暇时间的方式，以及所选择的使用可支配收入的方式将自己归入到不同的群体中。② 由此来看生活方式与消费方式之间的关系，生活方式包括消费方式，而消费方式可以看作是生活方式的集中体现。

同一社会阶层内部由于消费的差异可能分裂成多个消费群体，而具有相近消费方式的人也可能分属于不同的社会阶层。这就是由于消费的符号象征意义而导致的消费分化。与此同时，消费以及生活方式的相似性也成为一种纽带聚合了原来分属于不同社会阶层的人，重新聚合的社会成员拥有相似的消费理念、品味特点以及精神需要。

由此看来，消费的符号象征意义及其对自我认同的重新建构为社会阶层之间的沟通搭建了桥梁与平台，不同社会阶层的人在消费的作用下，或分化、或重新聚合。分化在社会多元化发展中不可避免，重聚则使分属于不同社会阶层的人们在某一消费共同点上交流与融合。

（三）信息流与知识流交织成社会成员的“滤网”

“分化”与“重聚”是对20世纪80年代至21世纪初期社会成员消费行为的解构。最近十年，互联网以及移动互联网将中国带入数字时代，“信息”和“知识”成为数字时代的关键词。信息流和知识流交织在一起形成一张巨大的“滤网”，掌握最先进、最前沿信息和知识的人往往能够获得更多资源和财富，进而掌握更多的信息与知识，并在社会阶层中处于较高地位。反之，

---

① 高丙中．西方生活方式研究的理论发展叙略［J］．社会学研究，1998（03）．

② ［美］所罗门（Solomon，M. R.）［中］卢泰宏著．消费者行为学第6版（中国版）［M］．北京：电子工业出版社，2006：194.

被信息与知识的滤网过滤掉的人则很难跟上时代的步伐，往往处于社会阶层中的较低地位。“滤网”上下，收入水平高低立现，生活方式迥然不同。以生活方式为轴心的社会成员的分聚之道演变为两种情况：一种是“滤网”之上，以“兴趣点”为核心辐射出多个“圈子”，较高收入水平的社会成员的消费偏好精准定位于五花八门的“圈子”之中；一种是“滤网”之下，较低收入水平的社会成员仍旧保持传统的生活方式。

综上所述，改革开放40年来，中国社会的变化举世瞩目，综合国力和国际地位稳步提升。与此同时，消费市场经历了消费品内涵之变、消费时空之变、消费者角色之变、消费观念之变。在这些纷繁复杂的演变与更迭中，消费作为社会发展的支柱之一，在一定程度上引发了社会成员之间彼此关系的变化。

从社会发展的角度来看，在消费的符号象征意义不断增强的情况下，消费的分化与重聚在一定程度上反映出我国社会分层结构的变化。社会成员的身份认同逐渐转变为消费认同，并且基于消费上的某些共同点重新聚合在一起，这就使得原来分属于不同社会阶层的人们在共同消费的基础上得以沟通。消费重聚在一定程度上打破了社会阶层之间的藩篱，为社会阶层间的沟通提供了平台，促进了社会成员的交流和融合。然而，数字时代的信息流和知识流交织而成的“滤网”成为社会阶层之间新的阻碍，如何打破这张“滤网”成为中国社会未来发展的重中之重。

作者介绍：

杨雪睿，广告学博士，中国传媒大学广告学院广告学系副教授、硕士生导师。

尹　璐，中国传媒大学广告学院硕士研究生。

中外广告专业伦理教育探析

康　瑾　张一虹

【摘　要】　伦理教育是广告专业教育的重要组成部分。论文首先讨论广告伦理教育的历史维度，介绍了西方广告伦理教育从确立广告专业地位的“必要条件”，到逐渐“边缘化”，再到因研究深入和与业务课程相融合而重新成为“热点”的三个发展阶段；同时回顾了民国时期中国广告伦理教育的起步状况。接下来，聚焦中国广告伦理教育的现实图景，介绍当前中国广告专业伦理教育的课程设置、教材建设和教学研究情况，分析问题的症结，并给出渗透整个广告专业教学学程的伦理教育两步走方案。

【关键词】广告伦理　伦理教育

广告伦理指涉广告功能的执行过程中何者为对、何者为错的问题，它是广告活动在法律规定的“罪”与“非罪”之间、在市场效果决定的“好”与“不好”之外，由伦理原则和伦理判断决定的“对”与“不对”的重要地带。

一、西方广告伦理教育的发展轨迹

广告中的“伦理问题”（Ethic Problem）也许从人类第一次有意图的广告活动开始就已经存在了，但是，“广告伦理”作为一个专属范畴却是在广告现代化的过程中才出现的。具有历程碑意义的事件是1911年美国联合广告俱乐部（Associated Advertising Clubs of America，简称AACA）在波士顿举行的第一次广告伦理会议，该会被视为美国“广告真实性运动”的重要标志。会后由Printers’Ink根据纽约和麻省的法律，制定了一个自律草案，草案认定“不真实的、欺骗性的和误导性的广告是不端行为”（Hess，1922）。1914年第一个正式的伦理守则《实务标准守则（Code Standards of Practice）》发布，标志着广告从业者职业共同体意识的确立。广告从业者通过制定和发布伦理守则进行自律，同时也寻求社会认同。

纵观广告伦理在以美国为代表的西方广告教育中的发展轨迹，顺次经过了三个阶段：

第一个阶段，广告伦理教育作为确立广告专业地位的“必要条件”。专业（Profession）一词最早出现在Carr－Saunders和Wilson1933年出版的《The Professions》一书中，意思是能够在具体情境中，应用艰深的知识处理问题的、有组织的行家团体（Nyilasy，G，2012），典型的专业具备如下特征：理论基础、正式组织、正规教育、利他性和伦理准则等等。二十世纪初是西方现代广告形成的关键时期，在这一时期广告业开始了从业务专门化（Specialism）向职业专业化（Professionalism）的努力。广告伦理问题在广告专业教学体系中的角色正是广告专业化（professionalization）进程的投影。二十世纪三十年代美国开始出现专门的广告伦理课程，主要任务是创造广告人共同体“追求公共福利的形象”（Schultze，1981）。

第二个阶段，广告伦理在广告专业教育中被“边缘化”。在广告专业教育蓬勃发展的阶段，产生了大量如何提高广告效果、如何把广告做得更

“好”的知识，并相继发展出了一系列业务课程，例如广告策划、广告调研、广告媒介等，这些业务课程占据了广告专业教学大纲的主要位置。相比之下，广告伦理在教学内容和教学方法上都没有重要突破，在规范视角下的广告伦理教学理念依然聚焦于广告“应该做什么”和“不应该做什么”的老问题，而这已经不是快速发展的广告业最关心的问题了。因此，在广告专业教学体系中，广告伦理往往被忽略，或者收缩为介绍广告基础知识的概论类课程当中的一个小板块，成为必要的点缀。以美国广告教育的重要源头伊利诺伊大学香槟分校媒体学院的广告专业为例，广告伦理问题镶嵌在前导课程“广告概论”和“公关概论”当中，另外一门“广告与社会”则主要将广告作为一种文化力量或者社会机制，从批判的视角理解广告与现代社会的关系。

第三个阶段，广告伦理更加有机地与业务课程融合，重新成为“热点”。有两个方面的原因推动这一变化的出现。首先是实践的需要，企业广告策略的进化与消费者广告素养的提高，形成了一对在博弈中不断升级的关系，消费者对广告中的伦理问题越来越敏感，并直接影响到广告效果；同时，数字技术和社交媒体在广告活动中的广泛使用引发了许多公众和监管机构关注的伦理问题，广告执行层面的创新必须以不逾越道德红线为前提。其次是理论和研究的推动。80 年代中后期，与广告伦理有密切关系的商业伦理和传播伦理的理论有了重要的发展，实证性的广告伦理研究因此开始进入了“理论驱动（Theory - driven）”的阶段，伦理意识、伦理感知、伦理判断、伦理文化、道德强度等作为独立的观测变量，与具体的广告现象相联系，形成了丰富研究成果。《广告学刊（Journal of Advertising）》于 1994 年 9 月发布了广告伦理专刊，这标志着广告伦理研究成为一个独立的研究领域。新的研究中包含了大量例如广告公司中的伦理决策过程、消费者的广告伦理感知等中观和微观层面的成果，这些研究成果更容易与现有的广告业务课程模块相融合。以佛罗里达大学广告专业为例，除了在本科阶段开设“广告中的伦理与问题”专业选修课以外，在研究生项目当中，又设有核心必修课程“战略传播伦理与观念”，以及“社交媒体伦理”课程。再如，德州大学奥斯汀分校的广告专业低年级必修课程设有“社会和伦理问题”，高年级研讨课程中设有“领导力与伦理”“运动品牌的伦理和社会问题”等板块。

二、中国广告伦理教育的起源

在中国，对广告伦理问题的正式讨论始见于清末商务印书馆在上海创办的《东方杂志》。《东方杂志》是二十世纪初影响最大的百科全景式的期刊，梁启超、蔡元培、严复、鲁迅的思想都曾经此传播。1916 年第十三卷第十二号的《东方杂志》中发表了程景灏翻译的一篇题为《广告与商业道德之关系》的文章，原文为“世界杂志环球广告社联合会会长”美国人 Herbert s. Houston 所写，介绍了诚实在美国广告中的重要性、美国广告监管办法以及当时美国的广告教育。1919 年，《东方杂志》第十六卷第二号又刊登署名“科学”的短文《广告与道德》，文章批评“吾人一阅广告，辄生鄙夷龌龊之想。其因盖有二：一由吾国习尚，以自炫求售为耻；一由吾人所见之广告，龌龊为多”，并分析报纸为谋生计惟利是图是当时伦理问题的主要成因，“吾国实业不兴，报馆于广告，求之不得，何敢苛责，而广告之道德扫地矣。”（祝帅，2015；陈瑞，2016）

北京大学的蔡元培先生在这一时期也表达过对广告同样的担忧。1919 年，在北京大学的新闻研究会正式改称“新闻学研究会”的演讲中，他说，“吾国新闻，于正张之中无不提倡道德，而广告中则诲淫之药品与小说，触目皆是，或且附印小报，特辟花国新闻等栏，且广收妓寮之广告。此不特新闻家自毁其品格，而其贻害于社会之罪尤不可恕。”为制止报刊的不良广告行为，1919 年 4 月 15 日“全国报界联合会”在上海成立，并于次年 5 月第二次会议中通过了《劝告禁载有恶影响与社会之广告案》，呼吁各报一律禁载各种不良广告（夏茵茵，2009）。

中国的广告伦理教育就是在忧虑广告影响媒体独立和品格的一片批判声中，伴随着早期的新闻教育起步的。1919 年徐宝璜在给北京大学授课的教材《新闻学纲要》的《新闻纸之广告》一章里讨论了新闻社经营广告的道德义务，通过说明广告“可以做什么”“不可以做什么”，为广告与社会的关系、广告与媒介的关系“正本清源”，首开广告伦理教育之先河。他指出“新闻社对于广告……当先审查其内容如何。若所说者为事实，而又无碍于风纪，则可登出之。若为卖春药，治梅毒、名妓到京或种种骗钱之广告，则虽人愿出资求其一等，亦当拒而不收。因登有碍风纪之广告，足长社会之恶风，疏失提倡道德之职务；而登载虚伪骗人之广告，又常使阅者因受欺而发生财产之损失。此损失纵使于法律上，不能向该新闻社索赔偿，而就道德方面而言，该社实有赔偿之义务。”（徐宝璜，2009）。另外一位新闻教育的先驱戈公振先生也在《中国报学史》中明确提出“广告虽为商人所登载，亦由商人自负其责，然一经报纸宣布，遂影响于社会。”

中国的广告高等教育肇始于二十世纪二十年代，上海圣约翰大学、光华大学、北京燕京大学、厦门大学等高校都开设了相关课程，其中由厦门大学分立的大夏大学在 1928 年前后设立了广告系，并在普通必修课程中包含了伦理学一项（路鹏程，2011）。但是，民国时期的广告专业教育注重应用性，讲授者多来自报社或者广告社的经营者，广告学学术成果主要为实用性的教材和综述性的文章，重“用”轻“体”、厚“术”薄“学”（郭瑾，2006），因此在这一时期，广告专业教育中伦理教育并没有占据应有的地位。

三、中国广告伦理教育的现状

据教育部新闻传播学教学指导委员会统计，截至 2016 年我国共有 378 所高校开设广告专业，为了了解目前广告伦理课程的开设情况，我们对中国科学评价研究中心、武汉大学中国教育质量评价中心和中国科教评价网联合发布的《中国大学及学科专业评价报告（2017－2018）》中排名前 20 位的广告专业进行调查。这二十所大学分别是中国传媒大学、厦门大学、武汉大学、中国人民大学、上海师范大学、北京大学、深圳大学、华中科技大学、南京大学、暨南大学、浙江大学、四川大学、吉林大学、复旦大学、山东大学、闽江学院、湖南大学、福建师范大学、山西传媒学院、广西艺术学院。通过检索培养方案、课程表或咨询相关教师，我们发现在本科生的培养计划当中，北京大学、南京大学、上海师范大学的广告专业开设了“广告伦理与法规”课程，浙江大学广告专业2017年度新开“广告伦理”课程，武汉大学在博士阶段设有“广告伦理与政府规制研究”课程。其他多数广告专业则选择了将广告伦理内容融入“广告学概论”或者“广告管理与法规”等课程当中。同时我们还注意到，设立在新闻学院、新闻与传播学院、人文与传播学院或文学与新闻学院的广告系，学生的必修课程中普遍包含新闻伦理、传播伦理、媒介伦理课程。

国内目前出版的专门的广告伦理教材共有八种：第一本是澳门大学的李小勤于1998年出版的《广告伦理－新视野丛书（第二辑）》（山东教育出版社），此后，中国人民大学陈绚于2002年和2015年初版和再版了《广告道德与法律规范》教程（人民大学出版社），河北工业大学的张金花和王新明于2003年出版了《广告道德研究》（中国物价出版社），上海外国语大学陈正辉分别于2008年和2012年出版了《广告伦理学》（复旦大学出版社）和《广告的责任与伦理》（南京师范大学出版社），广东外语外贸大学的李淑芳于2009年出版了《广告伦理研究》（中国传媒大学出版社），河南大学的苏士梅和崔书颖于2010年出版的《广告伦理学》（河南大学出版社），北京石油化工学院的王伟芳于2015年出版了《当代广告道德规范研究：责任伦理视角》（化学工业出版社）。以上作者就职或兼职大学的广告专业开设广告伦理相关课程的情况如下：广州外国语大学广告学专业开设“中外广告法规与道德伦理”必修课，南京师范大学的广告专业开设了“广告伦理学”，河南大学广告专业开设“广告文化与伦理”。

相对于其他研究领域，有关广告专业伦理教育的研究数量非常少，影响力极小。检索中国知网期刊数据库主题关键词为“广告伦理教育”“广告伦理教学”“广告伦理课程”的文章，仅取得10篇。第一篇是2009年江苏技术师范学院艺术设计学院张艳发表在《黑龙江科技信息》的《浅析广告伦理教学的重要性》一文。已发表的文献主要涉及三个方面的观点：第一，强调广告伦理在广告专业教育中的重要性；第二，课程设置方面，建议开设专门课程，同时在其他专业课程中渗透广告伦理理念；第三，在教学方法上，采用教师言传身教、利用伦理失范案例、向社会开放、参与公益活动等方式。

四、中国广告伦理教育中的问题及解决途径

总体而言，在我国高等学校的广告专业教学体系中，广告伦理是一个独特的教学单元。在名义上，广告伦理是培养广告专业学生职业道德、职业认同的必要环节，但在实践中，却缺乏专门课程，也缺乏与其他业务课程的有效整合。主要表现在：

第一，专业教师对广告伦理可不可以教仍然存在分歧。持否定观点的教师认为广告伦理没有特异性，是诚实、尊重等普适伦理在广告活动中的表现，不能也无需在专业课堂上讲授，而持肯定观点的教师则认为广告伦理是特殊的职业伦理，可以也应该通过专业训练予以强化。

第二，广告伦理问题往往被简化为对广告活动伦理失范的批评或者处罚问题，而由广告法律法规内容替代。“广告伦理与法规”是最常使用的课程内容描述方式。这种从广告活动的伦理失范直接引申至广告管理或广告法律法规问题的教学安排，隐含着对广告伦理问题的片面理解，混淆了法律和伦理的界限，强调了法律规定的外在强制力，忽略了伦理价值决定的内在驱动力。

第三，广告伦理与伦理学原理之间联系薄弱，重传播伦理、轻商业伦

理，重社会批判性、轻专业针对性。不得不承认作为一个尚不成熟的应用伦理学领域，无论是广告伦理研究还是教学，与抽象层级更高的规范伦理学之间还有很深的知识鸿沟。目前的广告伦理教学多在传播伦理范式下展开，关注广告的社会功能，也自然而然地采用了批判视角。然而，面对广告专业的学生，伦理教学必须建立在承认广告活动是经济运行机制必要组成部分、是商业组织正当的自我传播行为的基础之上，否则就会危及学生的专业认同感。

第四，有关广告伦理教育的研究相对表面化，对教法的讨论失之笼统，不涉及具体的专业细节。不结合具体的广告业务环节，广告伦理教学就无法体现专业性，也无法训练学生在具体的业务场景下如何识别伦理问题、进行伦理判断、做出伦理行动。

对比西方的广告伦理教学的发展轨迹，结合我国广告产业发展的需求，我们认为中国的广告伦理教育不应该继续被边缘化，而应该获得更多的重视。为了解决前述广告伦理教学中的问题，我们需要在理论深度和专业针对性两个方向上有所突破，同时也需要更为合理的教学安排。科学有效的广告伦理教育不应该只依靠单独的一门课程，而是应该渗透在整个专业教育的学程当中。大体上可以分两步走，第一步以明晰基本的伦理价值为中心；第二步以帮助学生应对具体业务活动中伦理挑战为中心。具体而言：

第一步，在低年级的专业先导课程中，通过剖析广告作为社会－经济机制的作用，向学生说明“诚实”“公平”“透明”“尊重”“承担社会责任”和“保护消费者自主性”作为广告专业核心伦理价值的重要性，在入门阶段消除学生对于广告活动道德合法性的疑惑，强化专业认同感和归属感。这个阶段的广告伦理教学应该与传播伦理当中对广告采用片面的宏观批判的立场不同，辩证分析广告作为一种文化力量和社会机制的现实意义，以“立”为主，以“破”为辅。

第二步，在高年级的业务课程当中，对存在道德风险的广告策略和广告技术进行伦理视角下的讨论，从中观和微观层面解析广告伦理与公司运营、广告伦理与广告效果之间的联系，促使学生将抽象的伦理价值观念与具体的广告实践结合。数字技术引发的伦理问题应该作为教学重点，可以将隐性劝服、隐私侵犯、消费者自主性等方面的实证研究成果引入课堂，从广告效果的角度提供理据，说明广告伦理如何影响广告效果。这种贴合广告实践、理据充分的教学方法将远胜于有距离感的道德说教。

（本文系北京市社科基金项目“首都数字化背景下的广告伦理研究”16JDXCA009）、中国传媒大学382人才工程项目“网络环境下的营销传播效果研究”（W2009382323）成果。）

参考文献：

［1］陈瑞．近代广告行业自律与政府监管略论［J］．贵州社会科学，2016（6）：162－168.

［2］戈公振．中国报学史［M］．北京：商务印书馆，1927.

［3］郭瑾．民国时期的广告研究及其当代意义［J］．广告大观：理论版，2006（6）：100－106.

［4］路鹏程．民国时期上海大夏大学广告学系考述［J］．国际新闻界，2011（3）：87－93.

［5］徐宝璜．老北大讲义——新闻学［M］．时代文艺出版社，2009.

［6］夏茵茵．中国近代广告管理评析及启示［J］．山东大学学报（哲学社会科学版），2009，23（3）：52－56.

［7］祝帅．民国广告研究的美术学视角［J］．美术，2015（3）．

［8］Hess，H. W. History and Present Status of the*Truth – in – Advertising* Movement As Carried on by the Vigilance Committee of the Associated Advertising Clubs of the World. Annals of the American Academy of Political & Social Science，vol. 101，no. 1，1922. pp. 211 – 220.

［9］Nyilasy，G.. Agency Practitioners，Pseudo – Professionalization Tactics，and Advertising Professionalism. Journal of Current Issues & Research in Advertising, vol. 33, no. 2, 2012. pp. 146 – 169.

[10] Schultze, Q. J. Professionalism in Advertising: The Origin of Ethical Codes. Journal of Communication, vol. 31, 1981. pp. 64 – 71.

作者介绍:

康　瑾，管理学博士，中国传媒大学广告学院广告学系副教授、硕士生导师。

张一虹，中国传媒大学广告学院硕士研究生。

数字时代的一个广告个案：“国家行政广告”的网络传播分析

高　阳

【摘　要】　本文以案例分析的方式聚焦一种当前备受关注的广告形式——“国家行政广告”及其网络社交媒体传播。对中国共产党党员形象广告、社会主义核心价值观广告等最新出现的新兴广告形式及其引发的网络传播现象进行了理论分析。首先将这种新兴广告形式定义为“国家行政广告”，对其特征、内涵进行了阐释。并基于推进国家治理现代化的改革总目标，指出其方兴未艾的基本趋势。其次，对其之所以能够引发网络传播及这种网络传播行为的核心特征进行了归因解读。最后，从“国家行政广告”提升意识形态的社会沟通效果出发，提出了优化“国家行政广告”网络传播效果的基本策略。

【关键词】国家行政广告　网络社交　传播

追踪和解读前沿实践热点是数字时代广告教育的要旨之一。近来，两条以国家行政机关为广告主的广告先后在互联网上实现了“刷屏级”的火爆传播。该如何归类这两条广告的范畴并定义这类型广告的概念？这类广告为何能够引发互联网传播？网络传播对这类型广告意味着什么？这类型广告应该如何善用网络传播？本文将针对以上问题进行逐一分析，以期丰富广告教学的案例资源。

一、"国家行政广告"：一种方兴未艾的广告门类

这两条广告，一条署名为中央电视台广告经营管理中心，内容诉求是中国共产党党员的整体形象，篇名为《我是中国共产党党员》；另一条署名为国家新闻出版广电总局电影局，内容诉求是社会主义核心价值观，篇名为《我们的中国梦》。

仔细分析这两条广告的基本要素，可以发现其与以往任何类型的广告都存在显著差异。首先，其不同于一般意义上的公益广告。虽然这两条广告和普通公益广告一样，均具有非营利的特征，但其服务对象却大相径庭。一般的公益广告是为"公共利益服务的"①，这里所指的公众并没有一个实际的承载实体。而这两条广告则是直接为国家行政机构服务的。中国共产党党员形象广告虽说署名是作为事业单位的中央电视台，但广告的最直接受益主体却和社会主义核心价值观一样，是各级党委和政府。其次，其也不同于欧美国家的政治广告。按照美国权威广告学教材的定义，政治广告是"Political Advertising，政治家们用此类广告为自己拉选票，因此在美国和其他一些允许候选人打广告的国家，它是政治选举的一个重要部分"②。

本文认为这是中国政治语境下的独特广告类型。它具有国家行政机关发起，为国家行政服务的明显特征。因此，本文将其定义为"国家行政广告"，这是一种以国家行政机关为广告主，利用广告传播的方式，倡导有利于国家治理的观念，为提升国家治理能力和公共行政绩效服务的广告形式。

十八届三中全会将"推进国家治理体系和治理能力现代化"列入"全面

① 潘大均. 发展公益广告事业的若干思考［J］. 北京商学院学报，1997（01）.

② ［美］威廉·维尔斯等著，张红霞主译. 广告学原理与实务（第6版）［M］. 北京：北京大学出版社，2007：11.

深化改革总目标”中。因此，提升国家治理能力将是今后一个时期国家行政的核心内容。同时，核心价值体系作为国家治理结构的首要组成部分①，将会是国家行政的重中之重。并且，核心价值体系作为一种意识形态，就其本质而言是对公众认知和态度的影响与塑造，这特别契合广告这种以劝服性信息来塑造认知、改变观念的传播方式。据此可以预判，“国家行政广告”作为意识形态的社会沟通方式，将会越来越受到国家行政机关的重视和采用。

二、“国家行政广告”与网络传播的特殊关系

观察前文所举这两条“国家行政广告”的网络传播现象，其最突出的特征是由网民自发形成的传播，而非广告主主动进行网络广告投放的结果。这种在广告主有计划的媒体投放之后，由网民自发性充当媒介，无偿进行的传播，是网络传播区别于传统媒体传播最显著的特点。

（一）新闻性是“国家行政广告”在诞生初期引爆网络传播的动因

“国家行政广告”在诞生之初便获得举国民众的高度关注，这要归因于网络传播的介入。在当前媒介过剩、媒介信息过载的传播环境下，投放量并无优势可言的“国家行政广告”能成为国民级的舆论热点，这几乎可以认为是由广告投放之后的自发性网络传播所带来的效果。

而这两条“国家行政广告”之所以能够触发网络自发传播的动力开关，根本原因在于其自身所具有的新闻性。从国民认知的角度来讲，公众对于各类工商广告早已司空见惯，而以国家行政机关为广告主的广告却对广大国民具有极大的陌生化效应。这种带着认知冲击力的广告一经出现，就迅速突破受众的心理阈值，同时激起了受众作为网民的分享动机。网民们通过转发这一行为，以社交化链条的形态使得这两条“国家行政广告”在互联网上形成了几何级的扩散。

① 徐湘林．“国家治理”的理论内涵［J］．人民论坛，2014年4月上。

（二）自发性网络传播是“国家行政广告”效果的直接体现

工商广告是以效果为导向的。一般的公益广告由于特殊的运作机制，其广告效果往往得不到广告主的实质性重视。而“国家行政广告”是为提升国家治理能力和行政绩效服务的，其效果本身就是行政绩效的一个组成部分；同时，其运作也占用和花费了公共资源，理应建立有效的效果管控机制。

虽说前文所提到这两条“国家行政广告”的网络传播是超出广告主广告策略意图和计划之外，由网民自发形成的。但网民的这种自发性网络传播行为正是这两条广告效果的直接体现。按照美国广告学家刘易斯在1898年提出的关于广告效果的AIDMA理论，广告效果具有层次化的特点，即广告效果由浅入深分为注意（Attention）、兴趣（Interest）、欲望（Desire）、记忆（Memory）和行动（Action）五个部分。网民们对这两条广告的转发行为对应了较高的效果层次。因为只有注意到并且感兴趣才会激发网民的分享动机，而评论后再分享则是一种深度的互动行为。同时，依托网络传播的技术特点，这两条广告的效果可以获得即时、精确的统计，而不用像传统媒体的广告效果那样需要依靠专项的调研来测量。

（三）引发自发性网络传播是“国家行政广告”的重要策略目标

正因为自发性网络传播对“国家行政广告”具有如此重要的意义，所以必须将引发网络传播作为这类广告的策略目标与计划要点，纳入到广告运作与效果管控之中。

也就是说，引发网络自发性传播理应作为“国家行政广告”的目标导向。这就需要在此类广告的策划活动中对网络传播的特征、动力和机制进行前置分析，以此推导出符合网络自发性传播的策略规划。同时，也要在策划中将计划引发的网络自发性传播进行量化设定，形成数量化的传播目标，对广告效果实行目标管理。并在广告活动实施后，依托网民的行为痕迹所形成的大数据分析，架构广告效果的动态持续优化机制。

三、优化“国家行政广告”网络传播效果的策略建议

客观而言，上述两条“国家行政广告”实现高强度的自发性互联网传播是一种无心插柳的计划外结果。但若将引发自发性网络传播当作“国家行政广告”重要的策略目标和效果依据的话，便需要遵循一定的策略路径。

（一）全资源聚焦创意

在一般的工商广告运作中，成本费用大约有70%会花费在媒体投放领域。这还不包括媒体的研究、媒体载具的比较和遴选等智力资源。而“国家行政广告”互联网传播运作的重点在于利用网络传播的机制，启动网民的自发性传播。从网民的角度来说，这就需要广告成为其感兴趣的内容，而不仅仅是广告主推销的信息。比如泰国广告就是依靠十足的创意在全球范围内掀起了网络自发性传播的风潮，成功地将泰国文化传播开来。

因此，广告的创意就变得异常重要，甚至是整个“国家行政广告”运作的中心内容，需要聚合整体资源来完成。这时的创意就不仅仅是天马行空的点子，而需要从网民网络分享动机的角度去发想。要汇聚所有的策划资源，尤其是智力资源，详细分析网民分享转发的个人心理动机、社交群体动机，以此寻绎出广告创意的方向与调性。还要在此基础上从网民易于接受和代入的角度强化创意的故事性，将创意的重点放在讲故事的技巧上来，如此方能真正打动网民、激发网民。

（二）全过程注重互动

网络传播的主要特征与优势就是互动，网民作为网络用户最显著的行为特征就是偏好参与感。因此，“国家行政广告”的网络传播运作还需要特别重视网民的参与感，全程设置互动环节。

网络传播不仅强调参与性，也突出开放性。“国家行政广告”的运作必

须打破传统全程封闭的模式，改变关起门来做创意的方式，将题材、制作、取景、选角等创意过程有策略的开放給网民，吸引其互动与参与。比如可以有计划地配合广告创意制作节奏实施信息披露来制造网络议程，并设置网络票选之类的方式吸引网民参与。通过将广告创意制作全过程开放給网民互动的策略，可以聚合网络注意力，积累网民期待，为广告投放后的自发性网络传播积蓄动能。

（三）全网络把控节点

网络世界并不是纯平的，某些意见领袖和网络红人具有极强的节点传播能力，经其传播的信息具有远超一般网民的传播动员能力。随着“国家行政广告”的逐步增多，可以预见其新闻性必将持续衰减，网民对其心理阈值也将持续增长。这带来的一个结果就是“国家行政广告”获得网络自发性传播的难度将持续增加。

因此，在后续的运作中，不能完全等靠网络的纯自发性传播，而需要借助网络节点的扩散效应，有策略地选取网络节点进行自发性传播的主动撬动。这就需要从全网的视野建立分析和研究网络节点的数据库，常态性地追踪各内容平台网络节点账号的变动情况及其内容特点，以方便在“国家行政广告”具体运作的时候更精准、更经济地选择网络节点。同时，还应提前做好网络节点的日常沟通与维护工作。“国家行政广告”虽说直接受益主体是国家行政机关，但其根本受益主体还是社会公众。因此，对于网络节点账号来说，传播“国家行政广告”既是公民责任，也是为自己加分的正向行为。但从传播效果的角度来说，结合节点账号自身的内容定位来进行传播是首选方式，因此提前的沟通和日常维护都是必须的。

参考文献：

［1］［美］威廉维尔斯等．广告学原理与实务（第6版）［M］．北京：北京大学出版社，2007.

［2］张帆．行政史话［M］．北京：商务印书馆，2007.

［3］李零、金一南等．人民公开课：中国共产党与国家治理体系和治理能力现代化［M］．杭州：浙江人民出版社，2017.

作者介绍：

高　阳，广告学博士，云南财经大学传媒学院教师。

30

中国传媒大学
广告专业教育三十年
1988-2018

探索创新

从广告传播业八大发展趋势看广告教育的挑战应对

马　涛

【摘　要】　新传播生态下，企业品牌从战略目标、营销理念到传播诉求，再到组织系统均发生变化，营销服务机构的服务模式和业务结构也随时变化。广告业的趋势变化，使广告教育的固有矛盾和问题再次凸显，工业时代逻辑的广告教育模式受到冲击。对此，在思考“广告教育为谁而教”“广告教育教什么”“广告教育如何教”三个问题之余，着重对我国广告教育的挑战与应对进行详细分析。

【关键词】 广告业　发展趋势　广告教育　广告人才培养

2018年，从宏观经济来看，从中美贸易战到消费不振，经济下行压力犹在，企业营销的空间是收缩还是扩张，依然存在不确定性；从传播领域来看，信息传播数量之多、更新速度之快、产品生命周期之短，消费者的注意力更加碎片发散。面对如此市场环境，广告营销人从企业品牌到营销服务机构无不在调整适应，对广告的核心理念、战略目标、实施路线、技术手段等各个环节进行重新盘整，不断校正方向。

一直以来，广告专业的教育理念和教学方法需要密切关注社会广告业发展动态，广告业态的发展变化也对高校的人才培养提出了更高要求。而现实是广告专业培养现状与业界需求存在一定的脱节，基于工业时代逻辑的专业教育模式正面临着移动互联网时代广告主营销观念变革的不断冲击与拷问，此时我们的广告教育又该如何应对？

一、2018 年广告业八大发展趋势

在对 2018 年上半年广告营销行业焦点事件进行梳理之后，可以从中整理出广告行业在生态格局、战略目标、合作模式、营销结构、策略手段、技术工具、组织系统、终端载体八个方面的趋势变化。以上八个变化动向，聚焦了当今广告行业的核心问题，也代表了广告业发展的趋势方向。

（一）生态格局变化

在物联网、大数据、人工智能的发展背景下，消费者的消费模式发生变化，企业的商业模式也会随之发生改变，广告生态格局也在改变。在美国《广告时代》杂志（Ad Age）最新发布的《2018 年营销服务提供商报告》中，埃森哲互动数字营销被评为全球规模最大的数字营销服务提供商，这是埃森哲连续第三年获此殊荣①。事实上，在资本力量的驱动下，咨询公司早已进入营销服务领域。此外，软件巨头 Adobe 公司通过历年持续并购进入营销领域，正逐渐成为营销云领域领跑者，并实现在 5 年内市值增长 3 倍。可以说，广告行业的这个界限越来越模糊，未来将会有更多的新兴产业进入广告行业。

与外资的咨询公司和 IT 公司相比，中国广告业面临更多的新挑战，来源于互联网行业巨头。阿里、腾讯、百度的互联网巨头手握海量数据，构建垄断性平台，话语权不断增强，它们的角色已与国际市场中的谷歌、Facebook 无异。

---

① 埃森哲三度蝉联“全球最大数字营销服务提供商”. http：//www. sohu. com/a/230449631_368051.

（二）战略目标变化

2017年3月，可口可乐撤销首席营销官CMO，将广告营销、商业客户以及策略三大板块进行整合，交付给新的首席增长官CGO。时隔一年，2018年3月，市场研究机构Forrester最新报告中预测，2018年将会有8家财富百强品牌取消CMO，设计CGO①。科特勒咨询集团中国区合伙人王赛在其所著的《首席增长官：从CMO到CGO》一书中坦言，“CMO到CGO，不是其中的M——Marketing消失了，是Marketing要真正回归到正在追求的目标——市场增长。”

对于企业品牌方来说，一直以来，负责广告营销的部门并没能够在公司占据足够重要地位，更难以调动战略、产品、运营等资源部门通力协作。广告营销人员被视为成本因素而非增长因素，谈不上对公司战略的支撑。用CGO更能准确表达营销以增长为战略的目标。广告营销并非仅仅面向市场和广告活动，并对品牌传播和产品认知负责，需要承担起更加接近企业的终极目标的实现——市场销售的业绩增长。

（三）合作关系变化

企业品牌广告主已经不再满足于传统的代理商服务模式，他们希望找到一种更灵活、更有创意、更有突破性的服务人才团队，打造出具有标志性、代表性、现象级的营销广告。2017年就已有可口可乐、百事成立内部创意团队；宝洁和联合利华也在2018年上半年各自进行代理商服务模式的新探索。

2018年，联合利华同WPP集团组建了一支全新的更灵活的内部服务团队。新团队成员来自于WPP旗下多达十三家代理公司—Burson Cohn & Wolfe、Design Bridge、Geometry、Horarth、智威汤逊、Mirum、凯度集团、传立媒体、奥美、Smollan、Verticurl、VML和伟门。而宝洁成立的新公司将由

① 8大财富100强品牌取消CMO，设立CGO，https://www.sohu.com/a/203467876_650995.

阳狮、WPP、宏盟，五家营销代理公司的顶尖人员共同构成[①]。企业品牌的改变也反映了品牌强化内部营销团队，掌握更多主动的努力。甲方去乙方化操作，将倒逼广告公司进化得更加专业与高效，并能切实解决甲方在更多超越执行层面的品牌战略服务需求，跨界传播资源整合需求，以及商业模式的创新需求。未来的新合作关系中，甲乙方势必将加强深度的协作，甲方主导之余，乙方需要深度介入到甲方内部，共同完成大型品牌战役。

（四）营销结构变化

2018 年一季度，全球两大广告巨头宝洁和联合利华都进一步缩减广告预算，包括推行零基预算，减少广告代理商数量的措施。与两者类似，更多品牌开始“零基预算法”控制营销金额。作为全球最大的广告主之一，宝洁从 2015 年起，逐步把全球的广告和 PR 代理商由 6000 个精简到目前的 2500 个。在费用支出上，削减了高达 5 亿美元的广告预算，并且表示，这种节省还会继续。

面对全球经济整体疲软，各大品牌巨头自身的业务收入也呈现增长乏力、停滞甚至下滑的势态，面对巨大品牌的改革难题，和业绩振兴任务，勒紧钱袋，减少广告预算和广告代理商就成了这些大品牌的一大选择。此外，品牌营销瘦身，除成本控制和迎合环境外，广告成本与低营销回报间的长期不对等是其关键原因。在自身增长乏力的背景下，一直存在的高额广告成本与低额的广告效益之间的不对等问题就显得愈发突出，高投入与低回报之间的矛盾爆发，广告主们开始重新审视广告投放的作用，零基预算法能够一定程度上让广告主知道“究竟怎么花钱、花在了哪”，为广告营销提供更高的透明度。

（五）手段策略变化

广告不再是承载品牌的唯一介质。在互联网传播环境中，传统广告作为

① 宝洁自立广告公司，行业巨变？大咖们的观点是……http：//www. meihua. info/a/71471.

建立品牌过程中传播策略的一环继续发挥其作用，但已难以涵盖全部。互联网通过产品迭代，通过用户运营，通过分享裂变，通过增长渠道来建立品牌。2018 年，很多企业和品牌的成功，靠的并不是广告营销，而是产品力、商业模式以及用户关系构建和管理。

如互联网咖啡品牌瑞幸咖啡，以闯入者身份成为现象级品牌，回溯其整个营销操作，这场战役中没有邀请当红流量明星，没有十亿级的媒介投放，没有足以进军戛纳的广告创意，甚至连个刷屏的超级 H5 都没做出来，但却成为了现象级品牌。传统广告创意之余，朋友圈和分众电梯广告的定向人群的投放、以 KOL 和品牌跨界为特色的场景植入，同时产品裂变分享免费领券同步进行，各个模块间高度配合，体系化协同。瑞幸咖啡代表的是一种营与销同步的全新打法。

（六）技术工具变化

营销与销售已紧密交织。2018 年 4 月于美国圣何塞举办的 MarTech 会上，2018 年营销技术版图（Marketing Technology Landscape）隆重发布。Martech 5000 的名称虽然沿袭至今，但实际上 2018 被选入的项目包括了来自 6242 家独特营销技术供应商。其中，供应商数量最多的类别是 Sales Automation，Enablement&Intelligence，多达 490 项①。

为什么营销技术的版图格局中会有如此之多的销售科技类别公司？因为营销和销售是深深联系的。越来越多的技术驱动型的销售服务公司将它们联合起来推向市场技术、客户体验技术或数字转换技术。这也反映出营销、销售和服务融合在一起成为“新的营销”。

（七）组织系统变化

以阿里巴巴的市场营销体系为例，市场部则通过团队 PM 制和项目 IP 化

① Martech 新版图提醒广告圈：投资如麻，涌向营销技术公司；http：//www. sohu. com/a/229597248_288347.

的操作成为企业品牌战略的中枢神经。通过对人的重新整合，对事的重新认知，打造产品化的营销项目，让市场部拥有属于自己的产品，让市场部的营销产品引领企业向前，建立市场部在互联网环境下的核心竞争力。新的传播环境下，品牌的建立需要与产品和内容深度绑定。对于甲方而言，也不仅仅是市场部的工作，需要内部多部门协同，所以更不可能是某个代理商能够完成的。比如天猫双十一，内部几乎所有部门都参与，外部可能由 5 家，10 家，十几家代理商各自负责一部分来共同完成的。

此外，相对于甲方市场部职能的转变，甲方更需要专业的广告营销人才。不仅需要思考清楚自己的市场解决方案，构建自己的品牌体系，还需要自己来主导品牌的市场传播，规划品牌 IP 或大型品牌内容，整合各个领域的供应商，共同发起和执行市场传播。堪当此重任的企业品牌经理不再是原先的创意监管角色，而是具备方案产出的能力的项目主管。有一个清晰的，在内部达成共识的项目方案，才知道内部需要多少部门配合，外部需要整合这样的供应商，负责广告创意的，负责社交传播的，负责活动执行的，负责自媒体采买的，接下来还需要把这些不同类型的供应商整合在一起完成完整的项目。

（八）终端载体变化

智能终端已彻底改变消费者生活，商业营销领域也随之生成大量颠覆性机会。对于广告主来说，不论数据、内容还是创新上，智能终端上留存的用户流量和时间花费、花样繁多的沟通载体、智能化的触达方式，终端平台的技术服务，都将为广告主在终端营销路上创造更多想象空间。智能终端制造厂商正在成为移动营销领域中的大玩家。2018 年成功上市的小米，其在 8 月公布的第二季财报中披露，小米互联网服务收入 63.6% 的增长中，主要由广告收入贡献所得，即小米在 MIUI 系统内置的各式广告，这部分收入达到 25 亿元。

总结来看，营销行业的变化传递出这样一些端倪。一是新角色不断闯入，广告生态格局发生震荡；二是传统营销不断弱化，新的营销需要与商业协同，以销售增长为目标。三是营销结构上，修订与之适应的营销广告投放体系，营销与销售二者融为一体；四是去乙方化更加普遍，乙方深入内部，协同合作完成品牌战役，重塑甲乙的合作关系；五是企业品牌市场部职能转变，甲方更加主导品牌；六是是传播机制上，借助线上场景，进行裂变营销，实现销售转化；七是技术上数据驱动的技术解决方案，营销得以更靠近商业，更靠近产品；八是终端掌控用户流量，催生新晋玩家和全新玩法。

二、广告教育面临的挑战问题

互联网与智能技术既已改变了中国的广告生态格局，也必然和必须会改变中国的广告教育。在整个广告行业，各个产业链条与环节都在不断思考反思，比如传统4A变革，品牌方也在变革，市场策略、品牌策略、人员架构、合作模式都在发生变化。对此，广告教育面临着以下种种挑战。

（一）人才培养与行业现实脱节，工业时代逻辑的广告教育模式亟待变革

从工业时代到信息时代，市场传播环境变化，导致一直以来延续的广告教育方式不再是最合适的。工业时代逻辑的广告专业教育更倾向于各个模块独立分阶段的，遵循流水线式的规范流程：先调查、再想创意，出策略，然后拟定媒介计划，广而告之投放，不论是专业划分还是课程体系大都依循此逻辑。现如今在广告创意依然重要但未必全部，品牌内容成为沟通原点，场景设计、用户运营、产品传播彼此配合，高效协同。在由信息技术驱动的后工业时代，广告专业教育需要重新进行顶层设计。

（二）新理念不断冲击原有广告营销体系，传统广告理论体系解释力下降

移动化渗透加剧，消费者从需求到行为的巨大改变，品牌价值塑造目标的创新升级，去中心化媒介环境下消费者注意力稀缺；从企业品牌方到营销

传播机构，从战略设计到实施蓝图，从策略打法到系统工具都在进行系统升维。纷繁的概念名词之外，一个趋势愈发明显，那就是品牌营销越来越不局限于广告的形式，利用丰富的媒介环境，让营销更靠近商业，更靠近产品，给到消费者的感受和体验应该更加直接。

当企业的广告操作日益演变为建立与商业模式协同配合的营销体系时，传统的广告理论体系是否需要调整更新。此外，在广告理论的研究中，更多的普普通通的广告从业人员也通过诸如微信等自媒体渠道发表观点参与讨论广告理论体系的构建，一定程度上也对原先由高校主导的知识体系形成挑战。

（三）新技术应用不断加载，广告教育的课程体系亟待更新调整

一直以来，广告专业教育的课程体系与广告行业的业务板块保持一致，课程规划基本建立在职业分工和业务结构的基础上，多划分为广告创意、市场调查、媒介策略和效果分析的模块。面对移动互联网多元化的传播环境和媒体形态，创意首先被肢解变得支离破碎。互联网拓宽创意广度，传统广告时代的创意绝大部分是平面与 TVC，互联网环境下的创意突破了形式上的禁锢，音乐、图书、诗集、线下快闪店、表情包等任何形式，只要能够为品牌解决问题。此外，互联网海量数据也冲击了原有的市场调查和用户研究体系，媒介多元且碎片，但用户注意力却更加稀缺。

课程体系的滞后也反映出现有师资队伍的知识结构和教育观念难以适应和对接。部分高校教师的广告教学多年来仍旧依赖经验主义。对于多数一直都将“媒介策划”“市场调查”“文案创意”作为教案的传统广告专业教师来说，一下子让他们转换到“品牌 IP”，“用户画像”“社交裂变”“流量分发”“销售转化”……也是对传统广告教育教师的学术再生。

（四）广告人才供需失衡，人才培养的目标手段亟需校正

当前广告行业由于服务类型的多元化，已被营销细分为多种类型：创意、媒介、社会化等。即便在同一个创意型广告公司中，也需由策略、客户服务、

文案、美术等不同人才匹配组合。不论是在企业品牌的甲方，品牌经理的全程主导和深度参与；还是营销服务机构的乙方，自身服务的精进和整合。广告主的需求影响着行业的发展，而行业发展则引导着人才的供需。行业的整合也让复合型广告人才变成广告行业从业机构的急需人才。

可以说，复合型人才可谓为是“操盘手”一样的角色，在今天如此复杂的传播环境中，需要具备跨界思维，整合不同领域的优势，来创造能够解决问题的最佳方案。此外，可以看到当前广告行业从业人员的人才要求和职业发展，从线性竞争转变为跨界竞争。何为线性竞争，就是同一路线上你追我赶的竞争；而跨界竞争，则是来自于跨领域的替代。比如广告行业的文案岗位，其职业规划并不是随着经验累积而更好，而是对于新鲜事物的把握，对于全新概念的创立，颠覆千篇一律的完美与华丽。由此也可见，当前广告人才培养目标构建不清晰、人才培养缺乏特色与亮点，广告教育所沿用的千篇一律通用型广告人才培养模式已经不能满足市场人才需求。

三、广告教育如何应对趋势变化?

面对广告教育当前出现挑战问题，广告教育如何应对行业的快速迭代？重重焦虑之下，有三个问题需要我们思考并回答：一是广告为谁而教？二是广告教育教什么？三是广告教育如何教？

（一）广告为谁而教?

广告人才过剩了吗？人才并没有过剩，但符合市场需求的人才却是不足的。根据腾讯新闻发布首份传媒人能力需求报告①，“广告”类人才关键词的排名突出，位列第三，仅次于新媒体、互联网类人才。由此也可见，广告人才对于传媒行业各个子行业的全面渗透。

① 2018传媒业需要什么样的人才？腾讯新闻发布首份传媒人能力需求报告，http：//36kr. com/p/5120665. html.

既然广告人才有明确的市场用人需求，那么广告教育究竟在为谁培养人才？从市场需求来看，虽然高校的职责和角色有别于职业学校，对于行业所需要的一切并非要盲目追寻，但是技术变革，消费者的诉求和理念已发生改变，在坚持传统同时势必要对此作出回应。广告人才的去向不仅有传统广告公司，还有企业甲方；不仅有互联网企业巨头，也有新兴创业公司；不仅是咨询机构，还有技术服务公司……因此广告教育也应当考虑这些行业的发展变化应时而变。

另从产业布局来看，中国传媒大学广告学院院长丁俊杰教授曾言："广告教育缺乏大格局、大观念、大境界，只有小技巧、小玩意。广告教育的着眼点绝不仅仅是企业与消费者之间的微观沟通，而应有社会和国家维度的思考。"① 因此，广告教育需要考虑国家利益、社会公共利益，兼顾产业政策规避与监督管理，小到城市大到国家的形象传播等关乎国家战略和社会认知层面。

（二）广告教育教什么？

市场调查、消费者洞察、市场定位、创意表现和媒介投放等这些广告操作中的环节已经发生了各种变化，广告高等院校培养广告专业人才的作用正或多或少面临着被做空的风险。对此，中国传媒大学广告学院院长丁俊杰教授认为："广告教育基础理论要在坚持本质的基础上进行创新，需要抽象归纳出新时代的广告专业基础理论系统，按照不同培养层级编制广告人才系列培养教材，解决广告教育知识体系过时、专业技术滞后的窘境，是广告教育新的使命和责任。"②

此外，回答"广告教什么"的问题首先要明确所培养的广告人才需要怎

① 丁俊杰．"象牙塔"还是"服务站"？——广告教育的困境与对未来趋势的猜想；https：//mp. weixin. qq. com/s/oOxF2celql00CTIU5eZI－w. 根据中国传媒大学学术委员会副主任、国家广告研究院院长、广告学院院长丁俊杰教授在2015年中国广告教育学术年会发言整理内容。

② 黄爱武．连接广告教育的昨天、今天与明天——"电通·中国广告教育合作项目"20周年活动采撷［J］．中国广告，2016（08）．

样的素养。传统的广告教育除培养学生基本的广告原理和专业伦理外，在课程设计，按照产业主体，包括广告主、广告媒介、广告公司、消费者；按照业务流程，则包括市场调查、策划、创意、制作、媒介等。

事实上，当咨询公司成为营销服务机构；终端企业成为媒体端；广告传播与销售转化无缝链接，用户洞察、创意策划等环节都发生变化，广告教育需要对原有课程体系进行升级改造，面向业界需求培养复合型广告人才。

复合型广告人才需要具备怎样的素质？首先，需要综合全民的业务能力。媒介不能只懂媒介，创意不能只看创意，运营不能只做运营。除精通自身职位范畴内的知识，还需要延展至协作部门或者是涉及的其他领域知识。能在具体项目中，不断丰富自身的知识面，完善和优化自己的知识结构。其次，拥有整合资源的能力。资源不限于行业内，也包含行业外。例如，随着广告与资本的频频联姻，考验着广告行业的高管对于金融、资本方面的资源整合能力。再次，重视时效性并能够高效地利用时间。广告面对的是瞬息万变的市场需求，广告人往往面临的工作挑战也是多样化的，能够快速切换工作“频道”来实现快速、高效。最后，告人才的知识构架，绝不仅仅在广告营销行业。极尽可能的拓展自己的知识宽度，尽可能的了解事件的全貌，以建立知识的不对称，建立知识壁垒。因此，复合型人才不仅要求的是知识面的扩展，更是认知以及思维层面的变革。

（三）广告教育如何教？

在教学理念上拓宽思路，进行跨界，培养一批符合市场需求又超出预期的高级广告营销传播人才。具体而言，广告教育的课程设计上有三个方向：跨出媒体边界；跨出学科界限；跨出地理国界。

跨出媒体边界，即是以新营销传播的理论体系、规律原则和操作路径重构教学体系，不区分新旧媒体，打破既定类别，造就融媒体、大传播的人才；跨出学科界限，除了广告学院本院外，也可面向管理学、社会学、法学、财经等专业学科开放，培养跨专业的人才；跨出地理国界，与国际传媒院校合作，每年遴选学生赴哈佛大学、斯坦福大学、哥伦比亚大学等海外一流院校交流学习，全面提升传播人才的国际化视野。

在师资力量上，从封闭到开放。除了广告学院教师担任主体课程外，还可由跨学科教师，如计算机学院、管理学院等老师与广告营销业界讲师进行交叉课程讲授；另外全球范围聘请讲席教授也可以作为教学团队之一。

在教学实践中，则建立系统化产学研联动机制。除了常规的嘉宾讲座、业界参访、学术沙龙之外，增加学生参与实训项目的机会，以项目来训练体验商业实战。这些项目既有年度性的高水平广告大赛；还有与业界机构合作的商业项目，业界合作、师生互动、课内课外相结合等方式，进行校内校外的综合辅导，实现学生广告技能的进步和专业发展的提升。

中国传媒大学广告学院多年来，坚持课堂教学与实训项目的教育实践，并在探索发展中将这些项目常态化、模块化、产品化。项目是周期性的反复做；项目可以有大有小，有固定的，如中国传媒大学广告学院的广告主生态调查、IMI 消费者行为年鉴，这些都是固定模块；也有前瞻性的内容银行研究；还有实效性的短视频创作者生存调查；项目也会有产品成果，比如 2017 年《互联网下半场的营销趋势与变革——新营销白皮书》报告；并鼓励学生个人或研究团队将课堂作业、参赛项目等转换成可落地的新媒体产品，在实际操作中加强对新媒体内容生产与运营能力的理解。

如今广告已经深入企业商业运作体系，以市场销售为目标，搭载着新的 IP 内容、新的流量渠道、新的终端载体、新的技术工具，不断渗透原有的广告业态。我们需要关注这个时代变化，讲动人心弦的故事，设计原生的场景，追求用户的极致体验，还要借助产品传播对用户进行引流，最后完成销售转化。高校广告教育既要应新于时，随市场而变化，进行转型调整；还要保持教育的本质，坚守广告的专业壁垒，“术”与“道”并举，教育界与业界才能协同发展。

参考文献：

［1］邹文兵．新媒体语境下广告教育转向研究［J］．江西财经大学学报，2018（01）．

［2］王成文．中国广告教育“下半场”：由“高速度扩张”到“高质量发展”［N］．中国工商报，2018-07-31．第005版．

［3］蔡雨坤．对高校广告学专业教育如何适应新媒体环境的思考［J］．教育观察，2017（02）．

［4］俞倩、马二伟．媒介融合背景下广告专业人才培养模式改革［J］．视听，2017（07）．

［5］廖秉宜．数字时代的广告教育变革［J］．新闻春秋，2016（01）．

作者介绍：

马　涛，广告学博士，中国传媒传媒大学广告学院网络与新媒体系讲师、国家广告研究院助理研究员。

数字时代广告专业教材的创新发展

武　黎

【摘　要】　本文基于当前的时代环境，分析了广告专业教育面临的挑战和机遇，简要回顾了广告专业教材30多年的发展历程，从内容和形式两方面，对广告专业教材在新时代的融合创新发展进行了初步探索，并重点对“教材内容立体化”进行了介绍。

【关键词】融合　创新　导向　内容立体化　二维码

一、机遇与挑战并存的时代环境

当今数字时代，又被称为互联网信息技术时代，中国社会的政治、经济都发生了巨变，广告业的繁荣发展，给广告专业教育带来了更加鲜活的生命力。随着数字技术迅猛发展，信息技术和传播形态一日千里，新媒体迭代更新，媒体融合不断推进，广告产品形态更加丰富多彩，广告传播的传统模式受到严峻的挑战，新的广告传播方式可谓花样翻新，广告营销系统不断创新……

作为与实践应用紧密相关的广告专业教育，传统的课程内容受到前所未有的挑战，人才培养模式受到行业发展需求的质疑，传统的广告专业教材更新迟缓，无法做到迅速地跟上时代的步伐。那么，我们应该如何应对这些问题，不断地进行创新和发展，去积极地响应和满足教学一线的需求呢？

挑战从来都是与机遇并存，广告教育需要重新全方位地思考教材的编写模式，探索建立适应媒体融合发展需要的新型的专业教材，以更好地服务教学，更好地适应应用型人才培养。

二、教材建设，30 余年耕耘

在探索新的发展模式之前，先简要回顾一下我国广告专业教材的发展历程。从 20 世纪 80 年代厦门大学、中国传媒大学（时为北京广播学院）等高校陆续设立广告专业算起，我国广告专业教育已有 30 多年的历史。30 多年来，高校广告专业教育不仅为中国广告业培养了一批又一批的优秀人才，也编著了大量优秀的广告专业教材，为广告学学科体系的建构和基础理论建设做出了重大贡献。① 与此相适应，广告学专业教材建设也经历了一个从无到有、不断完善过程。

20 世纪 80 年代，我国高校广告专业成立之初，没有合适的教材可供上课使用，教师多采用自编课本，内容主要以引进和介绍西方广告专业知识为主。当时的广告学教育在我国高校是空白的，没有广告专业教材，也没有任何教学实践经验，只能是依据对传播学理论的梳理和借鉴，根据当时能看到的、较有限的翻译版的教材来消化吸收海外资料为我所用，进行自编教材的取舍、编排。因其应急之需，所以也难免带有生涩和粗浅的一面。但是它们能成功地将一门中国老百姓比较陌生的学科引进来并在高校中渐渐普及，这些都具有较大的贡献和意义。

20 世纪 90 年代，很多广告学者开始把中国的广告业实践与引进的广告理论进行嫁接，并从多学科出发，汇集成一股有中国特色的广告专业教学和理论研究体系。教材的编写能把引进和总结进行系统的整合，因为当时的中

① 陈培爱．中国广告教育三十年巡礼与研究述评［J］．现代广告，2013（21）．

国广告业已经有了十年的发展，产生了一些可资研究的素材和案例，以往简单地引进西方的理论地做法已经显示出诸多的不适应性。因此，这是中国广告专业教材发展的一个很重要的台阶。

进入21世纪以来的最初10多年间，随着广告业的繁荣发展，广告教育也不断受到重视，国家“十五”规划等统编教材与其他教材百花齐放，各类教材一起更加系统清晰地建构了我国广告学专业的基础理论，使本专业的基础知识内容日趋成熟和稳定，涵盖了广告的核心概念、基本范畴、学科框架、体系构成等内容。这一代教材开始努力适应案例化教学的规律，已经比较重视新鲜生动案例的引介，插图也很丰富，文字洗练，更加方便于教师指导和学生学习使用。同时，这一代教材也考虑到了业界从业者的需求，增加了内容的普适性和可读性。但因为作者资源的有限、广告教学遇到瓶颈等原因，教材的同质化现象在这一阶段也比较突出，常出现不同的教材中的基本观点和基本知识大同小异，创新的理论和观点较少。

2010年前后几年，教材开始了较为全新的整合和分化。随着广告教育界的国际交流、广告行业的大发展，这一阶段高校广告专业教育专家们开始把广告和品牌、整合营销、公关等融合起来，出现了中国的新一代广告教材。这一代教材的特点是：理论体系开始有所分化，对广告的核心概念、基本范畴、学科框架、体系构成的理解有所不同，教材的体例、案例编写都出现了较大的分化。从一定程度上说，分化就是深化，这恰恰说明了，我国的广告教育事业和整个教育的发展一样，开始进入全新的整合时期。

三、新时代，融合创新发展

如今，进入了新时代，数字化和信息技术迅猛发展，媒体融合不断推进，大数据挖掘潜力巨大，广告产业结构、广告运作流程、广告作品形态以及整个广告经济产业在发生着巨变。广告学本来就是依托新闻传播学、语言学、文学、政治学、社会学、心理学、法学、艺术学、统计学等众多学科的支撑，如今在这样样一个大数据、云计算、人工智能等信息技术蜂拥而来的时代，作为实践应用性很强的广告专业教学更加面临着广告边界的模糊与知识结构的更迭。在直面传播模式发生巨大变革等挑战的同时，能非常明显地感受到，广告教育在积极地进行着总结和反思，努力在坚守和继承的同时，去发现广告学的规律和本质。同样的，广告专业教材建设也要紧跟时代步伐，做好新一代的融合创新发展。

首先，新时代的融合创新发展表现在内容上。笔者认为，内容上创新发展的一个重大突破来源于广告行业和广告教育日益受到国家层面的重视。2016 年 2 月 19 日，习近平总书记在党的新闻舆论工作座谈会上提出“广告宣传也要讲导向”①，将广告的导向问题第一次提高到国家战略高度上。期间，广告专业最大的的基础课程教材《广告学概论》被列入“马克思主义理论研究和建设工程重点项目”（简称“马工程”），由中国传媒大学广告学院丁俊杰教授领衔主编，集广告学界最优秀的专家团队，历经四年的精心打造，于 2018 年 4 月出版。马工程《广告学概论》一书在论述广告学研究方法时，开宗明义提出：“我们进行广告学的研究必须以唯物辩证法和唯物史观为基石，以马克思主义政治经济学基本理论为指导，以习近平新时代中国特色社会主义思想为根本依据”②。党的十九大报告把“坚持社会主义核心价值体系”作为新时代坚持和发展中国特色社会主义的基本方略之一，因此，形成和践行中国广告价值观，成为中国广告健康发展的前提条件。中国广告价值观的内容要体现中国特色社会主义的鲜明特征，反映中国的国情。无论是理论体系的完整系统，还是对中国广告价值观的重新审视，马工程《广告学概论》一书的编写出版，对广告专业教材建设来说，具有里程碑式的重大价值和意义，这应该是开山之作，也将会是新时代广告专业教材新型模式的经典代表。

---

① 习近平在党的新闻舆论工作座谈会上强调坚持正确方向创新方法手段 提高新闻舆论传播力引导力［N］. 人民日报，2016-2-20.

② 本书编写组. 广告学概论［M］. 北京：高等教育出版社，2018：1、49、84、273.

其次，新时代的融合创新发展表现在形式上。即接下来要重点阐述的“教材内容立体化”探索，实现了由单本纸质教材向“品牌教材＋数字化教学资源”深度融合的立体化模式的转变。

四、教材内容立体化探索

随着新媒体的迅猛发展，教材出版形式也紧紧抓住媒体融合发展的时代机遇，尤其在“互联网＋”的思维模式日渐渗透到各行各业的时代大环境下，广告行业更是反应灵敏，各类新媒体广告花样翻新，可谓争奇斗艳。作为与广告业应用紧密联系的广告专业教材，满足网络时代学生移动学习的需求，充分发挥手机作为移动阅读终端的优势，提高教材的教学适用性，也迅速进行“教材内容立体化”，实现了由单本纸质教材向“品牌教材＋数字化教学资源”深度融合的立体化模式转变。

下面将以国家级教材项目“马工程”《广告学概论》为例，着重展示一下新时代广告专业教材在“教材内容立体化”上的探索。

传统教材受篇幅所限，语言精练，很多内容点到为止，需要学生另外再去拓展查阅。数字时代，可以利用数字技术，比如设置二维码，链接更多的教学资源，可在不影响教材结构、不扩大篇幅的前提下，以音视频生动鲜活、可视可见的多种形式对一些重要知识点进行拓展，增强学生对教材内容的接受度。学生在读书的同时可以随时通过手机或 iPad 等设备扫描二维码，对具体知识点进行更为全面、深入的了解。根据不同教材的特点，在重点、难点、思考题等处提供延伸案例、拓展阅读、习题等不同类型的多媒体数字资源，使其成为教学的必要组成部分，比如马工程《广告学概论》在讲到早期广告活动时，就可以将“中国古代商业广告”的一些案例图片进行展示，如图 1 所示，可以链接图片资料①：

① 本书编写组．广告学概论［M］．北京：高等教育出版社，2018：1、49、84、273.

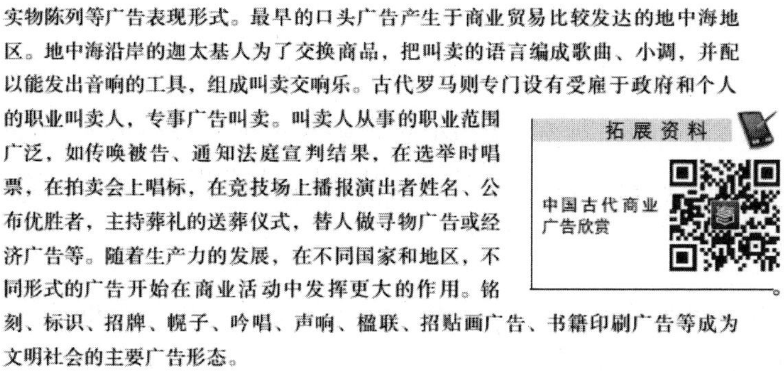
实物陈列等广告表现形式。最早的口头广告产生于商业贸易比较发达的地中海地区。地中海沿岸的迦太基人为了交换商品，把叫卖的语言编成歌曲、小调，并配以能发出音响的工具，组成叫卖交响乐。古代罗马则专门设有受雇于政府和个人的职业叫卖人，专事广告叫卖。叫卖人从事的职业范围广泛，如传唤被告、通知法庭宣判结果，在选举时唱票，在拍卖会上唱标，在竞技场上播报演出者姓名、公布优胜者，主持葬礼的送葬仪式，替人做寻物广告或经济广告等。随着生产力的发展，在不同国家和地区，不同形式的广告开始在商业活动中发挥更大的作用。铭刻、标识、招牌、幌子、吟唱、声响、楹联、招贴画广告、书籍印刷广告等成为文明社会的主要广告形态。

拓展资料

中国古代商业广告欣赏

图 1　扫码可获得图片资料

如图 2 所示，还可以链接视频广告①，让学生一睹为快：

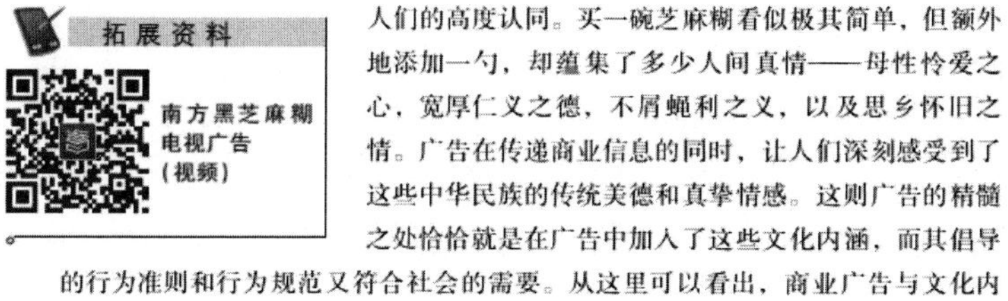
拓展资料

南方黑芝麻糊电视广告（视频）

人们的高度认同。买一碗芝麻糊看似极其简单，但额外地添加一勺，却蕴集了多少人间真情——母性怜爱之心，宽厚仁义之德，不屑蝇利之义，以及思乡怀旧之情。广告在传递商业信息的同时，让人们深刻感受到了这些中华民族的传统美德和真挚情感。这则广告的精髓之处恰恰就是在广告中加入了这些文化内涵，而其倡导的行为准则和行为规范又符合社会的需要。从这里可以看出，商业广告与文化内

图 2　扫码可欣赏视频案例

当书中提到《广告产业发展“十三五”规划》时，便可设置二维码链接文件资料，如图 3 所示：

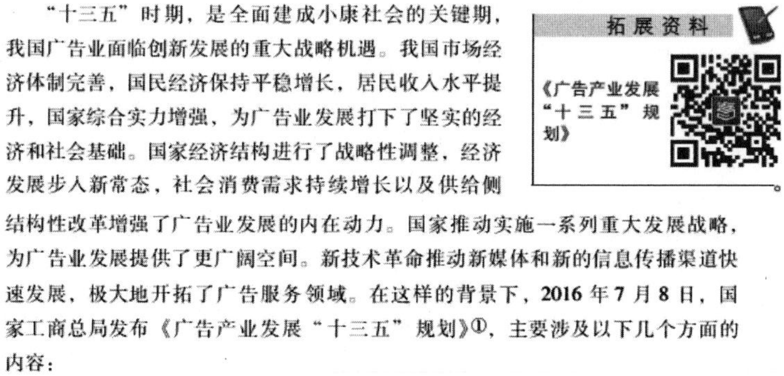
“十三五”时期，是全面建成小康社会的关键期，我国广告业面临创新发展的重大战略机遇。我国市场经济体制完善，国民经济保持平稳增长，居民收入水平提升，国家综合实力增强，为广告业发展打下了坚实的经济和社会基础。国家经济结构进行了战略性调整，经济发展步入新常态，社会消费需求持续增长以及供给侧结构性改革增强了广告业发展的内在动力。国家推动实施一系列重大发展战略，为广告业发展提供了更广阔空间。新技术革命推动新媒体和新的信息传播渠道快速发展，极大地开拓了广告服务领域。在这样的背景下，2016 年 7 月 8 日，国家工商总局发布《广告产业发展“十三五”规划》①，主要涉及以下几个方面的内容：

拓展资料

《广告产业发展“十三五”规划》

图 3　扫码可查阅文件内容

① 本书编写组．广告学概论［M］．北京：高等教育出版社，2018：1、49、84、273.

教材还可以在每章设计即测即评试题的二维码资源链接，能显示答案，查看成绩，提示解题思路，读者可随时测评，检验学习效果。

随着在线开放课程慕课（MOOC）等教学模式的日渐成熟，教材中同样可以实现章节模块的随堂链接，可以随时获得聆听专家讲座、亲临名师课堂的学习效果。

教材内容的立体化，改变了传统广告专业教材更新迟缓的先天不足，二维码链接的数字化资源，比如新鲜的广告案例、新鲜出炉的大广赛获奖作品等，都可以随时进行更新换代，让教学内容紧贴广告行业的一线实践，及时满足高校广告专业课堂教学的需求。

作者介绍：

武　黎，文艺学硕士，高等教育出版社文科分社副社长、副编审。

第二思维体系设计

——人工智能时代下的广告设计教育

王洪亮

【摘　要】　人工智能目前已进入机器学习的一个新阶段，并且开始在计算机视觉等涉及人类知觉的各个领域展开了广泛的研究和应用，无论人工智能在涉及逻辑与计算的应用领域给人的深刻印象，还是在艺术与设计领域做出的尝试，都在预示我们：人工智能已经开辟了思考体系的一个新时代，即建立在人类第一思维体系基础之上的第二思维体系。在这样的时代背景下，如何重新认识与调整广告设计教育，如何在艺术与设计领域，凭借人工智能分析、构思完成作品是接下来我们广告设计教育的方向和重点，其中包括设计师职能、身份的转变，审美修养的培育与客观审美标准的训练，如何借助人工智能完成创意设计等等，同时也需要我们从人文角度和美学高度探究人工智能对于广告设计教育发展的价值与意义。

【关键词】人工智能　第二思维体系　广告设计　教育

2016年，人工智能在人类最复杂的智力游戏项目棋牌上取得突破性成果，标志着人工智能已进入机器自我学习的一个新阶段，并且它的应用价值迅速被各个行业所关注。除了在类似棋牌项目这种强调逻辑与理性的应用领域，人工智能也开始在计算机视觉等涉及人类知觉的各个领域展开了广泛的研究和应用，例如，斯坦福大学的李飞飞教授就在人工智能图像识别方面取得了突破性进展，阿里云的“鲁班（鹿班）”人工智能艺术与设计系统开始为广告设计提供创作方案……无论人工智能在涉及逻辑与计算的应用领域给人的印象深刻，还是在艺术与设计领域做出的尝试，都在预示我们：人工智能不仅在逻辑与计算领域远胜人类，未来完全有可能在艺术与设计领域超越甚至替代人类。如何在艺术与设计领域，凭借人工智能分析、构思完成艺术与设计作品的创作是接下来我们艺术与设计教育的方向和重点，其中涵盖人工智能技术、艺术学、设计学等相关交叉学科，同时也需要我们从人文角度探究人工智能对于艺术与设计发展中的美学价值与意义。

图 1　阿里云“鲁班”智能系统设计的 2017 年双 11 促销海报

在目前的人工智能艺术与设计领域内，国内阿里巴巴的“鲁班”智能系统在 2017 年双 11 做出了 4 亿张商品展示广告，它的设计能力可以达到每秒做 8000 张“海报”（图 1），如果一个人每天工作 8 小时 1 小时做一张海报的话，设计这 8000 张海报则需要三年，这无疑大大提升了设计效率。但客观来看，“鲁班”所设计的这种海报其实还只是比较简单的版式和色彩变化，远远还没有到真正的创意设计水平。简单来说，这种设计是基于大数据所建立的设计模型，通过对大数据素材库中的海量元素进行提取再组合，满足设计上大量生成的需求。这些人工智能艺术与设计应用聚焦人工智能自动排版和自动延展，旨在不损失创意空间和创意质量的前提下，最大程度的节省作业流程，提升专业作业效率。这些实践也说明未来人工智能在艺术与设计行业领域，就业的方向与应当掌握的相关技能都将发生巨大的变革。因此，在人工智能艺术与设计教育培训方面将存在着巨大的可能性，与此相关的教育方法、培养方式都将做出超越我们既往经验的调整。

一、人工智能时代下艺术与设计教育的再认识

根据 Pegasystems 的调查，目前 57% 的人们认为人工智能在学习能力领域占有非常重要的地位（图 2）。但就目前来看，人们对于人工智能认知的程度还非常浅显，尤其是在艺术与设计教育领域应用的可能性。因此，我们需要更多对人工智能技术进行科普和专业教育，以提高消费者对人工智能艺术与设计的认知，有利于改善人们对这一技术的态度和更好的掌握运用它。

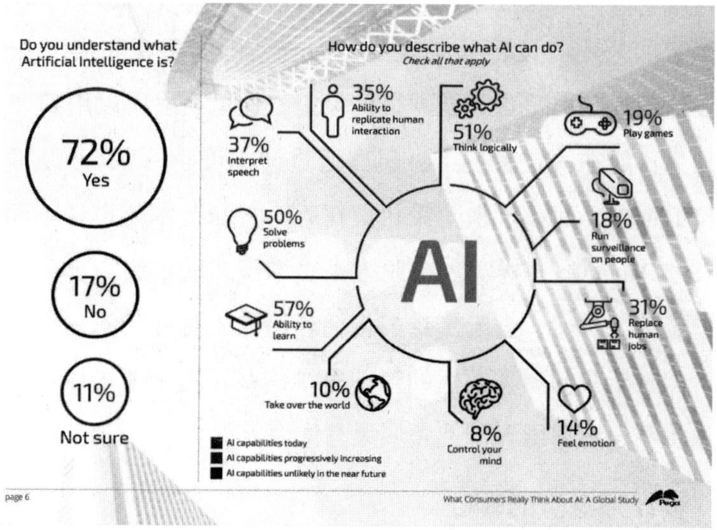

图 2　人们对于人工智能技术应用领域的常规印象

一方面，对于文化课基础相对薄弱的艺术生来说，人工智能艺术与设计

的讲授重在艺术与设计，辅以人工智能的技术科普。因为艺术生对于代码、编程具有天生的恐惧感，所以教学目的是通过讲授人工智能神经网络的基本原理，重点了解神经网络可以辅助设计师艺术与设计作品的生成的具体方法，例如，教会学生如何使用 TensorFlow、Python 这些软件来辅助广告设计。

另一方面，在设计技术不再成为难题的情况下，对人工智能艺术与设计方向学生的艺术修养要求会更高。喜欢艺术和设计、具有较高的文化艺术修养、理解人工智能、神经网络的定义与应用方向，掌握艺术设计的要素、流程、审美等标准，了解基本的神经网络架构，从人文角度理解人工智能对于艺术与设计发展的价值和意义。这种对于教学的要求反应了这个时代艺术与设计人才培养的发展方向与需求，也是对于之前人类审美认知的高度总结，也是对于探索未来如何发展艺术与设计一个必要的步骤。

（一）设计师职能的转变

今天中国的设计师在 90 年代初经历了从工匠到设计师的转变，虽然我们今天再度提出了“工匠精神”，但我们知道“工匠”与“工匠精神”是两码事，从人工智能艺术与设计的角度分开来看，机器主要完成“工匠”的职能，人类设计师则完成“工匠精神”的设定。这里我之所以用到“主要”这个词，是因为目前在一定程度上，机器通过“深度学习”，已经可以完成对于艺术风格的把握，而在未来，我相信在人工智能艺术与设计方面机器一定可以如同谷歌 AlphaGo 一样实现摆脱人类思维模式的创新设计。过去我们利用工具制造了第二自然，今天，我们将会利用人工智能创意一个全新的第二思维体系。相对于我们人类原生的第一思维体系，这个还未被全面认知的第二思维体系将在设计思维和创造领域大有作为。

（二）设计师身份的转变

在今天的行业状态下，设计师更多的是一个理性和掌握制作技术的群体，同时还要具有艺术家一样的审美水平，这对于设计师来说，其实是一个十分分裂的状态，因为设计师在与客户沟通、前期市场调研、设计制作、媒体投放阶段都是需要极强的理性分析能力和沟通意识；而另一方面，艺术家则是一个特立独行、天马行空充满感性的群体。因此，我们看到设计师的日常是一种需要在艺术与技术之间找到平衡的群体，这对于设计而言是一个非常挣扎的过程。而在现有的智能设计实践中，设计师已经开始逐渐转变为一种新的设计角色——“设机师”。

目前的人工智能艺术与设计可以基于原始创意平面作品，根据需求自动完成尺寸调整、智能排版和格式转换，实现创意的人工智能自动延展。这项工作的操作大致可以分为三个步骤：1. 首先将用于机器学习的设计库内的现有文件进行规范化命名，以便于机器识别区分；2. 设定算法，根据库文件学习掌握艺术与设计的基本原则与标准；3. 自动生成作品；4. 人工审美评判，无限制调整直至达到设计要求。这四个环节中，显然第四个环节是最为重要的，也就是我们借助人工智能技术提升了设计的精准度和效率，但最终还要符合人类的审美需求，完成对于作品最后的审美评价和判断。

因此未来的设计师将不再担任设计的完稿工作和提供明确的设计方案，而是要设计一个机器如何做设计的过程。也许是一种设计数据结构化的方式和算法优化的方式，也许只要提供给机器关于这个设计评价的客观标准，以帮助机器学习做设计。例如，阿里云的由“鲁班”更名为“鹿班”的人工智能艺术与设计系统在功能上，“鹿班”将对外开放一键生成、智能创作、智能排版、设计拓展四大功能。用户一端，会用到一键生成、智能排版、设计拓展三个功能：一键生成功能可以用户生成想要的海报，输入 Logo、风格、行业后即可输出；智能排版是把图片素材、文案、尺寸、Logo 等输入后，自动生成一个完成的海报；设计拓展是设计生成后，可以自动改图片的尺寸，省去了设计师放在这些琐碎细节上的心力。

这种机器学习技术的出现，恰好解决了人类设计的技术问题，而涉及到想象力的艺术创作部分，则是需要人类的直觉和天赋。我们看到在各个行业都存在着天才，这些天才的天赋则是上天的礼物，目前的科学还没有给出十分合理的解释。在人工智能完成工匠部分的工作时，人类的天赋与兴趣就得到了更为充分的发挥。这也就为我们的艺术与设计教育提供了新的方向，让我们的设计教育真正的转化为素质教育与兴趣教育，这也更利于人更好的挖掘自己的天赋和潜能，而从与设计本身无关的日常繁杂琐碎事务中解脱出来。

二、审美修养的培育与客观审美标准的训练

在人工智能的参与下，人类的生产力将得到极大的解放。设计师不再被禁锢在电脑面前，而是转而需要掌握可以量化的审美标准。因为只有客观量化的审美标准，机器才可以进行深度学习。这一点上有点像在短时间内将一个毫无设计基础和经验的人培养为设计专家相类似，这需要培训者给出清晰、明确、量化、可以迅速掌握的设计法则，这显然是一项艰巨的任务。

相对于纯粹的绘画作品评价，广告创意与设计的评价系统复杂多变。其中很重要的一个原因就是广告创意设计作品评价标准不仅仅包含单纯的视觉因素，更为重要的是对于其相关的消费分析，诸如消费者的审美差异、受教育程度、生活方式等等都会影响到对于作品价值的评判。

（一）绘画是纯粹的个人情感抒发，而广告设计则是从消费者出发

我们可以总结绘画作品的视觉元素，比如图形、色彩、构图，并从中找到规律加以深度学习，甚至进一步据此自动生成绘画作品。例如，由微软公司、荷兰 ING 银行、戴尔夫特理工大学以及莫瑞泰斯皇家美术馆和伦勃朗博物馆共同合作研究的“The Next Rembrandt”计划，就利用人工智能技术分析了油画人像大师伦伯朗的绘画技法、风格、题材等特点，而创作了绘画大师伦勃朗的下一幅可能的绘画作品，并结合 3D 打印技术用真实的油画颜料打印出了这幅作品（图 3）。因此，我们看到以目前人工智能技术，我们完全可以再现一个个过往艺术大师的杰作，但这种创作也只是局限于风格、技法明显的艺术大师们。而广告设计作品这是“戴着镣铐起舞”，广告设计的过程

首先需要界定目标消费群体，例如他们的审美标准、消费习惯、教育程度、地域文化差异等等，然后在充分的消费者分析基础之上再进行广告作品的发想、设计。因此，广告作品的审美是根据非常细分的消费者群体来制定的，有时我们看不懂一个广告，并不能简单的说这个作品不够好，而有可能您并不是这个广告的目标受众，就像您跟日本人讲粤语，这个日本人即便有着很好的中文普通基础，也不能够明白您讲话的内容；又比如您给一个不懂音乐的人展示贝多芬的《C小调第五交响曲》的五线谱，他也不能欣赏其中旋律的美妙。现在这些消费者细分的设计定位问题，我们可以通过人工智能技术得到更为精准和有效率的解决，但人工智能艺术与设计作品的创造性问题还需假以时日，创造性不是1+1=2的问题，而是包含人类情感的非理性表达。

图3　人工智能预测绘画的伦勃朗油画作品

（二）广告创意设计评价标准的不确定

正如同我们说美具有时代和地域的局限性一样，广告设计作品的美同样有着欣赏标准的不确定性，甚至是不可测评的。广告届流传着沃纳梅克的名言“我知道我的广告费有一半被浪费掉了，但我不知道是哪一半”，由此可见广告效果评估的复杂性。

目前针对广告作品的创意评价主要源自于一些广告大师和业界的广告公司。而我们建立广告创意设计评价系统的第一步，就是借助深度学习来掌握这些评价标准的共性，据此来建立评判广告作品创意水平的标准。这其中包括伯恩巴克的ROI原则：Relevance、Original、Impact，即关联性、原创性和震撼性；KISS原则：Keep It Straight and Simple等等，但这些被广告从业人员奉为金科玉律的创意原则，其表达与建立的出发点和目的也不尽相同，这也为我们为机器学习带来了难度。因为，如果不能给机器一个清晰明确的标准，抑或输入了过于多元化的审美原则和标准，最终机器学习出来的作品也会是杂乱无章的。如图4，我们利用DCGAN神经网络，根据像素点训练了4万个广告.jpg图片数据，用英伟达服务器所生成的设计图片，由于取舍结构和评价标准的不够明确，导致了最后只生成了非常综合抽象的广告图片。

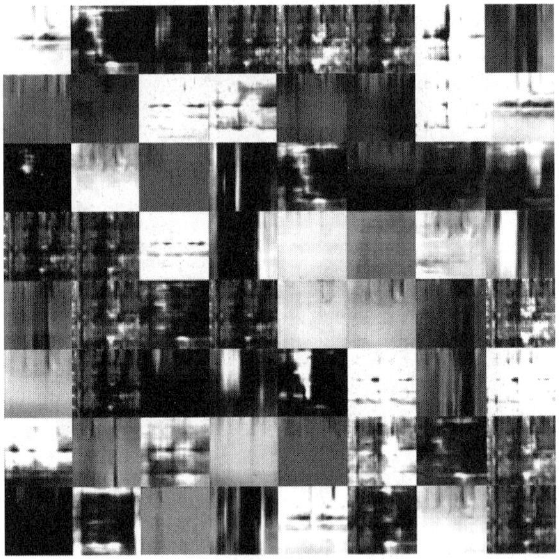

图4　人工智能生成的广告图片

（三）客观量化审美标准的建立

广告的审美是变动不居的，一个广告创意的设计和目标受众的年龄、文化背景、教育程度、生活方式等等是息息相关的，广告设计的针对性非常强。

那么我们如何建立审美的客观可量化的标准呢，因为只有类似 AlphaGo 一样明确给定谁占的棋盘面积大谁就是胜者的清晰指令，机器才好设计算法进行深度学习。而这与美的标准的主观性又是矛盾的，但我们看到一些美学家支持美具有客观性，例如，黑格尔就提出“美是理念的感性显现（the beauty is the sensuous presentation of idea：das Schone bestimmt sichdadurch als das sinnliche Scheinen der Idee）”，他认为美体现了某种客观的绝对精神或理念；我们也看到在一定的历史范畴内美具有经典性，蒙娜丽莎的微笑、大卫的雕像、千里江山图这些作品，都是让人们在几百年甚至上千年内在不同的社会意识形态之下可以达成共识的。

要想让机器掌握美的标准，我们就要解读形状对人类心理产生影响的客观法则。德国心理学家库尔特·考夫卡在这方面做了很多的研究论述，《格式塔心理学原理》是他的代表性著作，里面就是形态对于人类心理尤其是人类认知图形的完形心理做了较为深入的分析。虽然库尔特·考夫卡是本着对于构造主义的元素学说和批判“行为主义在否定意识存在时用反应来替代知觉，用反射弧来代替联结”的态度，其中也依然存在不能自圆其说的地方，但这本著作无疑开启了心理学领域对美的科学探讨的大门。因此，要培养学生的人工智能艺术与设计能力，我们不仅仅是交给他们技术，更为重要的是从心理学层面提升学生们的美学素养，进而更好的为人工智能的艺术与设计发展制定方向、路径与风格。

三、创意如何传授与人工智能如何完成创意

对于广告设计而言，最为总要的就是创意，通常我们认为创意不仅需要生活经验的积累更需要相当的天赋。然而当 AlphaGo 开始自我学习，并下出人类从未下过的棋步时，我们认为创意能力完全取决于天赋的这种认知看起来需要调整了。

首先我们来看一下 AlphaGo 的进化过程，目前 AlphaGo 在以一波对顶级

专业棋手网络对弈60连胜和以3：0战胜围棋世界排名第一的中国棋手柯洁之后，便宣布此后不再和人类棋手对弈，而这个版本是战胜世界顶级棋手李世石之后的优化版本，此后这个AlphaGo再次升级为Master版本，这个版本的AlphaGo已摆脱人类优秀棋谱的参考而进入了左右互搏的阶段，棋力在AlphaGo二代版本让三子以上，通常来说专业棋手的9段和初段之间的差距在让2子以内。今天的围棋已经进入了被棋迷们称作“看神仙对弈”的机器与机器之间的游戏了。

据此来看，人工智能目前的发展趋势不仅可以让我们摆脱各种繁琐的工作，更可以根据不同的消费群体，设计完成不同的作品，还可以根据不同还需要进行复杂的调整，甚至具备超出我们人类惯性思考范围的创意能力。虽然目前的人工智能，还远远达不到能独立完成创意设计的水平，但我们将设计工作拆分细化，把数据搜集、分析等重复性劳动的部分交给机器，在人类有些创意设计作品基础之上，发挥人工智能理性逻辑分析和不知疲劳的工作特性，是可以使我们目前的创意能力和效率得到大幅提升的。

人工智能从技术角度来说它是开放性的，极大的提高了生产率解放了人类，让我们人类有更多的时间和精力去做自己感兴趣的事情。大量重复繁琐的非创意工作对设计师是一种消耗，这种长期的重复性、枯燥的劳动消耗会磨蚀掉人类的创造性，也无法让人进入一种真正的创造上的福流状态，进而限制了我们的创造力和想象力。人工智能虽然目前还不能完全代替我们去生成创意，但只要我们为机器制定了明确设计的原则与标准，它就可以为我们另辟蹊径，这些新颖的思路再结合人类的审美判断，至少我们可以得到创意设计的半成品。换个角度来说，即使人工智能在未来超越了人类的认知能力，这也可以说既是挑战也是机遇，毕竟我们人类不可能理解超越我们认知能力范畴之外的东西。现实的讲，借助人工智能让我们轻松而又高效地工作，也可以最好的开发我们人类的潜能达到福流状态，让我们更早的实现“诗意地栖居”。

面对人工智能飞速发展的现状，尽早开设与普及人工智能艺术与设计教育，这是时代发展需要，也是解放设计生产力的必然。当下与未来的设计师，需要更好的了解人工智能艺术与设计系统的工作原理，学习如何训练机器、设计算法，更为重要的是具有相当的审美素养，才能更好的结合人工智能技术完成艺术与设计作品。当然，我们客观的看到相对于简单的 banner 广告，要做出真正的原创商业广告作品，现有的人工智能还无法替代专业的人类创意设计师。但毋庸置疑的是，在人工智能参与的艺术与设计工作的情形下，人类设计师的身份、职能和审美标准的判断都会面临深刻的转变，这也倒逼我们的设计教育需要做出相应的全面深入调整。

参考文献：

[1] 朱立元主编．美学大辞典（修订本）［M］．上海：上海辞书出版社，2014：441.

[2]［德］库尔特·考夫卡著，黎炜译．格式塔心理学原理［M］．杭州：浙江教育出版社，1997：17.

作者介绍：

王洪亮，设计艺术学博士，中国传媒大学广告学院设计系副教授，硕士生导师。

从“广告狂人”到“魔球”：计算广告的生成与失灵

马　澈

【摘　要】　计算广告是由工业界首先提出的应对在线广告发展的交叉学科领域，它不仅是个技术问题，还是一个新的广告市场机制。计算广告的相关概念，如受众定向、实时竞价、程序化广告引起广告业界的关注，但是其中也存在着迷思和误区。本文首先梳理了计算广告和计算广告学的兴起历程。然后从广告与品牌相关理论出发对计算广告的核心任务进行了研究，并用注意力经济的范式解释了在线广告市场的交易机制。最后，对广告算法的缺陷、市场失灵进行了反思。

【关键词】在线广告　计算广告　算法　注意力经济

一、计算广告发展历史

《MIT 科技评论》2012 年在一篇题为《计算广告，一项新科学》的文章开篇称“互联网改变了广告的形态，而现在计算科学将再一次颠覆广告的运作”（MIT Technology Review，2012）。计算广告（Computational Advertising）这个概念，由时为 Yahoo! 广告首席科学家的 Andrei Broder（2008）首先提出。计算广告是伴随着在线广告（Online Advertising）的发展而出现的，其核心是在线广告的技术和算法问题，其目的是为了让在线广告更有效果（effective）和效率（efficient），并为之建立行之有效的广告市场和交易机制。早在广告学诞生之初的20世纪上半叶，就是心理学、统计学关于广告效果的研究为广告在艺术与科学之争中加重了理性砝码，从而使“用科学的方法还原真实的消费者需求，构建科学的营销体系”（黄升民，2012）成为广告行业的核心价值。然而面对21世纪复杂的广告环境，传统的媒体和受众生态变得无比碎片化，传统的广告运作规律遭到挑战，原有的“科学性”被逐渐解构。正是建立在互联网大数据基础之上，引入了与计算广告相关的这一系列科学的技术和理论工具，再一次推动了广告的科学化，使得“广告营销科学性得以重构”（黄升民，2012）。美国有人形象的把广告业的这个变化称为从“广告狂人”时代到“魔球”时代。①

（一）计算广告的兴起

世界上第一条在线广告是1994年发布在HotWired. com上一个图片形式的展示广告（Display ads），但其运作仍是效仿于传统媒体的按照合约购买广告版面的广告投放方式，并未采取新的技术和交易手段。

计算广告的起点是搜索广告（Sponsored Search ads）。1998年，搜索引擎GoTo提出了一种后来成为搜索引擎货币化基本方案的新广告理念：广告主选择广告投放和竞价的关键词；按照广告主竞价排名在网站搜索结果上部展示相关广告；当网民点击广告时按照广告主的报价收费。这一模式在在线广告的发展中具有里程碑式的意义，技术方面，它开创了关键词匹配、广告排序、广告竞价、广告拍卖等计算广告的核心技术理念；应用方面，它通过市场博弈行为和更加理性的决策机制的设计来为广告放置在什么地方，以及该支付

① 《魔球》：一部美剧，主题是一个球队用数学建模的方式研究如何打造最高胜率，并在美国职业棒球大联盟大获成功。《广告狂人》：一部反应美国20世纪60年代经典广告创意人生涯的美剧。

多少广告费这些经典问题找到一条解决出路。

随后，展示广告领域也开始在广告技术和市场方面掀起一轮又一轮的创新和演化，大致可以分为三个阶段。第一阶段，出现定向广告（Targeted Advertising），各种形式的展示广告都逐渐可以根据网页上下文标签，或者广告受众的地理位置、性别、年龄、兴趣等属性，匹配出具有针对性的广告。

第二阶段，大规模的展示广告市场形成了广告网络（Ad Network，ADN）。随着在线广告的快速发展出现了两个问题，一是众多广告主如何对接海量的广告库存（Ad Inventory）资源，二是在定向广告的情况下广告资源被极度的碎片化和离散化了，某个广告位置该匹配给哪个广告主又该如何预估广告价格。广告网络的出现解决了这两大问题，它批量地运营媒体网站的广告位资源，按照受众或上下文标签售卖给广告主等需求方，并用竞价的方式决定流量分配，其结算以更加直接评判广告效果的 CPC（Cost per Click，按点击付费）方式为主。

第三阶段，是在广告网络基础上进化形成的广告交易平台（Ad Exchange，ADX）。首先，相对于广告网络的封闭商业联盟，广告交易平台更加透明和开放，聚合的流量资源更加丰富。其次，广告交易平台采取实时竞价（Real Time Bidding，RTB），可直接对应到每一次具体的用户曝光，更加即时、高效。最后，为了实现所需的强大的计算能力，出现了一整套包括程序化交易（Programmatic Trade）、交易终端（Trading Desk）、需求方平台（Demand Side Platform，DSP）、数据管理平台（Data Management Platform，DMP）等工具在内的技术体系。

从第一条在线广告到广告交易平台、实时竞价和程序化交易，在技术和市场的双重进化下，在线广告实现了革命性的变化并得到突飞猛进的发展。计算广告对于互联网广告产业的推动作用是巨大的，据 IAB（美国互动广告局）统计，美国过去 10 年互联网广告的复合年均增长率达到 17%，其中 67% 是按效果付费，20% 是通过程序化交易来实现的。

（二）计算广告研究与计算广告学

Andrei Broder 和 Vanja Josifovski（2011）把计算广告的核心挑战简化为“Find the best match between a given user in a given context and a suitable advertisement”，也就是寻找特定广告、用户、环境这三要素之间最为匹配、最为优化的解决方案。

计算广告在思考和解决广告问题时具有几个特点：一是强调“given”，也就是广告相关条件的限定，比如限定广告环境和用户属性，有限的广告主投放花费和网站流量，这非常符合现实市场环境。二是强调“match”，这是计算广告的核心目标，它有两层含义，一层是展示的广告与广告环境是合适的、相关的，另一层是效益，它能给各方带来最大的收益，考虑到了市场运行必须关心的经济问题。三是清晰的描绘出这个市场，媒体网站、广告主、广告受众共同构成了广告活动的主体，必须给这三者都带来最佳效益，才是一个健康的、持续的广告市场。所以，计算广告实际上就是把广告活动的营销和经济目标转化为了带约束的优化和计算问题。

上面我们提及了在线广告发展历史上出现的各种技术、产品和市场变化，根据计算广告的核心任务，它们实质上主要就是解决三个问题：向用户呈现最为匹配的广告，据此实现效益最优的交易活动，以及构建健康的广告市场结构。

计算广告研究的主要推动者是包括 Yahoo!、Google、Microsoft、Facebook 等在内的工业界。Andrei Broder 曾经领衔的美国 Yahoo! 研究院、国内刘铁岩领导的微软亚洲研究院、刘鹏供职的 360 商业产品部等，他们除了研究计算广告的算法和模型，也对所要解决的广告市场问题进行了探讨。特别是计算广告的先驱 Andrei Broder，他在斯坦福大学开设了计算广告课程，全面系统的介绍了计算广告的核心任务和应用领域。除了计算领域的专家，诺贝尔经济学奖得主 Paul Milgrom 和经济学家 Hal Varian 从信息经济领域的博弈论和拍卖理论来研究在线广告相关的机制问题（刘树林，戎文晋，2010）。Milgrom

作为拍卖理论的专家，对于Google广告拍卖所采取的GSP模式（Generalized Second Price Auction，广义二阶价格拍卖）给予了很高评价。Varian还被Google聘为首席经济学家，他认为Google拍卖的结构和经济学中的“双边配对市场”（Two - sided Matching Markets）一样，并采用博弈理论来完善Google的广告拍卖过程。

Andrei Broder认为，计算广告是一个新的交叉科学领域，涉及到信息检索、文本分析、数学建模、机器学习、推荐系统、优化策略、博弈理论、拍卖理论、微观经济学等（Andrei Broder & Vanja Josifovski，2011）。我们以微软亚洲研究院为例，目前在计算广告的研究重点已经发展到通过数学建模的方式和机器学习的手段来研究和解决用户点击行为预测、广告主竞价行为预测以及广告拍卖与交易机制设计等在线广告市场问题（Liu Tieyan，2014）。

对于广告学科而言，计算广告将交叉学科的最新成果引入了广告领域，拓展了广告学的研究视角和方法，提升了广告学的科学化程度，而且切实解决了广告领域比较模糊的问题。比如，广告与受众的相关性是一个理论命题，但是传统广告无法很好的解决，而计算广告所运用的思路和算法则在应用上实现了很大的突破；又如，广告是一个三方市场，各方的利益如何平衡，除了依靠商业伦理和自律，广告拍卖、博弈和按效果付费这一套机制则在广告主、媒体网站、用户三者之间寻求最优的方案。

现在已经有计算广告学的提法，包括计算广告课程的开设，不过提出者主要是计算机领域的学者和工业实验室，他们更多的把计算广告学看作是计算科学的一个分支，研究重点还是计算广告的技术和算法。这就在中国广告市场产生了一种信息不对称，一些广告技术公司从国外引入并热炒RTB、程序化交易等概念，但广告主却往往陷入迷茫，他们需要的不是复杂的技术，而是希望从广告的需求和运作出发来理解广告技术带来的价值和变化。由于广告技术公司的利益趋向，这个时候特别需要广告学者予以回应，进行理性的、务实的研究，透过计算广告研究其对广告营销传播和广告交易市场的影响。

二、计算广告任务：广告相关性及其挑战

（一）广告相关性与广告定向

计算广告的核心任务之一是为用户呈现合适的广告，我们所谓的“合适”实际上蕴含了一种假设，也就是与用户越相关的广告，越是合适的广告。这个假设的来源是广告经济学的观点，经济学家 Phillip Nelson（1974）发表过一篇名为“Advertising as Information”（广告即信息）的论文，诺贝尔经济学奖得主 Kenneth Arrow（1989）在《信息经济学》中指出广告是用于传递有关商品或服务的信号，著名广告人 David Ogilvy（1985）也说过“我不认为广告是艺术或娱乐，而是一种信息的载体”。20 世纪大量广告心理学者的研究以及广告从业人员的实践已经证明，与广告目标对象相关的广告，才能真正传递有用的信息，引起他们的注意和兴趣，产生良好的广告效果。

对于广告相关性和有效性的要求，在传统的大众媒体时代，是相对较难解决的。广告主 John Wanamaker 曾抛出一个著名的疑问，“我知道广告费的一半是浪费的，但问题是我不知道是哪一半”。互联网、移动互联网由于其先天的技术属性，在投放流程上，广告是在网络端响应访问用户的需求后返回广告创意的，可以进行定向的广告投放（Targeted Advertising）；在用户数据上，基于互联网大数据（Big Data），可以全方位采集和记录用户的访问信息，判定用户的属性，并且对广告效果进行监测和评价。

随着计算广告的发展，受众/用户定向方式越来越丰富，也越来越精准，主要的定向方式包括：搜索关键词广告、频道定向（Channel Targeting）、上下文定向（Contextual Targeting）、地域定向（Geographic Targeting）、精确位置定向（Hyper - local Targeting）、人口属性定向（Demographic Targeting）、行为定向（Behavioral Targeting）、重定向（Retargeting）、新客推荐定向（Look - alike Targeting）、社交推荐广告等。总的来说，以上林林总总的定向

方式都是试图从用户的人口属性、兴趣、意图和社交关系四个方向来去判别用户信息，向用户呈现最为匹配的广告。广告运作方式从而发生了革命性的变化，精准营销或者效果营销成为一种主流的营销模式。

（二）广告场景与品牌营销的挑战

计算广告的主要技术和应用诞生于桌面互联网时代。而随着用户向社交网络、向移动互联网迁移，广告场景发生了显著变化，对计算广告发展提出了一系列挑战。Robert Scoble 和 Shel Israel（2014：27）将未来 20 年的互联网称为“场景时代”（Age of Context），大数据、移动设备、社交网络、传感器和定位系统这五种技术力量，将使互联网更好的感知用户和其所在的场景（在哪儿、和谁在一起、在干什么），从而更好的服务于用户当下的需求。

与传统的在线广告与媒体在内容上无关、在交易上分离的趋势不同，原生广告（Native Advertising）则试图把广告与用户所浏览的媒体内容、所处的使用场景结合起来，主要包括六种广告形式，分别是信息流广告（In Feed Units）、搜索广告（Paid Search Units）、应用推荐（Recommendation Widgets）、推荐信息（Promoted Listings）、定制化广告（Custom）以及其他带有原生元素的广告（IAB Standard with Native Elements）。

社交网络、移动终端和原生广告给在线广告的发展带来巨大的机遇，但也面临复杂的广告技术和市场问题。比如，对于算法的挑战，之前的受众定向比较多的是基于想对长期和静态数据形成的用户属性标签的匹配，而原生广告则是从大量个性化、实时的、多种类型的数据中判定用户的意图，对于语义分析、数学建模、机器学习的要求很高。某种意义上，类似于 Google AlphaGo 关于围棋策略的实时计算，这属于人工智能的技术范畴，在原生广告的应用算法上还需要进一步的探索。又比如，来自跨屏的挑战，桌面互联网、移动互联网，甚至再加上正在普及的互联网电视，这些终端的广告形式、规格、用户访问行为和数据以及广告作用效果都存在差异。从广告主整合营销传播的角度，需要跨屏整合起来进行投放，从广告交易市场的角度，也需要形成统一的标准才能成为一个统一的市场。目前在线广告业界正在尝试基于同源跨屏数据的广告曝光和效果评估指标和媒介策略优化工具。

现代广告理论中明确，广告的目的是在或近或远的将来引起销售（丁俊杰，1997：119）。广告可以引起直接的效果，这种广告或营销活动被称为（直接）效果广告（Direct Response Advertising）或效果营销，也可以树立品牌，通过品牌告知广告（Brand Awareness Advertising）对消费者产生较为长远的影响。品牌广告主对于在线广告的应用，却始终存在着担忧。我们不否认，计算广告对于广告投放的浪费是一种“拨乱反正”，但是针对广告必须追求的品牌使命，我们有必要就计算广告在实际应用中过于追求流量、过于追求短期效果的做法，再反过来“正本清源”。

计算广告对于品牌营销来说，存在三个需要反思的重要问题。首先，我们需要认清广告的目标人群是谁。在线广告为了追求即时的点击和转化，在受众定向时选择的往往是有着明确兴趣标签和购买意向的人群，甚至最有效果的一种投放方式是重定向，通过广告召回已有购买经历的消费者进行重复消费。也就是说，当越追求效果时，广告所触及的人群越窄，越接近品牌的已有消费者，而品牌营销的目标人群构建应是一个一个圈层，从最核心的已有消费者，过渡到稍外围的意向消费者，再到更外围、人数更多的潜在消费者，潜在消费者对于品牌形象的树立和未来的发展。品牌传播应在精准和覆盖之间达到平衡，而不能一味的追求精准。

第二，品牌安全（Brand Safety）问题。由于计算广告的思路是把广告和位置、内容、媒体网站剥离开来，与它们脱离关系，从购买广告位置转变到直接购买目标受众。虽然从广告接触的层面这样效果更加直接，但广告研究已经发现广告环境、媒体质量会影响到受众对于广告和品牌的信任，存在所谓的“背书效应”或“晕轮效应”，广告环境可能提升受众的广告认知，也可能损伤品牌形象。

第三，对于传统广告创意的颠覆。原生广告提出了一个新的命题，就是程序化创意，即在广告创意上也实现智能匹配，这样才能实现规模化的交易。这就与我们对于传统创意的理解和操作相悖，传统的内容营销（Content Marketing）要做的巧妙，并不是简单的广告植入，而是广告方和媒体内容方经过具体的策划和创意来实现的，特别是要做到吻合品牌理念，这里面有创意的艺术和人脑的智慧。目前程序化创意能够做到提前准备的结构化的创意素材的挑选和拼贴，还达不到足够的精巧和原生，下一步随着自然语言和人工智能技术的突破，机器与人在创意上的比拼，对广告创意的专业流程和价值，对品牌形象的塑造将可能产生革命性影响。

三、计算广告市场经济：市场有效与市场失灵

（一）注意力经济与在线广告市场

传媒经济理论认为，传媒市场和广告市场都是注意力经济，互联网时代更是彰显了这一经济现象，用户的注意力变得尤为匮乏，各种各样的信息、广告与关注这些信息需要的注意力表现出供不应求的状况。Greg Taylor（2015：243）认为，注意力在互联网生态系统中扮演着核心角色：“正是注意力的不足以及随之而来的价值，巩固了线上广告产业的可行性，这又反过来为以商业方式提供内容和服务进行了融资。这是调度和管理注意力的经济学，以及随之而来的网络媒体和广告市场的含义。”

注意力经济能够对计算广告之所以形成的背后的市场经济动力做出解释。首先，我们来探讨在线广告的相关性与广告定向。我们常常看到，媒介市场和广告主会提供大量的杂乱无章的信息和广告，用户稀缺的注意力会被无用的信息耗尽，产生信息过载和拥堵，进而对用户产生一种挤出效应。用经济学的眼光看，这是因为缺乏有效的市场机制，对用户的注意力定价不合理。只有对注意力合理估价，一些广告主为了抓住特定用户的注意力，让他们支付额外的费用，才能向目标用户提供最有价值的广告信息。Greg Taylor

（2015：248）认为，广告定向“是一种从有限的注意力供应中提取附加价值的有效手段”。

然后，我们进一步探讨在线广告的分配和拍卖机制。在线广告市场需要解决的问题就是对于用户注意力的合理分配。广告相关性与广告定向造成一个结果，媒体网站的注意力被分配成数以百万计的广告子市场，用户的每一次访问行为都变成独立的商品，那么在每个子市场进行简单的定价和分配广告将成为一项艰巨的任务。计算广告有效地解决了这个问题，“通过拍卖的方式分配价值不确定的项目（注意力），制定一组决定价格的规则并由一组投标人（广告主）竞标分配商品（广告机会）”（Greg Taylor，2015：251）。广告实时交易和分组竞拍的方式既符合用户的利益，把合适的广告放在他们面前，也符合广告主的利益，把最好的广告位分配给了那些最看重它们的广告主。因为，广告主的出价策略一般是理性的，他们要评估是否能最大效率地把广告机会转化为销售量，他们知道他们在最佳广告位的存在是一种关联信号，Greg Taylor（2015：253）认为，这家公司是在对用户说“我愿意付这么多的钱拿到最好的广告位，是因为我非常自信你们将会购买我所卖的东西”。

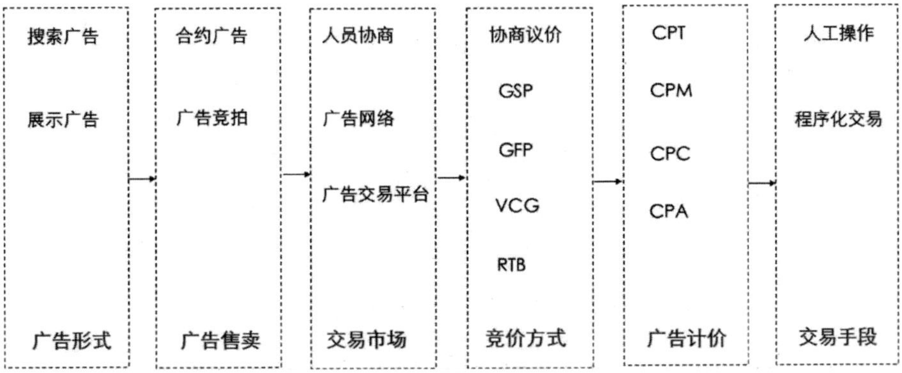

图 1　在线广告交易运作流程

（Shuai Yuan，Ahmad Zainal Abidin，Marc Sloan，Jun Wang，2012）

在线广告的交易包括广告计价、广告售卖、交易市场和交易手段四个环节。在计算广告技术的推动下，在线广告从最初的固定位置、按照时间投放的合约交易发展到进行受众定向、按展示量结算的合约交易，再到竞价交易方式，并最终发展成开放的实时竞价交易市场。

从广告网络进化到广告交易平台，当前的在线广告市场形成一个完整的市场结构和生态，主要由五个市场主体构成：广告主、媒体网站、广告交易市场、数据平台和用户。在线广告所构建的广告交易市场分工更加合理，围绕广告主形成了一条清晰的价值链。广告主接入媒体网站、ad network 和 exchange 的流量和广告资源，根据第一、第二、第三方的数据，对流量及其背后的用户价值进行评估和出价，采取市场化的合约和竞拍方式完成广告交易。广告进入了数据驱动的时代，在线广告的运作以数据为核心来组织，数据的来源、质量和算法决定了广告匹配的效率，也决定了广告的交易价格和价值，数据和其验证的效果成为广告市场的通用货币，保证了市场的合理性，实行价值的合理分配。

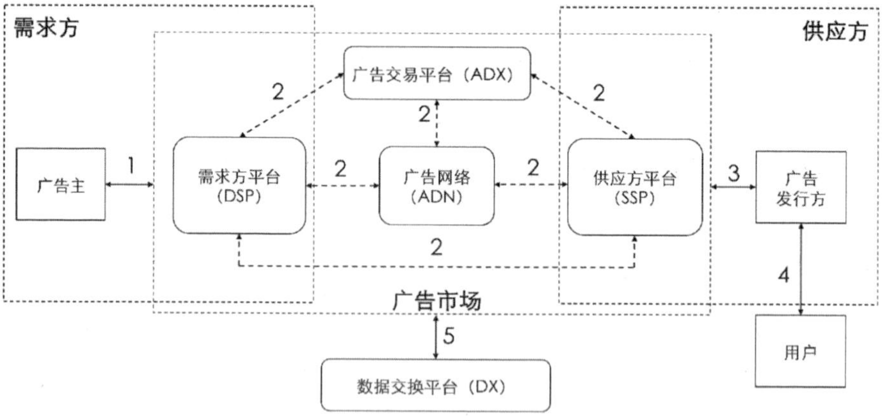

图 2　在线广告市场结构

（Shuai Yuan，Ahmad Zainal Abidin，Marc Sloan，Jun Wang，2012）

（二）市场有效与市场失灵

计算广告驱动下的在线广告市场机制是有效的，它提升了整个在线广告市场的结构、效率和规模。从市场流动性角度，相较于传统广告的广告位置只能在特定时间以独占的方式来销售，定向广告可以将同一个广告位置按照不同的访问用户出售给不同的广告主，对流量的精细化开发和销售提高了广告媒体市场的流动性，还提升了广告的单价。从市场结构角度，由于可以定向投放特定的区域和人群，广告主可以根据具体的需求采买广告位，按照效果付费的方式也降低了投放的顾虑和门槛，因此大量中小广告主逐渐加入在线广告市场，扩大了广告客户的来源。

然而，与其它市场一样，在线广告市场也有失灵的时刻。第一个威胁是广告作弊。根据媒体报道，中国已是全球最大的虚假流量来源，中国每天100亿个曝光中有15%至20%来自机器人，这为互联网广告产业造成了过百亿的广告费损失。在在线广告市场中，虚假流量是严重的作弊和市场欺诈行为，它严重的破坏了计算广告赖以生存的以流量、数据、效果为核心的通用货币的信用根基。进而使广告市场的程序化公平交易陷入混乱，劣币驱逐良币，会使大量合法的经营主体利益受损，退出市场。解决广告作弊问题，需要广告主、广告投放平台和技术公司运用反作弊技术手段进行流量的监测、排查和剔除，也需要行业第三方的监管和审计。

另一个威胁来自于对用户权益的侵害。无论是从计算广告的初衷，还是市场的构成主体来说，用户都应该是始终需要重视和保护的对象，但如果缺乏有效的监管，则可能出现市场滥用现象和负面的危害，进而遭到用户的抵触。需要关注的用户权益包括用户使用互联网、移动互联网的正当信息知情权益，也包括用户个人隐私的许可和保护。在用户隐私方面，目前国际上通行的原则主要是2010年美国联邦贸易委员会（Federal Trade Commission，FTC）提出的“Do not track”（禁止追踪）机制，让用户能够获知并可控制自己隐私信息（比如Cookie信息）被追踪的情况。还有一条原则是将用户信息的使用限定在PII（Personal Identifiable Information，可识别身份信息）以外，即在受众定向时可以记录和获得用户的属性、兴趣等标签，但是不能暴露能够明确标识一个人身份的数据，比如用户的姓名、手机号、身份证号、住址等。这两条原则在国外执行的日益严格，在国内还需要得到更广泛的重视和应用，才能营造一个良好的在线广告市场秩序。

（本文系国家新闻出版广电总局社科项目“关于融媒体环境下的电视广告创新经营的研究”阶段性成果）

参考文献：

［1］丁俊杰．现代广告通论［M］．北京：中国物价出版社，1997.

［2］Greg Taylor. 经济学视角谈丰裕媒体：注意力的匮乏［N］．载马克·格雷厄姆，威廉·达顿主编．另一个地球：互联网＋社会［M］．北京：电子工业出版社，2015.

［3］国家工商行政管理总局令第 87 号（2016）．《互联网广告管理暂行办法》．国家工商总局门户网站。

［4］黄升民、刘珊．“大数据”背景下营销体系的解构与重构［J］．现代传播，2012，12：13－20.

［5］肯尼思·阿罗．信息经济学［M］．北京：北京经济学院出版社，1989.

［6］Kevin Slavin. *How Algorithms Shape Our World.* Retrieved from http：//www. ted. com. 转引自刘霞．当算法统治世界［N］．科技日报，2011－09－14.

［7］刘鹏．计算广告：互联网商业变现的市场与技术［M］．北京：人民邮电出版社，2015.

［8］刘树林、戎文晋．搜索引擎广告的机制设计理论与实践：关键词拍卖［M］．北京：科学出版社，2010.

［9］刘铁岩．方兴未艾的计算广告学［J］．中国计算机学会通讯，2013，9（03）：24－29.

［10］罗伯特·斯考伯、谢尔·伊斯雷尔．即将到来的场景时代［M］．北京：北京联合出版公司，2014.

［11］宋乐怡、宫学庆、张蓉、刘鹏．在线广告投放系统及技术的演变［J］．华东师范大学学报（自然科学版），2013，5：106－117.

[12] 周傲英、周敏奇、宫学庆. 计算广告：以数据为核心的 Web 综合应用 [J]. 计算机学报，2011，10：1806－1819.

[13] Andrei Broder（2008）. Computational Advertising. Proceedings of the 19thAnnual ACM－SIAM Symposium on Discrete Algorithms. SODA. San Francisco. California. SIAM. 2008：992.

[14] Andrei Broder & Vanja Josifovski（2011）. *Introduction to Computational Advertising*. Retrieved from http：//www. stanford. edu/class/msande239/.

[15] David Ogilvy（1985）. *Ogilvy on Advertising*. Vancouver：Vintage Books.

[16] Federal Trade Commission（2010）. *Protecting Consumer Privacy in an Era of Rapid Change：A Proposed Framework for Businesses and Policymakers*. Retrieved from https：//www. ftc. gov.

[17] IAB（Interactive Advertising Bureau）（2015）. *IAB Programmatic Revenue Report* 2014 *results*. Retrieved from http：//www. iab. com.

[18] IAB（Interactive Advertising Bureau）（2015）. *IAB OpenRTB Dynamic Native Ads API Specification Version* 1. 0. Retrieved from http：// www. iab. com.

[19] IAB（Interactive Advertising Bureau）（2016）. *IAB Internet Advertising Revenue Report* 2015 *full year results*. Retrieved from http：// www. iab. com.

[20] Jun Wang，Shuai Yuan，Weinan Zhang（2016）. Real－Time Bidding based Display Advertising：Mechanisms and Algorithms. 38th European Conference on IR Research，ECIR 2016，Padua，Italy，March 20－23，2016. Proceedings. pp 897－901.

[21] Liu Tieyan（2014）. *Computational Advertising：Challenges and Opportunities*. The 20th China Conference on Information Retrieval.

[22] MIT Technology Review（2012）. *The New Science of Computational Advertising*. MIT Technology Review. Retrieved from http：//www. technologyreview. com/view/428174/the－new－science－of－computational－advertising/.

[23] Phillip Nelson（1974）. *Advertising as Information*. Journal of Political Economy. Vol. 82. No. 4（Jul.－Aug.，1974）. pp. 729－754.

[24] Shuai Yuan，Ahmad Zainal Abidin，Marc Sloan，Jun Wang（2012）. *Internet Ad-*

vertising: *An Interplay among Advertisers*, *Online Publishers*, *Ad Exchanges and Web Users*. Information Processing and Management arXiv: 1206.1754 (cs. IR).

作者介绍:

马　澈，广告学博士，中国传媒大学广告学院网络与新媒体系讲师。

随想：做一个真实的自己，再出发

何海明

8 月 31 日，在中传广告学院教师群里说关于广告教育三十年的论文和回顾文集要截稿了，突然觉得有点想写东西的冲动。尽管学院也没有让我一定要写的要求。论文来不及，写点感想吧。

作为教师，我在这个学院很资浅，两年教龄。按职称资深教授就一个，黄升民老师。按职位和开创者算，丁俊杰教授和黄升民教授。我算是个资深的学生。1986 年我考到广院管理系，1993 年从本校的一名人事干部考入当时的新闻系攻读广告专业的研究生，严格来说应该是新闻学专业广告学方向，这个专业第一年招生只有我和张树庭同学，后来也没听其他哪个学校比我们更早的招广告学方向的研究生，就自诩为国内首届广告学研究生，倒也没有人质疑。这很符合定位理论的“第一”原则，识别度很高。后来我们分别上了人民大学和本校的博士研究生，但在很多人的记忆中我们仍然是首届广告学硕士研究生。

因为我们俩本科都是非广告专业，所以上研究生期间除了正常的研究生的课程，也要补很多的专业课，所以有时间我们就去听本科同学的课，主要是 92、93 级的课。比如黄京华老师的统计课，肖虎老师的设计课。有一次黄升民老师见我在画室学素描，着急地说，你这样一笔一笔画到什么时候。其实 93 年上广告专业非常好，是因为我们赶上了 1992 年小平南巡和为市场经济正名。在此之前如果一个大学生毕业不去政府、国企外企，就觉得是个体户，全家脸上无光，留在北京就是盲流。

广告是当时北京广播学院离市场最近的专业，所以老师、学生心气很高，学生的招分很高，来源也很好。黄老师他们很能从外面接点活，比如调研，市场派发什么的，大家也很乐呵。黄老师打鸡血有名的段子是让同学们辛苦派发的时候想想，我们挣了钱，盖个广告学院大楼，霓虹灯在京通公路旁闪烁。我估计黄老师也曾考虑过霓虹灯户外广告的收益呢。

在北京上大学的好处是你永远不愁找不到高大上的实习单位。研究生学了一年后，我和张树庭同学到《国际广告》实习，主编刘立宾老师留长发，艺术家风范，《国际广告》的名字也很鲜亮，带国际头衔，我们外出俨然就是行业记者。我普通话比张树庭的福建普通话好一点，我联系对方并提问，张树庭回来整理成文，俩人合作不错，还有点稿费，发表了，也算研究生期间的成果。我们在实习的过程中了解了刚刚落地国内的4A国际公司，那时候，也只有北上广才有这样的公司。我们访谈的都是神一样的广告大腕，多是从业十几二十年的港台资深人士。而那时我们内地的广告业才刚刚起步。

因为是第一届广告学研究生，1996年我们毕业时工作真是好找。张树庭同学留校，我想出去闯一闯。只打印了三份简历，一份给人大，一份给北大，还有一份给央视。后来北大艺术系对我的简历很感兴趣，因为他们95年刚招第一批本科生，让我去试讲一学期，讲《广告概论》。我就拿着自己的听课笔记去讲了。讲了半学期，当时北大艺术系主任彭吉象教授说我们要你了，特意给你申请了一个教师指标，是校领导特批的，一般我们都要的是海归博士，因为这个专业急需才给的。而这时央视也同意接收我。同学们都觉得我要在央视和北大中做选择太奢侈了，说北大有名，央视有利。我也觉得都好，难于抉择，最后还是选择去央视，因为我觉得我一直在学校，书生气太重。不料黄老师得知后勃然大怒，认为我浪费北大的名额很可惜，到北大对我的专业发展有利，而广播学院去央视的学生有的是。好话听不进去后就说我不讲信誉，是背叛行为，是人品不好。总之骂了很多，但最后也接受了我的选择。当时的黄老师刚过40，血气方刚。他的特点是跟着你骂，而且一骂好几天。

20年后我从央视调到母校，回到广告学院做一名普通教授，感慨良多。因为调回母校的事和丁老师、黄老师多次讨论，黄老师和夫人也为我的调动出谋划策，仿佛20年前我的忤逆不曾有过，感觉到的是师长的大度和包容。

正如老广播学院小礼堂的标语，这里是终点，也是起点。外面走了一圈我回到了起点。我仍然不能摆脱一身的书生气，我在央视的二十年期间大家觉得我就应该是个老师。可见，性格决定命运。我现在仍然不能断定当初选择的对错，是外在的财富、权力、名誉或者内心的成长和人生的体验，评价标准和判断是不一样的。客观评价我和这个时代的同辈，生于60年代，赶上了拨乱反正，考上了大学，跻身于所谓的精英阶层。但是我们草根出身学养先天不足，早年的物质匮乏，青年时对传统文化的否定和对西学的崇拜是时代给我们的烙印。我们赶上了思想启蒙，但也在上学期间经历了动荡，以及市场经济突然来临后的迷茫。我们这一代可以成为思想者和革命者，却很难成为学术大家。我们的同龄人，只要有条件的都想把孩子送出国学习一下，算是了结自己的心愿，也是对自己的某种补偿，暗含的是对自己早年求学时代境遇的不满。

以上的喋喋不休似乎和我们30年的广告教育无关，但我认为讨论这些也很有必要。因为这涉及到我们的教育理念。培养什么人的问题党和政府很关心，家长和社会各界也很关心。我们特别不希望下一代像我们曾经历的一样，受困于时代的环境，身陷集体无意识，言不由衷，沾沾自喜。他们应该兼具人文和科学扎实的基本功，诚实自信，个性张扬，知识广博，理性睿智。当然，时代是否和我们想的一样笔直的前进或者迂回，青年一代在进步或者重回老路，我没有判断力。

黄升民老师、丁俊杰老师为代表的广告学教育的开创者和学科的奠定人，辛苦耕耘三十年，为广告业呐喊，建立广告学教育体系，实际上不仅对中国传媒大学，对全国的广告教育都做出了重要贡献。现在四个专业的学科体系和专业的教学队伍稳定有序，保证了我们全国一流的水准。因为学校和学院是我们每个老师和学生背后的光环。无论是学生就业选择还是教师的学术交流，人们很看重你的学校和专业背景。进入 21 世纪的中国，在社会的诸多层面突然开始讲究血统和基因，这是我们八十年代的大学生不曾想到的。在过去，大家会觉得北大清华综合实力好一点，论到专业就有很多学校就很突出。我们前两届广告学的研究生，七个同学中，两个来自北大，一个来自浙大，一个来自国际关系学院，一个来自河北师范大学，两个来自本校。大家都是冲着专业和导师报考学校的。而现在 985、211、双一流的标签贴在每一个学校身上，也贴在每一个学子的身上。显然，阶层固化和歧视从高考一结束就开始了。

在我从事广告实践的 20 年中，发现在广告公司的各项工种中，我们的学生多去做媒介，创意工作，而少去做客服和销售。我们的毕业生在广告行业的起薪要比其他学校和专业要高，我们的同学会很快进入工作状态，找到专业的感觉。我们的同学不做客服和销售，没有销售任务的压力，不背指标，不会轻易被末位淘汰，幸福指数也比较高。但是我们的工作离生意比较远，久而久之，缺少商业的感觉，缺少生意的人脉，也失去了将来作为公司总经理或者成为主要创业合伙人的机会。因此，我们的校友中没有出现马云、刘强东，也没有出现江南春、俞敏洪。虽然我们不能以财富论英雄，但如果我们的专业不考虑商业背景和生意的逻辑，的确需要反思。我本科和研究生均毕业于本校，了解咱们的传播、影视等学科是强项，而商科相对较弱。我们离商业比较远，与艺术比较近。事实上，商科其实不止对广告专业，对其他很多专业都很重要。

在央视的 20 年，我差不多都在做广告营销管理，而来投广告的企业应该是中国最大、最优秀的消费品领域的企业，这些企业的管理者也是我们这个时代最杰出的企业家或经理人。请他们走进课堂，让我们的学生感受原汁原味的企业营销战略也许能弥补我们的不足。于是我回到学校后开了第一门课《广告主行业研究》，后来觉得题目有点窄，改成《企业营销战略》，这门课已经有两学期了，共有三十位企业家和高管来到学校给同学们授课，他们中有农夫山泉的董事长钟睒睒，蓝月亮的董事长罗秋平、方太董事长茅忠群、九阳电器的董事长王旭宁、青稞酒业的董事长李银会、飞鹤乳业的董事长冷友斌、君乐宝乳业的董事长魏立华、恒源祥董事长刘瑞琪、郎酒董事长汪俊林、简一陶瓷的董事长李志林、统一石化的总裁李嘉、慕思寝具的 CEO 姚吉庆、新英体育的 CEO 喻凌霄等。这些企业家和经理人基于对学校教育和对我转型的支持，认真备课，从外地专程赶来给学生上两小时的课。他们将自己几十年的营销理念凝练成一堂课。我相信这门课的价值在学生走向社会后会感知到。为了让更多的校内外学生能够学习，我们联系网络平台直播；因为需要流量，我们又邀请了著名主持人来对话，这样我们这堂课就成了节目，也得到了企业的赞助，因而能使这门课获得持续的经费支持。这门课其实是在学院的大力支持下才得以开办，丁俊杰院长一路绿灯，杜国清、马澈、陈怡、符绍强、张津、张驰、穆天阳、毛佳兴等老师同学的共同努力下才得以完成。

互联网和新媒体的崛起给中国传媒大学和我们广告学院前所未有的机会，使我们这个大学有可能突破专业院校的局限真正成为综合性大学。因为互联网和新媒体几乎无所不包，深刻影响和改变着人们的生活。内容即媒体，突破了过去教科书对媒介的种种界定，大传播使创意的范围扩大。知识付费和会员制使媒介摆脱了对广告的依赖。个人也可以成为一个大的传播平台。我们的策略显然不是广告策略而是整合营销策略，我们的创意显然不是广告创意而是产品创意，我们的媒介显然不是组合和选择，产品和活动本身就可能是媒介，产品的销售不仅靠渠道，创意和发布阶段就要实现销售。

这是对我们专业的巨大挑战，突破专业的时代真正来临。

于是我开了第二门课《新媒体创业与创新》，请近年来涌现的优秀新媒体和互联网内容的创始人来分享。过去的两年有很多成功的媒介创业者，其中两个校友一个是罗振宇，是电视新闻毕业的研究生，创办了得到付费知识平台，另一个是凯叔，播音主持专业毕业，创办了凯叔讲故事内容IP。我们除了请他们两位，还请来了喜马拉雅、先锋支付、OFO、麻辣面对面互联网餐饮、三节课等互联网企业的创始人，也请爱奇艺、腾讯、一点资讯、微博的高管来学校分享，新的一学期还会请樊登、天脉、有氧、新榜、豆果、蜻蜓、知乎等新媒体创业的风云人物来课堂。我们的努力得到社会的认可，新的一学期，腾讯媒体研究院主动来合作这门课程，向全社会开放，学校也将这门课列为通识教育核心课，全校学生都可选修。

这些尝试给了我一点自信，课程尽管很麻烦，但有些社会影响力，学生选的很多，算是对自己的一个交待。我的感觉是一个人成为全能冠军很难，但可以做个单打冠军，中传广告学院的优势是专业领域教师人多。假如我们的老师有人在科研上有重大突破，有人在教学上取得成绩，有人在管理上大有作为，那我们的学生就会真正享受到“海底捞”的服务品质。我的定位是开好两门课，精心策划，让社会上这个领域的大牛来给同学上课。当然，我也设想将来开一门《媒介商业模式》的课程，希望能有总结和提升。

写到最后，突然想到李宗盛的两句歌词，50岁了，终于敢放胆，嬉皮笑脸，面对人生的难。在中传广告教育三十年之际，抒发一下小情怀，做一个真实的自己。

作者介绍：

何海明，传播学博士，中国传媒大学广告学院网络与新媒体系教授。

编 后 记

1988 年中国传媒大学（时为北京广播学院）开设广告学专业，至今已三十年。三十而立，值得纪念。受丁俊杰院长之托，笔者负责筹划中国传媒大学广告教育三十年纪念活动，本研讨会论文集征集活动算是重头戏。从 6 月初征稿到 8 月底截稿，论文征集顺利，多所大学老师踊跃投稿，特别是广告学院四个系的同事们都有供稿。

20 篇论文从多个角度不同层面回顾、探讨广告教育在教学方法、人才培养等方面的发展与创新。论文作者站在不同立场，以不同视角各抒己见，在贡献创新思维、创新方法的同时也难免存在一定的局限。作为编辑，我们忠实保留了每位作者的文本内容，只进行了文字勘误，以最大程度呈现作者们在此一具纪念意义的时间节点对广告专业教育的认知和思考。

文集末何海明老师的《随想：做一个真实的自己，再出发》与黄升民老师开篇文章《百年学院千年树》相呼应，在抒发师生情谊的个人情感之余，更表达了后辈学人承接学院开创者专业追求之志。这应该也是广告学院所有老师的共同心声。

感谢所有投稿作者的大力支持！感谢杨蕾老师和她的学生滕娅妮、伍玺臻同学义务设计了本次活动的 Logo！感谢中国广播影视出版社的尽心协助！

百年学院千年树，祝愿广告学院基业长青！

编 者

2018 年 9 月 5 日于北京